石油工业技术监督丛书 4

原油贸易计量

潘光坦 编

石油工业出版社

内 容 提 要

本书较全面地介绍了原油贸易交接计量的基础知识,使用的基本方法、计量器具和技术标准,以及计量过程中计量器具的强制检定和油量计算的方法。同时还介绍了原油贸易交接计量站(点)的工艺设计、计量器具的操作和有关的实践经验。

原油的贸易交接计量属于法制管理的范畴,因此本书叙述的内容是以我国、国际和国外先进的、最新出版的计量技术标准为基础而撰写的。

本书可供计量管理、计量操作和计量站(点)的工艺设计人员及有关专业人员参考使用。

图书在版编目(CIP)数据

原油贸易计量/潘光坦编.
北京:石油工业出版社,2000.8
(石油工业技术监督丛书;4)
ISBN 7-5021-3069-1

Ⅰ.原…
Ⅱ.潘…
Ⅲ.石油-商品-计量
Ⅳ.F764.1

中国版本图书馆 CIP 数据核字(2000)第 67249 号

石油工业出版社出版
(100011 北京安定门外安华里二区一号楼)
北京施奈德自动化录入排版中心排版
石油工业出版社印刷厂印刷
新华书店北京发行所发行

*

850×1168 毫米 32 开本 11.25 印张 300 千字 印 1—1500
2000 年 8 月北京第 1 版 2000 年 8 月北京第 1 次印刷
ISBN 7-5021-3069-1/TE·2353
定价:22.50 元

序　言

我国石油工业经济的发展，虽然早在北宋科学家沈括（公元1031～1095年）所著《梦溪笔谈》中第一次提出“石油”这个名称时就已启动了，但历经近千年后，在石油工业已进入了现代化的社会主义市场经济条件下，其技术监督工作也已作为建立和完善现代企业制度的重要基础工作之一，成为我国石油工业在国内、外市场竞争中宏观调控和规范市场的有效手段。作为石油工业技术监督工作主要内容的质量管理与质量监督、标准化、计量工作，多年来在我国石油、天然气和石油化工企业的发展中，起到了十分重要的作用，新中国成立以来，石油工业质量、标准化、计量工作在50年的迅速发展中，已取得了显著成效，为提高石油企业的经济效益起到了巨大的推动作用，石油工业技术监督专业管理队伍已基本形成，产品质量和计量技术检测人员的素质也有了明显提高。

为了进一步提高我国石油、石化工业质量管理、标准化、计量管理人员和技术机构的业务水平、技术监督法制意识，以保证国家《计量法》、《标准化法》、《产品质量法》在石油和石化工业系统的认真贯彻实施，并为广大石油工业质量管理、质量监督检验、标准化、计量工作者提供一套系列参考书和培训教材。中国石油天然气集团公司（原“中国石油天然气总公司”）质量、标准化、计量主管部门组织有关专家和技术监督管理工作者，总结了石油工业生产和建设多年来质量、标准化、计量现场工作经验，并从其理论上作了较系统的整理，编写了《石油工业技术监督丛书》。

这套《丛书》在编写过程中，坚持遵循法规性、科学性、专业性、实用性的原则。其内容包括了石油天然气工业质量管理、质量监督检验、质量认证；石油工业标准化及其发展；石油工业计量管理工作和计量技术检测工作；还适当介绍了石油工业系统贯彻实施国家《计量法》、《标准化法》和《产品质量法》的情况。《丛书》第一次较系统地整理了新中国成立50年来,我国石油天然气工业质量管理与质量监督检验、标准化、计量管理和技术检测的发展历史,力求在叙述石油工业企业贯彻实施国家技术监督“三法”情况的同时,努力体现石油天然气工业和企业在技术监督工作方面的特色。

本套《丛书》的编写者,都是多年从事石油天然气工业质量管理与质量检验、标准化管理与标准制修订、计量管理与计量检测的工作者。大多数作者具有丰富的生产实践和技术监督管理经验,且具有一定的质量、标准化、计量方面的理论基础。为保证《丛书》的质量,还特邀部分技术专家和管理工作者组成编审委员会对《丛书》进行了审查把关。《丛书》的编写和审定得到了原石油工业部副部长、原中国石油天然气总公司副总经理李天相同志和原中国石油天然气总公司副总经理、原国家原油大流量计量检定站站长金钟超同志的关心和具体指导。还得到了国家原油大流量计量检定站、中国石油天然气集团公司石油工业标准化研究所、中国石油天然气集团公司原油及石油产品质量监督检验中心、四川石油管理局天然气研究院、中国石油天然气集团公司工程技术研究院、中国石油天然气集团公司江汉机械研究所、中国石油天然气集团公司石油管材研究所等单位的大力支持。在此,仅表示衷心地感谢。

本套《丛书》,计划由石油工业出版社出版共十二分册,由于时间的推移和工作机构的变化,《丛书》后部的各分册名称和内容,在原计划基础上作了部分调整。我们盼望这套《丛书》能系统地反映我国石油天然气工业现阶段质量工作、标准化工作、计量工作的特色,为推动石油天然气工业技术监督工作起到应有的推动作用。

由于本套《丛书》所涉及的技术专业面较广,编写人员较多,编写时间又不集中,出版时间较分散,书中存在的问题和缺点在所难免,热忱欢迎广大读者提出批评和指正。

金志俊

2000年3月20日

前　言

根据我国的计量法律和法规，原油的贸易计量是依法进行管理的。因此，本书的编写遵循了原油贸易计量有关的标准、计量检定规程等法律、法规。在编写本书的过程中，涉及的内容如果我国还没有相应的标准、计量检定规程等相应的法规，或者是标准、计量检定规程等相应的法规不齐全，则参照国际标准化组织（International Standardization Organization，缩写成 ISO）的标准、美国石油学会石油计量标准手册（Manual of Petroleum Measurement Standards，缩写成 API MPMS）的标准。遵循和参照的标准、计量检定规程等有关法规，在涉及的章节内都有说明。

编写本书时涉及到的某些计量器具的结构和性质，是参考有关制造厂的资料。计量器具安装、操作和管理方面的内容，是原油计量工作者现场工作经验的总结。

在编写本书的过程中，作者力争将原油贸易计量目前已有的技术内容，尽可能收集齐全。另外，因作者水平有限，书中还可能存在不足或错误，衷心希望得到读者的谅解和批评指正。

编　者

1999 年 6 月

目　　录

第一章 绪 论

第一节 原油贸易计量概述

原油贸易计量是在测量条件下，测量出贸易交接的原油数量，需要的原油质量参数和原油中的含水率。然后，用测得的参数计算求得标准参比条件下贸易结算的、不含水原油的数量，给出与原油价格有关的质量参数（如原油的密度值、原油含硫量等）。根据贸易双方合同的约定，原油的数量可用 t 为结算单位，也可用 m^3 或 bbl 为结算单位。我国国内目前主要用 t 为结算单位，国际上许多国家用 bbl 为结算单位。

国内外原油贸易计量常用的方法有两种，即静态计量和动态计量。静态计量是利用通过检定，准确地确定出容积量的、储存或运输原油的容器，测量出原油的体积量，从容器内取得有代表性的原油样品，测量需要的原油质量参数和原油的含水率；动态计量是利用通过检定合格的原油流量计，测量出通过输送管道流动的原油体积量，从管道内取得有代表性的原油样品，测量需要的原油质量参数和原油的含水率，有的原油质量参数也可用相应的在线仪表测量。

原油体积量的大小与原油承受的温度和压力有关。温度和压力发生变化时，原油的体积量也发生变化。因此，在原油贸易中必须规定计算原油体积量的温度和压力条件，这种条件称之为标准参比条件。国家标准 GB/T 17291《石油液体和气体计量的标准参比条件》给出了规定的温度和压力值。从目前来看，世界各国规定标准参比条件使用的压力是相同的，其值为 101.325kPa 或14.73 psi。如果在标准参比温度下，原油的平衡饱和蒸气压高于上述值，一般都采用原油的平衡饱和蒸气压作标准参比压力。世界各国规定标准参比条件使用的温度是不相同的，我国规定标准参比条件使用的温度是20℃；美、英等国是使用60℉，相当于15.6℃；欧洲的一些国家和国际标准化组织使用15℃。由于国际上规定的标准参比条件不相同，在国际上进行原油的贸易交易时，必须在合同中对所采用的标准参比条件进行规定，作为确定原油量和有关质量参数的条件。

合同规定的标准参比条件是贸易双方共同遵守的条件，任何温度和压力条件下测得的原油体积量和密度值等，都必须换算成标准参比条件下的值。

根据我国计量法律和法规的规定，原油贸易计量是属于依法强制管理的范畴，其计量器具必须依法进行强制管理和监督。也就是说，原油贸易计量必须符合以下要求：

(1)原油贸易计量选用的标准器、工作计量器具以及计量用的其他仪表，必须满足有关技术标准和规程的技术要求，并与原油的性质、测量条件和环境条件相适应；符合国家对标准器和工作计量器具管理的规定，给出的量值是我国法定的计量单位。

(2)原油贸易计量用的标准器要将复现的量值传递到工作计量器具，工作计量器具测得的量值通过各级标准器，可溯源到国家基准。因此，标准器必须按国家计量行政主管部门规定的考核程序和有关的要求，向国家计量行政部门申请考核。

(3)原油贸易计量用的工作计量器具，是属于国家强制检定的计量器具，应由国家计量行政部门或授权的计量检定技术机构，按计量检定系统表和检定规程，定期、定点地进行强制检定。检定合格的计量器具，发给检定证书。发给检定证书的计量器具，对影响计量结果的可调部件，检定机构将加有该机构标志的铅封，不允许任何人调整。工作计量器具只有获得检定证书后，才能投入使用。

(4)原油贸易计量的有关运算，必须按国家标准进行，以保证不同的计算人员，用同样的计量数据，均能得到相同的运算结果。

一、原油的静态计量

静态计量是指被测量的量处在不变的恒定量状态下进行的测量。容器内储存的原油，在不进行输入或输出的条件下测量原油量，被测原油量就是恒定的量，这种测量就称之为静态计量。按照我国国家标准的规定，原油贸易静态计量的不确定度，应不大于±0.35%。

原油贸易计量采用静态计量方法进行测量，必须有储存原油的容器，从容器中取样和测温用样品测量原油质量参数的仪表设备，以便为原油贸易计量提供所需要的、标准参比条件下的不含水纯原油量，以及与原油价格有关的质量参数。

二、原油的动态计量

动态计量是指测量随时间变化的、瞬时量的量值。也就是说，动态计量是测量处于流动状态下的原油量。

实现原油的动态计量，必须具有测原油量的流量计及辅助设备，取得原油质量参数的自动取样器或在线测量仪表，用样品测量原油质量参数和含水率的仪表，测量温度和压力值的仪表，以及检定流量计等装置。将这些仪表和设备按一定的规律用管道连接起来，组成动态计量系统，完成动态计量功能。

原油动态计量的主要功能：

(1)给出测量条件下不确定度等于或小于±0.2%的原油体积量。

(2)给出原油贸易交接需要的原油质量参数，一般是原油的密度值。对含硫原油通常还需要给出含硫量。

(3)给出原油中的含水率，测量条件的温度和压力值。

(4)根据贸易结算规定的量值，利用上面这些参数计算出贸易结算的纯油(不含水)质量(t)，或标准条件下的纯油(不含水)体积量(m^3)。

为确保动态计量上述功能的完成，必须做好以下的工作：

(1)选择好适合被测量原油性能、测量条件、环境条件和准确度要求的流量计，以及确保流量计正常运行和准确测量的辅助设备，有关的仪器仪表。

(2)配备好测量原油质量和其他参数用的，并符合准确度要求的设备和仪器仪表。

(3)选择好适合流量计和其他计量仪表进行定期、定点强制检定的方式、方法，检定用的标准装置及有关的设备与仪器仪表。

(4)正确地确定出适合动态计量、计量检定、正常运行操作、事故处理、维修和启动投产、停运等操作的计量工艺流程和配套的辅助工艺流程。例如，伴热、扫线等辅助流程。

本书从第二章起将分别阐述原油的静态计量(第二章到第六章)和动态计量(第七章到第十三章)。

第二节 原油的物理性质

原油计量与原油的物理性质有关，有的性质还要直接参与原油贸易交接量的确定。下面对与原油贸易计量有关的物理性质进行介绍。

一、原油的密度

在一定的温度和压力条件下，原油的质量与体积之比是一个常数，该常数称之为原油的密度，用数学公式表示如下：

$$\rho = m/V \tag{1-1}$$

式中 ρ——原油的密度值；

m——原油的质量；

V——原油的体积。

单位体积内所含原油的质量作为原油密度的单位。也就是说，原油密度的单位与质量和体积所采用的单位有关。我国的法定计量单位是用 kg/m^3、t/m^3 或 kg/L。

原油的体积随温度和压力的变化而变化。因此，在不同的温度和压力条件下对应有不同的原油密度值。

在原油计量中还会遇到有关密度的下列术语及其相应的定义：

(1)标准密度。标准参比条件(压力为 101.325kPa,温度为 20℃)下的密度值。

(2)视密度。用石油密度计在 t 温度(非 20℃)下测得的密度值(压力是大气压,一般可认为是 101.325kPa)。

(3)相对密度。相对密度是原油的标准密度与压力为101.325 kPa,温度为 4℃时蒸馏水密度值之比,用数学公式表示为

$$\rho_4^{20} = \rho_{20}/\rho_4 \tag{1-2}$$

式中 ρ_4^{20}——原油的相对密度;

ρ_{20}——原油的标准密度;

ρ_4——蒸馏水在 101.325kPa 压力和 4℃温度下的密度值。

ρ_{20}和 ρ_4必须使用相同的单位,例如 t/m^3、kg/m^3 等。

在原油贸易交接计量中用质量结算的量,目前是用原油的体积量乘原油的密度值求得。确定原油的密度值有两种方法:一是取得原油的样品用石油密度计测得密度值;二是用在线密度计测得原油的密度值。无论使用哪一种方法都离不开石油密度计。

为了满足在各种地区测量原油密度值的要求,必须在真空中对石油密度计进行刻度。如果密度计不在真空中刻度而在大气中刻度,应将当地空气浮力的影响在密度计的刻度中体现出来,该密度计只能在当地使用。正是由于这种原因,石油密度计测得的原油密度值必须用下式进行空气浮力影响的修正,即

$$\rho_{20空} = \rho_{20} \cdot f \tag{1-3}$$

式中 $\rho_{20空}$——原油在空气中的密度值;

ρ_{20}——石油密度计测得的原油密度值;

f——密度值的空气浮力修正系数(可从表 1-1 中查得)。

表 1-1 密度值的空气浮力修正系数

20℃的密度值,g/cm³	修正系数 f	20℃的密度值,g/cm³	修正系数 f
0.5000~0.5093	0.99770	0.6796~0.7195	0.99840
0.5094~0.5315	0.99780	0.7196~0.7645	0.99850
0.5316~0.5557	0.99790	0.7646~0.8157	0.99860
0.5558~0.5822	0.99800	0.8158~0.8741	0.99870
0.5823~0.6114	0.99810	0.8742~0.9416	0.99880
0.6115~0.6136	0.99820	0.9417~1.0205	0.99890
0.6137~0.6795	0.99830	1.0206~1.1000	0.99900

在原油的国际贸易中,经常遇到 API 重度或 API 度这个词。API 度是美国测量液体石油和石油产品密度(相对密度)使用的单位,例如 32.5API 度的原油,相当于密度值为 862kg/m³ 的原油。用这种单位刻度的密度计叫做 API 比重计或 API 重度计。API 度不仅在美国使用,世界上许多国家也使用,下面对它的定义和相互之间的换算做以介绍。

API 度的定义可用下式表示:

$$\text{API 度}_{[\text{在}15.6℃(60℉)\text{下}]}=\frac{141.5}{\text{相对密度}}-131.5 \qquad (1-4)$$

$$\text{相对密度}=\frac{15.6℃(60℉)\text{下的原油密度值}}{15.6℃(60℉)\text{下的水密度值}}$$

美国标准给出的 15.6℃(60℉)下的水密度值为 999.012kg/m³ 或 0.999012g/cm³。

API 度、相对密度和原油密度值之间的相互换算公式如下。

已知 API 度求相对密度:

$$\text{相对密度}=\frac{141.5}{\text{API 度}+131.5} \qquad (1-5)$$

已知 API 度求原油密度:

$$原油密度_{[15.6℃(60℉)]} = \frac{141.5 \times \rho_{水[15.6℃(60℉)]}}{API度 + 131.5}$$

$$= \frac{999.012 \times 141.5}{API度 + 131.5} kg/m^3 \tag{1-6}$$

已知原油在 15.6℃(60℉)的密度值 $\rho_{[15.6℃(60℉)]}$ 求 API 度:

$$API度 = \frac{999.012 \times 141.5}{\rho_{[15.6℃(60℉)]}} - 131.5 \tag{1-7}$$

该式中 $\rho_{[15.6℃(60℉)]}$ 的单位是 kg/m^3。

二、原油体积的膨胀性

原油的体积随温度的上升而膨胀,随温度的下降而收缩。这种随温度的变化而变化的物理性质,称之为原油的体积膨胀性。

原油体积的这种膨胀性,给确定原油在贸易交接中的体积量带来很大的困难。为解决这个问题,世界各国都规定出确定原油体积量的温度值,即前面已经说明的标准参比温度。

根据原油体积的膨胀性可以推断,同一体积量的原油,在高于标准参比温度的温度条件下测量时,测得的体积量一定比标准参比温度下测得的体积量大;相反,在低于标准参比温度的温度条件下测量时,测得的体积量要比标准参比温度下测得的体积量小。因此,对原油体积量进行温度修正时,高于标准参比温度应乘以小于 1 的修正系数,低于标准参比温度则应乘以大于 1 的修正系数。

根据上述的推断,可得出原油体积量的下述修正公式:

$$V_s = KV_t \tag{1-8}$$

式中 V_s——原油在标准参比温度下的体积量;

K——原油的体积修正系数;

V_t——原油在 t℃温度下测得的体积量。

原油体积随温度的变化也可用原油的热膨胀系数 β 来表示,即

$$V_s = V_t[1 + \beta(20 - t_p)] \tag{1-9}$$

式中 β——原油的热膨胀系数,表示温度每变化 1℃时,原油体积的变化率,1/℃;

t_p——测量原油体积量时的原油温度,℃;

20——标准参比条件的温度值,℃。

将公式(1-8)和(1-9)相对比可以看出,公式(1-8)中的 K 可表示为

$$K = 1 + \beta(20 - t_p) \tag{1-10}$$

从上述的公式可以看出,确定体积修正系数 K,必须确定出原油的热膨胀系数 β。通过实验研究已经确定,原油热膨胀系数与原油的密度值有关。一般来说,原油的密度值越小,原油的热膨胀系数越大;相反,原油的密度值越大,温度每变化 1℃,原油体积的变化率相对来说是较小的。该特征在原油的 K 系数表中也体现出来。

原油贸易计量中,较通用的修正系数表是 ISO 91:2 和美国 API 石油测量标准手册公布的表。下面对我国的修正系数表和 API 的修正系数表进行一些介绍。

1. 我国编制的原油贸易计量用的表

国家标准 GB/T 1885—1998(等同采用 ISO 91:2 国际标准)中有两组石油计量表,一组表叫"普通原油的 20℃ 体积修正系数表",利用原油的标准密度和不同的温度,可从该表查得原油的体积修正系数;另一组表叫"普通原油 20℃ 的密度表",在不同温度下测得的原油视密度,可从该表查得标准参比条件下的原油标准密度值。有关查表和取数据的方法,可参照该标准的说明进行。

2. 美国编制的原油贸易计量用的表

在国际原油贸易计量中,一般都是利用美国 API 石油标准计量手册中给出的修正系数表。

为修正温度变化引起原油体积量的变化,早在 1940 年美国就编制出有关的修正系数表。1972 年发现以前公布的数据表不能满足需要,1974 年在老数据表的基础上开始进行新的试验研究,用了 5 年的时间,于 1979 年完成试验研究。这次试验研究用了 349 个样品(见表 1-2),样品是由美国、国际标准化组织和其他一

些国家提供的,我国没有提供样品。通过试验研究后公布了新的修正系数表。美国石油学会(API 标准 2540)、英国石油协会(伦敦)(IP 200)、国际标准化组织(ISO 91)、美国试验材料学会(ASTM D1250)、美国国家标准协会(ANSI/ASTM D1250),都以标准的形式予以公布(上面括号内的编号为公布的标准号)。

表 1-2 确定修正系数使用的石油样品

样品种类	样品数	观测数据的数量	密度范围 kg/m^3	温度范围 ℃(℉)
原　　油	124	690	770～990	4.4(40)～56(133)
成品和半成品汽油	76	436	657～770	3.9(39)～44(111)
喷气燃料油、煤油、溶剂油	44	351	785～825	3.9(39)～52(125)
燃料油、取暖用油、柴油	76	617	812～1075	3.9(39)～58(136)
润　滑　油	17	107	861～940	4.4(40)～58(136)
其他各种各样的油				
润　滑　油	2	13	927～972	10(50)～53(127)
重整油、石脑油等	6	43	664～823	3.9(39)～54(129)
JP-4 油	4	21	736～763	5(41)～40(104)
总计	349	2278		

表 1-2 中观测的数据综合回归成修正系数方程的标准偏差,在表 1-3 中给出。

表 1-3 综合回归的标准偏差

样　品　组	观测数据的数量	标准偏差,%
原油组	690	0.0253
汽油组	436	0.0266
喷气燃料组	351	0.0174
燃料油组	617	0.0180
润滑油组	107	0.0197

标准在给出修正系数的同时，还对编制体积修正系数的背景、发展过程、计算系数用的计算机程序文件和相应的计算例题，计算过程中各种数据应取有效数字的位数，小数舍入的要求等都做了详细的说明，让使用者全面了解系数表的编制和使用要求，以便更好地利用系数表。有关这部分的内容见 API 计量手册第 11.1 章第十卷《背景、发展过程和程序文件》。

在计算机程序文件中，还给出计算的修正系数在 95%置信度下，不同温度时的百分数准确度。同时也指出，如果该准确度不能满足要求，建议测量原油的热膨胀性质，使用表 6c 查原油的体积修正系数。表 6c 的名称叫《关于个别和特殊应用时，相对 60℉的热膨胀系数将体积修正到 60℉下的体积修正系数》。表 6c 是根据热膨胀系数 α_T 和温度查体积修正系数。

为说明表 6c 用的热膨胀系数 α_T，将标准导出体积修正系数的内容简介如下。

对流体的热膨胀系数做如下的基本定义：

$$\alpha = \frac{1}{V}\frac{\mathrm{d}V}{\mathrm{d}t} \qquad (1-11)$$

式中 α——热膨胀系数；

V——任意温度下的体积；

t——任意温度。

热膨胀系数还可用下式表示：

$$\alpha = \alpha_T + \beta\Delta t \qquad (1-12)$$

式中 α_T——标准参比温度下的热膨胀系数；

β——热膨胀系数的函数，与温度无关。

根据方程式(1-11)和(1-12)可以得出

$$\frac{1}{V}\frac{\mathrm{d}V}{\mathrm{d}t} = \alpha_T + \beta\Delta t \qquad (1-13)$$

$$\Delta t = t - T$$

式中　t——任意温度；

T——标准温度。

对上述方程进行整理并在 t 和 T 之间进行积分，则得到

$$\ln\frac{V}{V_T}=\alpha_T\Delta t+\frac{\beta}{2}\Delta t^2 \tag{1-14}$$

通过对试验数据的研究确定出

$$\beta=\kappa\alpha_T^2 \tag{1-15}$$

式中　κ——与温度无关的常数，表示体积修正系数最好的 κ 值是 1.6。

这样，公式(1－14)变成

$$\ln\frac{V}{V_T}=\frac{\rho}{\rho_T}=\exp[-\alpha_T\Delta t(1+0.8\alpha_T\Delta t)]$$

该式实际上就是体积修正系数 K，故可写成

$$K=\exp[-\alpha_T\Delta t(1+0.8\alpha_T\Delta t)] \tag{1-16}$$

标准温度下的热膨胀系数 α_T 与标准温度下的密度值有关，可表示为

$$\alpha_T=\frac{K_0+K_1\rho_T}{\rho_T^2} \tag{1-17}$$

通过实验数据的研究得出：与原油在 15.6℃下的密度为 611～1075kg/m³(0～100°API)时，$K_0=341.0957(\text{kg/m}^3)^2/°\text{F}$，$K_1=0$。因此

$$\alpha_T=\frac{341.0975}{\rho_T^2}\quad 1/°\text{F} \tag{1-18}$$

从方程式(1－18)可以看出，只要测得 ρ_T 就可计算出 α_T，将 α_T 代入方程(1－16)就可计算出原油的体积修正系数 K，表 6c 就是这样编制的。

三、原油体积的压缩性

压力增加时原油的体积量因压缩而减小，压力减小时原油的体积量因膨胀而增大。原油体积量随压力变化而变化的物理性质，称之为原油的压缩性。

原油的压缩性使原油的体积量在不同的压力下有不同的值。为解决测量中的这个问题，世界各国都规定出确定原油体积量的标准参比压力，并一致同意以纬度45°海平面上的大气压力作为标准参比气压，即101.325kPa，用英制单位即14.73psi。

根据原油的体积压缩性可以推断，同一体积量的原油，在高于标准参比压力条件下测量时，体积量要比标准参比压力下测量的体积量小；相反，在低于标准参比压力条件下测量的体积量，比标准参比压力下测量的体积量大。因此，可以得出原油体积量受压力影响的修正公式如下：

$$V_e = V_m / [1 - F(p_m - p_e)] \quad (1-19)$$

式中 V_e——标准参比压力下的体积量；

V_m——测量压力下测得的体积量；

F——原油的压缩系数；

p_m——测量压力，kPa；

p_e——标准参比压力，$p_e = 101.325$kPa。

公式(1－19)表明，对原油体积量进行压缩性的修正，关键是确定原油的压缩系数F。原油的压缩系数与原油的热膨胀系数具有同样的性质，与原油的密度值有关。一般来说，原油的密度值越小，原油的压缩系数越大；相反，原油的密度值越大，原油的压缩系数愈小。

为解决原油贸易计量中使用压缩系数的问题，美国石油学会1945年就编制出压缩系数表，经使用和修改，1984年在API石油计量标准手册第11章的第2.1节发布了修改后的压缩系数表。发布的压缩系数表有3种类型，它们是：

11.2.1：API重度为0～90的烃类压缩系数；

11.2.1M：密度为 638～1074kg/m³ 的烃类压缩系数；

11.2.2：相对密度(60℉/60℉)为 0.350～0.637，测量温度为 -50～140℉的烃类压缩系数。

11.2.1M 压缩系数被国际标准化组织(ISO)采用作为国际标准 ISO 9770。

从目前来看，可供查阅的压缩系数只有 API 的标准表，我国和世界上许多国家均使用该表。下面对编制该表的情况做简要的说明。

1. 计算压缩系数用的公式

原油的压缩系数可用下面的公式计算：

$$F = e^{x} \times 10^{-6} \tag{1-20}$$

$$x = -1.62080 + 0.00021592t + \frac{0.87096}{\rho_T^2} + \frac{0.0042092t}{\rho_T^2} \tag{1-21}$$

式中 t——测量条件下的温度，℃；

ρ_T——15℃条件下的标准密度值，g/cm^3。

计算时，每一项都应准确到 0.00001。

使用该方程式计算原油的压缩系数时，在置信度为 95% 和试验数据的范围内，压缩系数最大的不确定度是 ±6.5%。因此可以预料，就是在最坏的情况，原油真正的压缩系数比标准中给出的值高 6.5%，或者低 6.5%。因为原油的压缩系数一般是 $A \times 10^{-7}$(A 是不大于 10 的任意常数)，偏差 ±6.5% 对原油体积量计算的影响不会很大。

2. 基础数据和压缩系数使用的范围

编制压缩系数表使用的油样是 7 个原油样、5 个汽油样、7 个中馏分汽油样，不包括与原油和其他成品油不同种群的润滑油。用这些油样测得的试验数据回归出压缩系数计算公式，编制出压缩系数表。

试验测得数据的范围是：密度值为681～934kg/m³，温度为0～150℃，压力为0～4902kPa。标准的实际使用范围是：密度值是638～1074kg/m³；温度为-30°～90℃，压力为0～10300kPa。这说明标准中的某些点是外推结果。

四、原油的饱和蒸气压

原油的饱和蒸气压是指在一定的温度条件下，达到气、液两相平衡状态的最大压力。该压力也是原油在一定温度下出现气体的最大压力。因此，有关原油计量的规程和标准都规定，测量原油的计量器具，在使用和检定的运行温度下，所承受的压力不得低于原油饱和蒸气压。

标准和规程做出这种规定的目的，是保证原油在计量器具内不会产生气体，影响计量的准确度。为满足这种要求，计量器具安装设计时，应使计量器具出口的回压（或背压）高于原油饱和蒸气压0.1～0.15MPa。

五、原油的粘度

影响原油流动内摩擦阻力大小的物理性质，称之为原油的粘性，衡量粘性高、低的物理量是原油的粘度。原油的粘度大表明原油的粘性高，粘度小表明原油的粘性低。

在原油贸易计量中，选择原油流量计的类型，确定原油通过流量计产生的压力损失，估计原油通过容积式流量计的漏失量，以及原油贸易计量的工艺流程和设备安装等许多方面，都必须考虑原油粘度的影响。

第三节　测量数据的处理

一、概述

本节叙述的测量数据处理只是原油计量中测量数据的处理。确切地说，是将测量数据处理的有关理论和方法，应用于原油计量测量数据的处理。测量数据的处理与原油计量具有的特征有密切的关系，下面对有关原油计量具有的特征说明如下：

(1)在原油贸易交接计量中,必须用已知准确度的计量标准器检定未确定准确度的计量器具,确定出被检计量器具的准确度,决定该计量器具是否适合在原油贸易计量中使用。

这种计量检定,实际上是用一个已知的量去校准一个未知量。例如,用容积基准——标准罐检定标准体积管,就是准确地确定标准体积管的基准容积。用几何尺寸可粗略地计算出该基准容积,由于几何尺寸测量的误差,制造、安装中的误差,该容积必须用容积基准进行检定。

从测量数据处理的理论来看,这种测量是用已知准确度的测量仪表,对同一物理量进行多次重复地测量,确定出被测量真值的可靠估计值。

(2)用已知量值的计量器具测量未知量值的原油,确定出原油的数量和质量。例如,用流量计测量出通过它流动的原油体积量;用量油尺测量出被检定油罐内储存原油的高度,确定出原油的体积量等。这些测量的准确度完全取决于测量用计量器具的准确度。

(3)原油贸易交接的体积量是标准参比条件($p_s=101.325kPa,t_s=20℃$)下的体积量。因此,必须利用有关的数据表查得计算所需要的参数,以及在计量条件下测得的体积量、温度和压力值,用公式计算求得。

二、测量中一些基本概念的说明

在所有物理量的测量过程中,都会固有地存在误差,即使是在理想条件下,对标准器进行重复测量,也会因存在误差而给出稍有不同的测量读数。测量中出现的误差,可能是系统误差,也可能是随机误差,误差可能来源于标准器,也可能来源于测量条件、环境条件、人的因素,以及其他微小变化等许多因素。也就是说,测量误差是绝对存在的。

测量仪表对物理量进行测量时,由于误差的存在,可能得出如图 1-1 所示的三种结果。

第一种结果表示测得值绝大部分都位于离真值较远的、一个很小的范围内，其中一个测得值离真值较远，与其他的测得值分散。以前对这种结果叫做测量精密度好，测量正确度差。

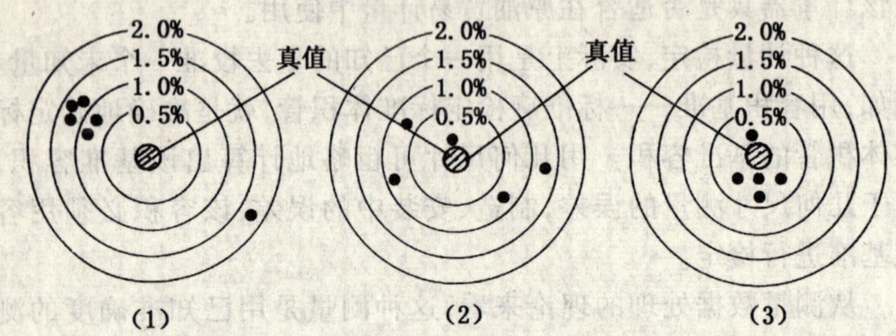

图1-1　测量值相对于测量真值的分布和接近程度

测量精密度是一个定性的概念，反映在规定的测量条件下，对同一量进行多次测量时，所得测量值之间的符合程度。这种定义与测量重复性的定义："在实际相同的测量条件下，对同一被测量连续进行多次测量时，其测量值之间的一致性"，应该说基本上是相同的。

测量精密度常常简称为测量"精度"，"精度"是一个含义容易混淆的概念。例如，测量得到的相对误差为0.1%，习惯上会说其"精度"为1×10^{-3}，以表明1×10^{-3}比5×10^{-3}的精度高，而比5×10^{-4}的精度低。这些数字表示的精度是属于随机误差引起的精密度，还是属于系统误差引起的正确度，或者是两者综合引起的准确度，得不到明确的反映。

另外，计量器具刻度的分度数多，分度值小，也常被说成"精度"高。实际上，这表明计量器具制做精细，反映出计量器具的分辨力高。

精密度或精度是测量误差应用和发展过程中常用的术语，鉴于有时被用得过于泛指和笼统，国际上早已建议回避使用。需要定量表示测量结果中随机误差大小的程度时，可用测量的重复性来代替。因此，对上述结果应该说重复性好，与真值的偏差可采用修正的方法进行修正。对个别分散、偏差又大的测量点可能被剔除。

第二种结果是测得值分散在真值的周围，说明系统误差小，随机误差大。以前将这种结果叫做正确度好,精密度差。正确度是一个定性的概念,反映在规定的测量条件下,对同一被测量进行大量重复测量时,所得到的测得值的平均值与被测量真值之间的一致程度。事实上,它是各项系统误差的综合。

鉴于对系统误差的认识加深,以及对大多数测得值应修正掉已定系统误差的要求,正确度一词不宜推广使用。从表示这种结果的图1-1(2)中可以看到,如果将已定系统误差修正掉,测得值仍是分散的,并偏离真值,这说明测量中存在随机误差和可以估计其界限的未定系统误差。

第三种结果是测得值集中在真值的附近。以前将这种结果叫做系统误差和随机误差都小,准确度高。准确度也是一个定性的概念,反映测量结果中系统误差与随机误差的综合,即测得值既不偏离真值,测得值之间又不分散。所谓定性的概念,即指性质上或品质上的概念。意味着可用准确度的高、低来表示测量的品质或测量的质量,准确度高不确定度就小;相反,准确度低不确定度就大。

同时可以得出,测量准确度是表示测量结果与被测量的真值(约定真值)之间的一致程度。根据该定义,99%的准确度就有1%的不确定度,准确度提高则不确定度减少。这说明,测量不确定度是对测量结果接近真值的程度,或者是离开真值的程度所作的估计,是测量结果附近的一个范围或区间,被测量的真值以一定的概率处于这个范围或区间内。

不确定度是对测量结果质量优劣的评定。测量结果愈接近真值,测量的质量愈高,测量的不确定度愈小。因此,国际上提出用不确定度评定测量结果是正确的,可避免一些不必要的混淆。但是,为使用方便,习惯上又总是用不确定度表示准确度。例如,测量仪表的准确度是表征测量仪表给出接近被测量真值的示值能力,而测量仪表的准确度等级却使用0.2,0.25和0.5等表示。这里的0.2,0.25和0.5应该是指仪表的不确定度为±0.2%,±0.25%,和±0.5%。

从上面所说明的内容可以了解到,在物理量的测量条件下,不可能测得客观存在的、确切的或真正的值，即通常所说的真值。但是，使用准确度高的仪表，严格应用合适的测量方法，可以得到一个真值正确的估计值。任何一组测量值，真值的最好估计值是剔除粗大误差，修正系统误差以后的平均值。

三、影响测量结果的误差

通过前面的介绍已经明确地认识到，影响测量结果的误差，按其性质可分为粗大误差、系统误差和随机误差，下面分别进行介绍。

1. 粗大误差

粗大误差是指明显超出规定条件下预期的误差，明显地歪曲测量结果。出现这种误差可能是由于测量人员粗心大意而错误地读取测量值，使用有缺陷的计量器具，计量器具使用不当，或过大的环境干扰等因素造成。因此，粗大误差的出现既不服从函数规律，也不服从统计的规律，是无规律性的。

由于粗大误差明显地歪曲测量结果，测量时应采取措施避免它。避免粗大误差的措施包括增强测量人员的责任心，认真负责地对待测量工作，杜绝发生读错和记错的现象；确保测量条件稳定，避免在外界条件发生激烈变化时进行测量；对计量器具进行严格检查，防止使用有缺陷的计量器具等。

在某些情况下，可采用测量人员和仪表相互校核的方法及时发现或防止测量中含有的粗大误差。

对含有粗大误差的异常值，应从测量数据中剔除。在测量过程中若发现有的测量条件不符合规定要求，可将该条件下得到的测量数据从记录中删去，但须注明原因，不说明原因随意地去掉数据是不允许的。在测量完成后，为判断某个测得值是否异常，可利用粗大误差剔除准则，如格拉布斯（Grubbs）标准、狄克逊（Dixon）标准及 3σ 标准等，判断可剔除的异常值，然后从测量的数据中剔除掉。

狄克逊标准检验剔除含粗大误差的异常测量值，通常按下列步骤进行：

(1) 将一组测量值 x_i 按大小的顺序(从小到大)排列,即 x_1, $x_2, x_3, \cdots, x_n$。不难理解,可疑值肯定位于两端,即 x_1 或 x_n,相当于表 1－4 中的低值与高值。

表 1－4　狄克逊检验准数

测量值的数量	准数值		检验准数	
	$P=0.95$	$P=0.99$	低 值	高 值
3	0.941	0.988	$R_{10}=\frac{x_2-x_1}{x_n-x_1}$	或 $\frac{x_n-x_{n-1}}{x_n-x_1}$
4	0.765	0.889		
5	0.642	0.780		
6	0.560	0.698		
7	0.507	0.637		
8	0.554	0.683	$R_{11}=\frac{x_2-x_1}{x_{n-1}-x_1}$	或 $\frac{x_n-x_{n-1}}{x_n-x_2}$
9	0.512	0.635		
10	0.477	0.597		
11	0.576	0.679	$R_{21}=\frac{x_3-x_1}{x_{n-1}-x_1}$	或 $\frac{x_n-x_{n-2}}{x_n-x_2}$
12	0.546	0.642		
13	0.521	0.615		
14	0.546	0.641	$R_{22}=\frac{x_3-x_1}{x_{n-1}-x_1}$	或 $\frac{x_n-x_{n-2}}{x_n-x_3}$
15	0.525	0.616		
16	0.507	0.595		
17	0.490	0.577		
18	0.475	0.561		
19	0.462	0.547		
20	0.450	0.535		
21	0.440	0.524		
22	0.430	0.514		
23	0.421	0.505		
24	0.413	0.497		
25	0.406	0.489		

(2) 依据测量次数 n,从表 1 - 4 中选择合适的检验准数计算公式,计算检验准数。

(3) 计算求得的狄克逊检验准数 R_i,在 5% 的概率($P = 95$)范围内,如果 R_i 超过表 1 - 4 中给出的准数值,检验的测得值是值得怀疑的,可能要剔除。在 1% 的概率($P = 0.99$)的范围内,如果 R_i 超过表 1 - 4 中的准数值,检验的测得值应被剔除。

下面用一个例题说明具体检验的步骤。假定有 15 个测得值,按大小顺序排列在表 1 - 5 中。

表 1 - 5　15 个测得值

x_i	顺序号 x_i	顺序号 x'_i	x_i	顺序号 x_i	顺序号 x'_i
20.30	1	—	20.42	9	8
20.39	2	1	20.42	10	9
20.39	3	2	20.42	11	10
20.39	4	3	20.43	12	11
20.40	5	4	20.43	13	12
20.40	6	5	20.43	14	13
20.40	7	6	20.43	15	14
20.41	8	7			

首先检验最大值 x_{15}。因 $n = 15$,从表 1 - 4 中找到用下面的公式计算 R_{22},即

$$R_{22} = \frac{x_{15} - x_{(15-2)}}{x_{15} - x_3} = \frac{20.43 - 20.43}{20.43 - 20.39} = 0$$

从表 1 - 4 中查得:$n = 15, P = 0.95$ 的准数值为 0.525。$R_{22} = 0 < 0.525$,故 x_{15} 不含粗大误差。

再检验最小值 x_1,从表 1 - 4 中找到计算 R_{22} 的公式为

$$R_{22} = \frac{x_3 - x_1}{x_{(15-2)} - x_1} = \frac{20.39 - 20.30}{20.43 - 20.30} = 0.692$$

因 $R_{22}=0.692>0.525$,故 x_1 含有粗大误差,应剔除。剩下的 14 个测得值再按上面的步骤进行检验。由于剔除 x_1,x_2 变成 x_1,剩下的 $n=14$。检验仍从最大值开始:

$$R_{22}=\frac{x'_{14}-x'_{(14-2)}}{x'_{14}-x'_{3}}=\frac{20.43-20.43}{20.43-20.39}=0$$

因 $R_{22}=0<0.546$,故 x'_{14} 不含粗大误差。

再检验 x'_1,计算 R_{22}:

$$R_{22}=\frac{x'_{3}-x'_{1}}{x'_{(14-2)}-x'_{1}}=\frac{20.39-20.39}{20.43-20.39}=0$$

因 $R_{22}=0<0.546$,故 x'_1 也不含粗大误差。

2. 随机误差

简单地说,随机误差是测量过程中一种以不可预知方式变化的测量误差。正如前面已经说明的,随机误差影响测量仪表对同一量进行多次重复测量时,给出相同测量值的能力,即测量仪表的重复性。

随机误差是由很多暂时未能掌握的,或者不便于掌握的微小因素所造成的。这些微小的因素有:测量器具、环境条件和人员等。因此,随机误差一般具有以下几个特征:

(1)绝对值相等的正误差和负误差出现的次数相等,称之为误差的对称性。

(2)绝对值小的误差比绝对值大的误差出现的次数多,称之为误差的单峰性。

(3)在一定的测量条件下,随机误差的绝对值不会超过一定的界限,称之为误差的有界性。

(4)随着测量次数的增加,误差的算术平均值趋于零,称之为误差的抵偿性。该特征可由第一个特征推导出来,因为绝对值相等的正误差和负误差之和可以相互抵消。

重复测量时,随机误差的出现具有随机性,对单个测量值而言没有规律性,并且是随机的,是不可预测的。但对许多测量值组成的整体而言是服从统计规律的。随着测量次数的增加，测量值的分布近似于正态分布，如图 1－2 所示。应用统计的方法可以推导出测得值落入“钟罩形”曲线相应的区域($a+\sigma$、$a-\sigma$)，($a+2\sigma$、$a-2\sigma$)，($a+3\sigma$、$a-3\sigma$)的概率。对应于 $\pm\sigma$ 的置信度为 68.27%；对应于 $\pm 2\sigma$ 的置信度为 95.45%；对应于 $\pm 3\sigma$ 的置信度为 99.73%。从这里可以看出，所谓置信度是指测量值有多少会落入该区域。对随机误差影响的测量数据进行处理时，必须考虑置信度。也就是说，处理一组数据时，有多少数据会落入处理方法所涉及的区域，可判断处理数据的可靠性。原油贸易交接计量中，处理这类数据使用的置信度，国际标准和美国标准建议采用 95%，我国过去使用 99%，现在也采用 95%。

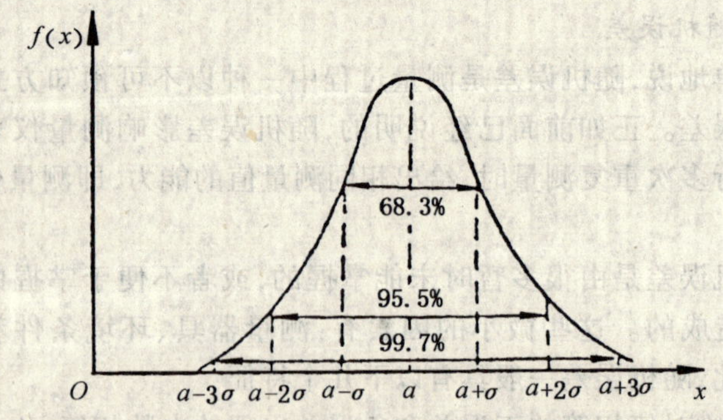

图 1－2　测量值的分布近似正态分布

一组测量值的随机误差可用标准偏差 $\sigma(y)$ 来描述。一组修正后的测量值，标准偏差最近似的估计值可用下式计算：

$$S(y)=\sqrt{\frac{1}{n-1}\sum_{i=1}^{n}(y_i-\overline{y})^2}$$

或者

$$S(y)=\sqrt{\frac{1}{n-1}\sum_{i=1}^{n}y_i^2-\frac{n\overline{y}^2}{n-1}} \qquad (1-22)$$

$$\overline{y} = \frac{1}{n}(y_1 + y_2 + \cdots y_n) = \frac{1}{n}\sum_{i=1}^{n} y_i \qquad (1-23)$$

式中　$S(y)$——标准偏差；

$\overline{y}$——n 次测量值的算术平均值；

y_i——进行 n 次测量中的任一次测量值；

n——对被测量量进行重复测量的次数。

重复测量的次数 n，在现场进行检定或校准时，一般取 n 等于5～10次，这是最通常的实际做法，也被认为是可接受的。对标准器的检定或校准，特别是初次检定或校准，为确保有更好的可靠性，至少应取 n 等于20次，如果条件允许可取 n 等于30次或更多的次数。

通常将公式(1－23)中 y_i 和 $\overline{y}$ 之间的差$(y_i - \overline{y})$，称之为剩余误差或者叫做残差，可用下式表示：

$$v_i = y_i - \overline{y} \qquad (1-24)$$

式中　v_i——测量值 y_i 的剩余误差。

根据公式(1－23)可以证明算术平均值有以下的性质：

(1)剩余误差的代数和等于零，即

$$\sum_{i=1}^{n} v_i = 0 \qquad (1-25)$$

(2)剩余误差的平方和为最小，即

$$\sum_{i=1}^{n} v_i^2 = 最小 \qquad (1-26)$$

从随机误差的几个特征来看，如果尽可能多地测取被测量的测量值，并使用算术平均值，可以减少测量结果中的随机误差。因此，n 个独立测量值平均值的标准偏差，应比某个测量值本身的标准偏差小$\sqrt{n}$倍。这样，可用下式计算平均值的标准偏差 $S(\overline{y})$：

$$S(\overline{y}) = \frac{S(y)}{\sqrt{n}} \qquad (1-27)$$

根据这个理由可以推断，平均值的标准偏差 $S(\overline{y})$ 会更接近于随机误差的实际偏差 $\sigma(y)$。因此，计算随机误差的不确定度时，应使用平均值的标准偏差 $S(\overline{y})$。

为快速检验测量值标准偏差的大小，可用一组测量值的极差计算标准偏差，即

$$S(y)=\frac{W}{D(n)} \tag{1-28}$$

$$W=y_{max}-y_{min} \tag{1-29}$$

式中 $D(n)$——极差换算系数，从表 1-6 查得；

y_{max}——一组测量值中的最大值；

y_{min}——一组测量值中的最小值。

表 1-6 极差换算系数

测量次数 n	换算系数 $D(n)$	测量次数 n	换算系数 $D(n)$
2	1.128	8	2.847
3	1.693	9	2.970
4	2.059	10	3.078
5	2.326	11	3.173
6	2.534	12	3.258
7	2.704		

因公式(1-28)比公式(1-27)简单方便，因此以前计算标准偏差常使用公式(1-28)。目前公布的一些国外标准，都不使用公式(1-28)，而使用公式(1-27)，以便得到更接近于实际标准差 $\sigma(y)$ 的近似估计值。

3. 系统误差

系统误差是在相同的测量条件下，对同一被测量进行多次重复测量过程中，保持不变或可预知变化的误差。系统误差在测量

中引起的偏差可正可负，因而导致对被测量真值作出过高或过低的估计。因此，必须了解产生系统误差的原因，系统误差存在和变化的方式，并发现它们，最后才能消除或修正。

1)系统误差产生的原因，存在和变化的方式

系统误差是由固定不变的或按确定规律变化的因素所造成。这些因素是可以掌握的，主要有：测量装置或测量仪器、标准器具方面的因素，环境方面的因素，测量方法的因素和测量人员方面的因素等。

各种系统误差随测量过程变化的特征，用图1－3中的曲线表示。图中的曲线 a 表示在整个测量过程中，误差的符号或大小都固定不变的系统误差，称之为不变系统误差；曲线 b 表示在整个测量过程中，误差值是成比例地增大或减少，称之为线性变化的系统误差；曲线 c 则表示误差值不成比例变化的、非线性变化的系统误差；曲线 d 表示在整个测量过程中，误差按周期性规律变化，称之为周期性变化的系统误差；曲线 e 表示在整个测量过程中，误差是按确定的，且复杂的规律变化，称之为复杂规律变化的系统误差。曲线 b 至曲线 e 所示的系统误差称之为可变系统误差。

2)系统误差的发现

测量过程形成系统误差的因素是复杂的，查明所有的系统误差是困难的。同时，也不可能全部消除系统误差的影响。下面对发现系统误差的一般方法进行简单介绍：

(1)实验对比法。

实验对比法是改变产生系统误差的条件，对同一测量对象在不同的条件下进行测量。例如，采用两种以上的不同测量方法进行测量，以发现系统误差。

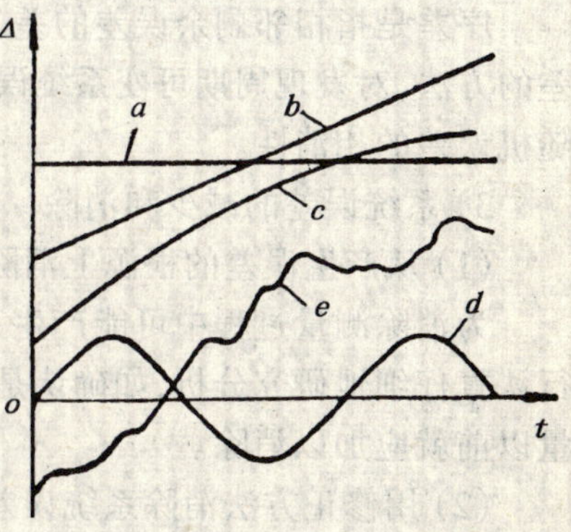

图1－3　各种系统误差变化的特征

这种方法适用于发现不变的系统误差。

(2)剩余误差观察法。

剩余误差观察法是根据测量数据列各个剩余误差的大小，符号变化的规律来判断有无系统误差。这种方法主要适用于发现有规律变化的系统误差。

(3)剩余误差校核法。

剩余误差校核法是将测量数据列中前面 k 个剩余误差相加，后面$(n-k)$个剩余误差相加(当 n 为偶数，取 $k=\frac{n}{2}$；n 为奇数，取 $k=\frac{n+1}{2}$)，再两者相减。若两部分差值显著不为零，则有理由认为测量数据列存在系统误差。此时需要仔细观察测量数据列中剩余误差变化的规律，进一步分析所含系统误差的类型。但值得指出的是，有时按剩余误差校核法得到相减值为零，仍有可能存在系统误差。

(4) 计算数据比较法。

对同一量测量得到很多数据，通过对计算数据的比较，判断是否满足随机误差的条件，以发现是否存在系统误差。

(5) 序差检验法。

序差是指相邻剩余误差的差。序差检验法是发现可变系统误差的方法，对发现周期可变系统误差尤为适用。这种方法的依据是随机误差的相消性。

3) 系统误差的减少和消除

(1) 从产生误差的根源上消除系统误差。

为消除测量过程中可能产生系统误差的环节，测量人员应进行认真仔细地研究分析，如确认是产生系统误差的根源，在开始测量以前就应加以消除。

(2) 用修正方法消除系统误差。

该方法是预先将测量器具的系统误差检定出来，或者计算出来，并做成误差表或误差曲线，然后取与误差数值大小相等而符号相反的值作修正值，将测得值加上相应的修正值，即可得到不含系统误差的测得值。

(3) 消除不变系统误差的其他方法:

① 代替法。代替法的实质是在测量装置上对被测量进行测量后,不改变测量的条件,立即用一个标准量代替被测量,放到测量装置上再次进行测量,从而找出被测量与标准量之间的差值,则被测量 = 标准量 + 差值。

② 抵消法。这种方法要求进行两次测量,使两次读数中出现的系统误差大小相等,符号相反,取两次测量值的平均值作为修正的测量值,即可消除系统误差。

③ 交换法。这种方法是根据产生误差的原因,将某些条件进行交换,以消除系统误差。

(4) 消除线性系统误差的方法 —— 对称法。

这是一种消除线性系统误差的有效方法。因为线性变化的可变系统误差,在整个测量过程中,将随着测量时间的变化递增或递减。若选定某时刻为中点,则对称此点的系统误差平均值皆相对。

利用这一特点,可将测量数据对称安排,取各对称点两次读数的算术平均值作为测量值,使测量值的系统误差被消除。

(5) 消除周期性系统误差方法 —— 半周期法。

周期性系统误差可以相隔半个周期进行一次测量,求两次读数的平均值,即可有效地消除周期性系统误差。

四、测量的不确定度

估计测量结果的不确定度时,必然要考虑随机误差和系统误差对测量不确定度的贡献。通常将随机误差引起的不确定度称之为随机不确定度,系统误差引起的不确定度称之为系统不确定度。

1. 随机不确定度

测量所得到的一组测量值,由随机误差引起的不确定度,简单地说是标准偏差 $\sigma(y)$ 和标准正态偏差的乘积。标准偏差 $\sigma(y)$ 是指进行一组测量的测量次数 n 接近无穷大所得到的偏差。在这种条件下，置信度与测量不确定度有表 1－7 给出的关系。采用 95％的置信度时，测量的不确定度是：

$$A(y)=\pm 1.96\sigma(y) \tag{1-30}$$

表 1－7　测量不确定度与置信度的关系

不确定度	置信度，％
$\pm 0.674\sigma(y)$	50
$\pm 0.954\sigma(y)$	66
$\pm 1.960\sigma(y)$	95
$\pm 2.576\sigma(y)$	99

一般来说，在一组测量中不可能使测量次数 n 达到无穷大，通常都是有限的值。在测量次数有限的条件下，则认为 $S(y)$ 是接近于 $\sigma(y)$。因此，将根据公式(1－22)计算的标准偏差 $S(y)$ 估计不确定度。用 $S(y)$ 估计不确定度时，不是以标准正态分布为基础，而是以学生 t 分布为基础，学生 t 分布在数值上是随自由度变化。一组测量值的自由度可认为是测量的次数 n。例如，进行 n 次测量得到一组测量值，因为计算算术平均值时已经使用一个自由度，确定学生 t 分布数值的自由度为 $n-1$。在这种情况下，随机误差引起的不确定度为

$$a(y)=(t_{95,n-1})S(\overline{y}) \tag{1-31}$$

式中　$t_{95,n-1}$——自由度为 $n-1$，置信度为 95％的学生 t 分布的数值，该值在表 1－8 中给出。

表 1-8　95%置信度的 t 分布数值

自由度 ϕ	$t_{95,\phi}$	自由度 ϕ	$t_{95,\phi}$
1	12.706	18	2.101
2	4.303	19	2.093
3	3.182	20	2.086
4	2.776	21	2.080
5	2.571	22	2.074
6	2.447	23	2.069
7	2.365	24	2.064
8	2.306	25	2.060
9	2.262	26	2.056
10	2.228	27	2.052
11	2.201	28	2.048
12	2.179	29	2.045
13	2.160	30	2.042
14	2.145	40	2.021
15	2.131	60	2.000
16	2.120	120	1.980
17	2.110	—	1.960

2．系统不确定度

根据系统误差的特性，不改变测量设备或测量条件，用实验方法是不可能确定与系统误差有关的不确定度。为估计系统误差引起的不确定度，依据经验和对有关计量器具的认识与研究分析，主观地判断不确定度是可能的。

(1)如果系统误差有唯一的已知值，误差将加到测量结果中或从测量结果中减去，使测量结果由误差引起的不确定度为零。

(2)系统误差的符号已知，但误差的大小由主观估计。估计误差的平均值将加到测量值中，不确定度将取估计误差所处区间的一半，如图 1－4 所示。图中的 M 表示测量值，估计的系统误差位于 δ_{t_1} 和 δ_{t_2} 之间，给出的估计平均误差是 $\frac{\delta_{t_1}+\delta_{t_2}}{2}$。这时，用下面的公式给出使用结果：

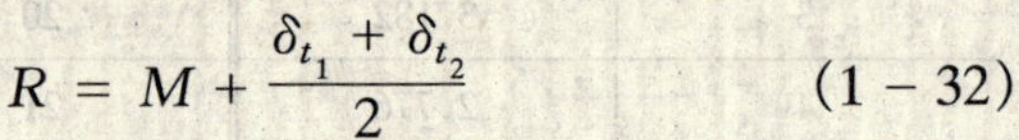

$$R = M + \frac{\delta_{t_1}+\delta_{t_2}}{2} \tag{1-32}$$

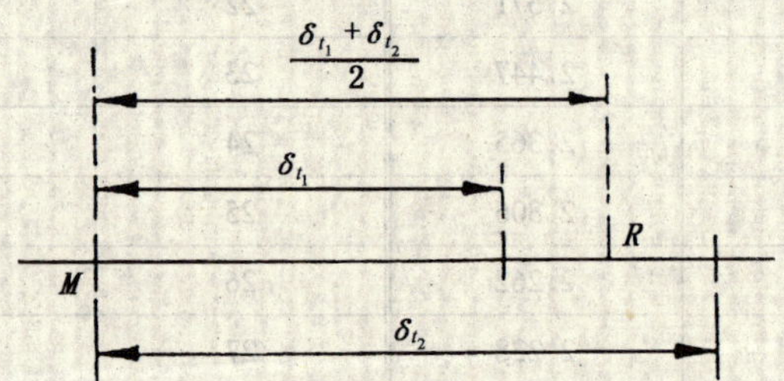

图 1－4　估计平均误差修正的图示说明
使估计的平均误差等于最大和最小值的估计平均值，隐含地假定系统误差是被看作不对称的

具有的不确定度是

$$b(y) = \pm \frac{\delta_{t_1}-\delta_{t_2}}{2}$$

(3)用检定或校准的数据估计系统误差引起的不确定度的大小时，用上面叙述的方法修正测量值，系统不确定度将按随机误差计算不确定度的方法计算。例如，使用没有单独校准的温度计，而有一组以前已经校准的相同温度计，并提供了温度计误差的平均值(刻度读数的分辨力)和标准偏差。利用这组温度计的校准数据来估计使用温度计的系统不确定度，就出现用检定或校准数据估计系统不确定度的情况。假如提供的误差平均值是 $\pm 0.1k$，标准偏差为 $\pm 0.5k$，则使用温度的系统不确定度为

$$b(y) = \sqrt{0.5^2 + 0.1^2} = \pm 0.51k$$

(4)当系统误差变化的方向未知,它的大小是根据经验和对计量器具的认识与研究分析估计时,估计误差的平均值等于零,不确定度应取误差估计范围的一半,如图 1-5 所示。正如图 1-4 的注所指出的,在这种情况下,$\delta_{t_1}=\delta_{t_2}$。所以,不确定度为

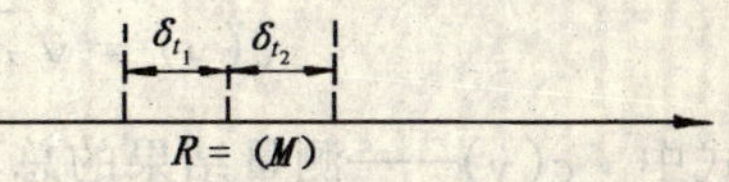

图 1-5　估计平均误差等于零的图示说明

$$b(y)=\pm\delta_t$$

3. 随机不确定度和系统不确定度的组合

在原油计量中,为给出通过检定或测量所得到的真值的正确估计值——测量结果的可靠性,必须估计出随机不确定度和系统不确定度组合的总不确定度。

依据经验和对有关计量器具的认识与研究分析,以及检定或校准的实践,按前面介绍的方法,可以得到系统不确定度好的估计值。

对同一被测量值进行测量时,在受 P 个独立系统误差源影响下得到一组测量值。在测量过程中,系统误差是未知的,它们对相同的测量值产生影响,有趋于抵消并趋于一定范围的特征。考虑到这一点,用平方和求根组合系统不确定度,将是切合实际的。按通用的规律,P 个系统误差引起的系统总不确定度可用下式计算,即

$$b(y)=\sqrt{b_1^2(y)+b_2(y)+\cdots+b_p(y)}$$

$$=\sqrt{\sum_{i=1}^{p}b_i^2(y)} \qquad (1-33)$$

式中　$b_i(y)$——i 个系统误差引起的不确定度。

上述方程式表明,组合系统误差引起的不确定度,与组合随机误差引起的不确定度是使用同样精确的方法。按这种理论基础,系统不确定度和随机不确定度将用同样的形式进行组合。用平方和求根的方法产生组合的总不确定度,即

$$c(y)=\sqrt{a^2(y)+b^2(y)} \tag{1-34}$$

式中 $c(y)$——测量结果的总不确定度；

$a(y)$——随机误差引起的随机不确定度；

$b(y)$——系统误差引起的系统不确定度。

五、测量数据处理的步骤

为得到合理、可靠的测量结果，对影响测量的误差必须按前面叙述的方法进行处理，其步骤如下。

1. 发现和确定系统误差

因为系统误差不会随测量次数的增加而减少，或者消除，在发现和确定系统误差时，必须利用对原油计量的经验，对测量装置的了解，以及对测量方法和测量系统的认识，仔细地研究分析和判断。

为了不遗漏可能存在的系统误差，最好按产生系统误差的根源逐项排列出来，再逐项分析研究确定。

应该指出，用作原油贸易交接计量的系统，除高一级标准器的不确定度作为系统误差传递给计量器具外，通常是不会存在其他的系统误差。

2. 判断粗大误差并将其剔除

利用粗大误差的判断准则，判断出一组测量值中是否存在粗大误差，并将含有粗大误差的测量值剔除掉。

3. 求测量值的算术平均值

消除系统误差以后，用公式(1－23)求一组测量值的算术平均值。该平均值被认为是真值的正确估计值，用它来计算标准偏差。

4. 计算标准偏差

标准偏差可用公式(1－22)计算。当一组测量值重复测量的次数 n 小于 12 时，标准偏差也可用公式(1－28)计算。

5. 求测量不确定度

按前面叙述的方法求测量的不确定度，包括系统不确定度和随机不确定度。最后将二者组合求出测量结果的总不确定度。

6. 报告测量结果

测量结果是上面求得的算术平均值($\overline{y}$)。报告该测量结果时,必须给出相应的总不确定度,通常是用($\overline{y}$) ± $c(y)$的形式给出。如果要用百分数的形式给出总不确定度,可用[$c(y)$ ÷ ($\overline{y}$)] ×100 求得,这时的总不确定度是 ± $c(y)$%。

六、例题

下面给出数据处理的例题,以说明数据处理方法的应用。

例如对储罐的储油高度进行测量,共测量一组 6 个测量值,记录的读数准确到 mm 是 6534,6544,6542,6540,6543 和 6544。预料到油罐底部油泥和罐量油的不准确可能产生未知系统误差。根据测量的经验,这两个误差的最大范围是:油泥的误差范围 $e_1 = 0 \sim e_2 = -4$mm,尺的不准确的误差范围是 $e_1 = +1$mm $\sim e_2 = -1$mm。

下面按前面介绍的步骤对这组数据进行处理。

1. 发现和确定系统误差

进行测量时,操作人员根据已有测量经验和对使用计量器具的了解,预料到可能存在的未知系统误差,以及误差所处的范围,在上面已经给出。

2. 判断和剔除粗大误差

运用前面介绍的狄克逊标准方法,将这组测量值从小到大排列如下:

6534,6540,6542,6543,6544,6544

因为该组测量值是 6 个,按 n 为 6 从表 1 - 4 中选择计算检验准数的公式,首先检验低值:

$$R_{10} = \frac{x_2 - x_1}{x_n - x_1} = \frac{6540 - 6534}{6544 - 6534} = \frac{6}{10} = 0.6$$

$R_{10} = 0.6$ 大于表 1 - 4 中给出的置信度为 95% 的准数值 0.560。因此,测量值 6534 应看作含有粗大误差的值而被剔除。

再检验最高值:

$$R_{10}=\frac{x_n-x_{n-1}}{x_n-x_1}=\frac{6544-6544}{6544-6540}=0$$

$R_{10}=0<0.560$,测量值 6544 不含粗大误差。

再继续检验。这次检验已剔除一个值,检验低值时,x_2 变成 x_1,即 $x_1=6540$:

$$R_{10}=\frac{x_2-x_1}{x_n-x_1}=\frac{6542-6540}{6544-6540}=\frac{2}{4}=0.5$$

$R_{10}=0.5<0.560$,测量值 6540 不含粗大误差。

因为最高值上一次检验就不含粗大误差,所以不要再检验。剩下的 5 个测量值都不含粗大误差。

3. 求测量值的算术平均值

因为前面已经给出了系统误差的大小,应按给出的系统误差值对测量值进行修正。因为量油尺的不准确值求得的平均系统误差值是零,不需要修正;油泥引起的系统误差值 $\overline{e}$ 是:

$$\overline{e}=\frac{(e_1+e_2)}{2}=\frac{0-4}{2}=-2\ \text{mm}$$

用这个修正值对 5 个测量值修正后得到:6546,6544,6542,6545 和 6546。用这几个测量值求算术平均值,即

$$\begin{aligned}\overline{y}&=\frac{1}{n}(y_1+y_2+\cdots+y_n)\\&=\frac{1}{5}(6546+6544+6542+6545+6546)\\&=6544.6\ \text{mm}\end{aligned}$$

4. 计算标准偏差

$$\begin{aligned}S(y)&=\sqrt{\frac{1}{n-1}\sum_{i=1}^{n}(y_i-\overline{y})^2}\\&=\sqrt{\frac{1}{4}(1.4^2+0.6^2+2.6^2+0.4^2+1.4^2)}=1.67\ \text{mm}\end{aligned}$$

5. 求测量不确定度

1)随机不确定度

$$a(y)=\frac{(t_{95,n-1})[S(y)]}{\sqrt{n}}=\frac{2.776\times1.67}{\sqrt{5}}=2.07\ \text{mm}$$

2)系统不确定度

(1)由油泥引起的不确定度

$$b_1(y)=\pm\frac{\delta_{t_1}-\delta_{t_2}}{2}=\pm2\ \text{mm}$$

(2)由量油尺不准确引起的不确定度

$$b_2(y)=\pm\delta_t=\pm1\ \text{mm}$$

组合的系统不确定度是:

$$b(y)=\sqrt{b_1^2(y)+b_2^2(y)}=\sqrt{2^2+1^2}=2.24\ \text{mm}$$

3)随机不确定度和系统不确定度组合

$$c(y)=\sqrt{a^2(y)+b^2(y)}=\sqrt{2.07^2+2.24^2}=\pm3.05\ \text{mm}$$

6. 报告测量结果

测得油面高度,在95%的置信度下,不确定度为±3.05mm。所以,测得高度真值的正确估计值是6545±3mm(因为测量结果要求准确到mm,小数点后面的值舍去)。

如果要用百分数表示不确定度,可用下面的方法计算求得:

$$c(y)=\frac{3}{6545}\times100=\pm0.05\%$$

第二章　计量用的容器

原油静态计量的容器有两大类，即储存用容器和运输用容器。

第一节　计量用的储存容器

一、对储存容器的要求

用于原油计量的储存容器具有两种功能，即储存原油的功能和用作计量器具的功能，后一种功能要求储存容器满足静态计量的要求。也就是说，测量储罐内原油的量时，必须保证没有原油进、出储罐。同时，还要求原油在储罐内停留一定的时间，使原油内所含的自由气从原油中释放出来，保持罐内原油的液面平静，满足测量的要求。

在连续输送原油的油库、接转站或计量站，采用静态计量方法计量原油的油量时，至少要有两座油罐用于计量。连续输送的原油量大，原油的粘度又高，原油在储罐内达到油面保持"平静"所需要的时间较长时，要多少座储罐用于计量，可利用下面的公式通过计算确定：

$$n = Qt / V\eta$$

式中　n——用于计量的储罐数，座；

Q——通过储罐接收或输出的油量，m^3/h；

t——计量储罐内油面达到平静所需要的时间，可根据原油粘度、起泡程度等因素确定，h；

V——储罐的公称容积，m^3；

η——储罐的容积利用系数。该系数根据罐的结构形式确定，一般取

$$\eta = 0.8 \sim 0.90。$$

因此，在采用静态计量方法计量原油油量的油库，接转站或计量站内，储油罐被确定用于计量后，对这些油罐应按静态计量的要求进行管理，以保证计量的准确可靠。

二、储存容器的类型

1. 立式金属圆柱形储罐

立式金属油罐是由若干圈圈板（钢板）焊接构成，竖直安装的圆柱形油罐。立式金属油罐是目前广泛用来储存原油的容器，它的容积可从 100m^3 到 150000m^3，我国目前最大的立式金属油罐为 10 万 m^3。

立式圆柱形油罐既要储存原油，又要计量原油。因此，油罐的结构和附件的设置，都必须根据我国原油的性质来确定，做到既满足储存原油随后处理的要求，又保证计量准确可靠。

立式金属油罐按其顶部的结构可以分成：

(1)浮顶油罐。

浮顶油罐是上部开口的立式圆柱形油罐，它的钢浮顶是浮在油面上，随油面的上升和下降而上、下浮动。

因为浮顶油罐几乎没有气体空间，所以大大减少了原油蒸发和呼吸的损耗。罐顶的重量靠储存的油品支承，受力状况良好，故被广泛用来储存原油。国外建造的最大浮顶罐，容积已达到 16 万 m^3。国内建造的最大浮顶罐，容积已达 10 万 m^3，容积为 2 万 m^3、5 万 m^3 的浮顶罐已经很普遍。

(2)拱顶油罐。

拱顶油罐的罐顶为球壳形，顶本身是承重结构，有较大的刚性，能承受一定的内压（一般的拱顶油罐可承受 2kPa 的内压，最大的可承受 10kPa 的内压），有利于降低原油的蒸气损耗。

目前我国拱顶油罐的定型设计最大容积是 1 万 m^3，已建成的拱顶油罐最大容积为 2 万 m^3。

(3)内浮顶油罐。

在普通立式圆柱形拱顶油罐内建浮顶而成为内浮顶油罐。因此，内浮顶油罐兼有拱顶罐和浮顶罐的优点，既可减少油品的蒸发损耗，又可防止雨水、尘土等进入罐内。这种油罐通常用来储存成品油。

除上述3种油罐外，在已建的油罐中还有无力矩顶的油罐、梁柱式顶的油罐、桁架式顶的油罐、套顶的油罐等。但从目前储存原油用的油罐来看，主要是浮顶罐和拱顶油罐。

2. 卧式金属罐

卧式金属罐是水平放置的圆筒形金属罐，这种储存容器多用于小型的转运油库，油田的转输油站。在大型的油库中，储存周转数量较少的油品也常用这种储存容器。

第二节 计量用的运输容器

原油贸易计量时，能用于静态计量的运输容器，包括陆上和水上的运输容器，大致有下述3种。

一、铁路罐车

铁路罐车在发运(交货)点将原油装入罐车，然后运送到接收(接货)点，在发运点由原油的卖主将原油装入罐车，并计量出发运的原油量。卖方进行计量时，买方不一定有人员在场监督，买方多数在接收点再次进行计量，验证卖方给的原油量，以达到双方对贸易原油量的承认。铁路罐车作为装运原油的容器，也是计量交接原油量的容器。因此铁路罐车是原油交易静态计量的计量器具。

目前我国铁路上用于运送原油的铁路罐车，分为主型罐车和非主型罐车两大类，通常使用的是主型罐车。主型罐车的车型很多，其中容积最大的是60.790m^3，容积最小的是27.000m^3。

二、汽车罐车

汽车罐车是在公路上行驶的，短途运送原油的运输工具。由于它具有铁路罐车同样的作用，所以也被用作原油贸易交接静态计量的计量器具。

汽车罐车的油罐一般是椭圆形，它的容积在4～20m^{3}之间。

三、油轮和驳船

油轮和驳船的船舱是水上运送贸易交接原油的运输工具,它是水上装运原油的容器。因在原油贸易交接中,油轮和驳船具有铁路罐车同样的作用,既是卖方交油计量的量器,又是买方验收油量的量器。所以,成为原油贸易交接静态计量原油量的计量器具。

油轮是国际上进行原油贸易交往的运输工具,国际间大部分贸易交接的原油都是利用油轮。因此,油轮装运的原油量一般都是万吨以上,大的油轮可装运几十万吨。油轮装运原油的容器是船舱,船舱的大小和几何形状与油轮的结构有关。船舱内装运的原油量,是利用测量原油在船舱内的深度(液面高度)来确定。

第三章　计量容器的计量检定

计量检定是为确保全国量值的统一，由国家计量行政部门或授权的计量技术部门，依据计量检定规程，对计量器具——用于静态计量的容器，评定它的计量特性，确定它是否符合原油静态计量要求所进行的全部工作。只有取得检定证书和计量容积表的容器，才能用于原油的静态计量。

第一节　储存容器的计量检定

一、储存容器应满足的要求

从原油贸易计量的情况来看，用于静态计量的储存容器主要是立式金属油罐。为使立式金属油罐满足静态计量的要求，油罐必须符合以下的条件：

(1)罐必须依照国家或行业按法定程序审批公布的设计和工程建设规范进行建设，罐的结构、设置的位置、使用条件应符合所储存原油的特性，以及静态计量和有关法规的要求。

(2)罐体应具有足够的强度，在正常情况下不应有影响容积量的永久性变形。

(3)罐底部和罐顶部的计量基准点，无论罐内原油的温度等如何变化，而基准点的相对位置只允许有微小的变化，这种变化对计量结果的影响可忽略不计。

(4)罐的地基必须稳定，罐地基和罐底板之间不允许存在影响测量准确度的间隙。

(5)第一圈圈板外高3/4(从底向上)处(美国标准是4/5处)，为基本直径测量位置，在罐圈板的整个圆周上不许有障碍物存在。

(6)罐的椭圆度不得超过1%；倾斜度不得超过1°。

(7)罐容积检定的总不确定度(95%置信率):容积为100~$700m^3$的罐,其容积检定的总不确定度不大于0.2%;容积在$700m^3$以上的罐,检定的总不确定度不大于0.1%。

二、储存容器检定前的准备工作

油罐检定之前必须做好以下几方面的准备工作:

(1)被检的油罐在检定之前必须用与储存原油密度相同,或者密度更大的液体(通常是水)完全充满,并保持24h以上,这种做法一般称之为试水。

(2)充满的液体在检罐之前应排放干净,使罐检定人员能进行各种附件和罐壁厚度的测量。

(3)罐排空后,应检查被检罐连接管道的阀门是否完全关闭,有无渗漏。在已投用的油库、港口码头建的新罐,在检定以前必须检查与已有原油管道有联系的阀门是否有渗漏,以防止原油蒸气串入罐内,给检罐带来危险。

(4)为保证检罐工作的顺利进行,在检罐前应准备好建造罐的图纸。这些图纸对制定罐的容积表可能是很有用的。

(5)检罐时应有人在场监督和协助解决有关的问题,保证检定人员按检定规程的规定完成检定工作。

三、计量检定的方法

1.几何尺寸测量法

静态计量用的储存容器,通常都具有一定的几何形状。例如,立式金属油罐一般都是圆柱形;卧式金属罐也是圆柱形或椭圆柱形。根据它们的几何形状,测量出几何参数,通过计算确定出被检定的储存容器,在容器内不同高度上相对应的容积,并将这种容积与高度相对应的关系,编制成容积表,只要测量出容器内储存原油的液位高度,就可确度出容器内储存的原油量。

这种确定容器计量容积表,满足静态计量要求的计量检定方法,称之为几何尺寸测量法。静态计量用的容器目前普遍采用这种方法进行检定。

立式金属油罐从整体来看是几何形状为圆柱形的储罐。为准确地测量出油罐的容积,必须准确地测得每一圈圈板围成的体积。计量检定时,一般是从罐底部往上,对每一圈圈板围成的圆周长进行测量,再用下式计算出该圈圈板围成的圆面积:

$$A = L^2/4\pi \qquad (3-1)$$

式中 A——每圈圈板围成的面积;

L——每圈圈板围成圆的周长。

立式金属油罐单位高度所占有的容积 V_o 可用下式表示,即

$$V_o = 0.0795775L^2 \qquad (3-2)$$

上面所指的单位高度可以是1m、1dm、1cm、1mm等,公式(3-2)中圆周长 L 的单位通常是m,与其对应的单位高度要用m的小数表示。例如,1mm则是0.001m,相应的单位容积则是 m^3。

应该指出,上面给出的计算公式是计算立式油罐容积的基本公式。此外,储罐在建造过程中,罐壁的倾斜,结构上将罐底建造成锥顶形等因素,也会影响罐的容积。在实际检定中,这些影响因素都必须考虑,并在编制的罐计量容积表内反映出来,才能保证原油量测量的准确可靠。

用几何测量法检定立式金属油罐,世界上目前有5种方法,即围尺法、光学参比线法、光学三角测量法、内部光电距离测距法、外部光电距离测距法。我国和美国基本上是使用前两种方法,我国使用这两种方法检定油罐的规程是:GB/T 13235.1《石油和液体石油产品 立式圆筒形金属油罐容积标定法(围尺法)》、GB/T 13235.2《石油和液体石油产品 立式圆筒形金属油罐容积标定法(光学参比线法)》。国际标准化组织(ISO)对上述5种检定方法都制订有相应标准,标准号是ISO 7507。

2. 液体测量法

液体测量法是用与罐储存液体密度值相同或近似的、且不挥发的液体,通过准确校准容积的容器或容积式流量计,灌注到被检定的罐内;或者是先将这种液体灌注到被检定的罐内,达到所要求

的液位高度后,再通过准确校准容积的容器或容积式流量计,向外排放液体。容器或流量计测得的体积量就是被检定罐某一高度下的容积。这种检定方法只能校准被检罐某一高度下的容积量,用这种方法编制罐的容积计量表是十分困难的。

使用这种方法校准被检定的罐,要达到较高的准确度,必须做到以下几点:

(1)校准用的液体与罐将来储存的液体,其密度值最好是相同或者近似,并且是不挥发的液体。

(2)在检定过程中,液体的温度应不发生大的变化,液体温度变化过大会给检定结果带来大的误差。通常要求检定工作在短时间内、不间断地、连续快捷地完成。

(3)检定使用的设备和仪表较多,相对来说也较复杂,从事检定工作的人员,必须具有高度的责任心,始终按照标准和规程的要求完成所承担的工作。

我国直至现在也未制订该方法的检定规程。鉴于这种情况,对这种检定方法不做相应的介绍。

四、计量检定的操作和要求

按前面介绍的几何尺寸测量法,对计量检定的操作和要求进行说明。对我国目前主要采用的方法,将以国家标准 GB/T 13235.1 和 GB/T 13235.2 为依据,并结合国际标准和国外先进标准进行介绍。其他方法参照国际标准做介绍。

1. 围尺法

1)方法概述

围尺法是用被校准的钢围尺沿油罐圆周,在规定的位置上进行测量,测得每圈圈板围成圆周的周长。同时测得圈板的厚度和高度,油罐内占据罐容积附件的尺寸和计量用的量油参考高度等参数。然后,进行必要的修正,计算出油罐的容积,编制出油罐计量用的容积表。也就是说,油罐通过检定主要是取得计量用的容积表。

2)围尺法检定的操作和要求

围尺法检定立式圆筒形金属油罐的操作包括测量周长，圈板的厚度和高度，量油检尺口的总高，附件测量，罐底测量，油罐倾斜度的测量，浮顶罐浮顶的测量，油罐容积表的编制等内容。下面对这些内容做简要介绍。

(1)圈板围成圆周周长的测量。

围尺法测量圈板围成圆周的周长，按规程是测量外圆周的周长。因为各圈圈板都承受着上部圈板重量施加的压力，加上试水时水静压力对圈板的作用，圈板会产生变形。为消除这种变形造成的影响，标准对测量圈板围成圆周周长的位置都要做出规定。检定测量时，在规程规定的位置上进行测量。如遇到焊缝或障碍物，应按规程的要求用跨越规进行跨越测量。

围尺检定测量的位置。我国标准规定：第一圈圈板在板高3/4处，其他各圈圈板在板高的3/4处和1/4处，测两条圆周长，取平均值作为测量的周长值；国际标准规定：在每圈圈板下面水平焊缝以上1/5至1/4处，或者在每圈圈板上面水平焊缝以下1/5至1/4处，任选一个位置测量两次，取两次的平均值作为测量的周长值；美国API标准规定：在每圈圈板顶部以下1/5处测量，如果上部1/5处有阻碍不能进行测量，则在每圈板底部以上1/5处进行测量。围尺测量两次测量的允许误差，我国标准和国际标准是相同的，即圆周长 $L \leqslant 25$m 时，允许误差 $\delta = \pm 2$mm；$25 \leqslant L \leqslant 50$m 时，$\delta = \pm 3$mm；$50 \leqslant L \leqslant 100$m 时，$\delta = \pm 5$mm，$100 \leqslant L \leqslant 200$m 时，$\delta = \pm 6$mm；$L > 200$m 时，$\delta = \pm 8$mm。如果两次测量结果的允许误差超过规定的值，需要重新测量，直至连续两次测量的结果在规定的允许误差范围内，满足检定测量的要求。取两次读数的平均值为该圈圈板圆周的周长值。

围尺检测用的钢尺，按我国标准规定，应符合国标 GB /13236 的要求。

(2)圈板厚度、高度和检尺口总高测量。

圈板的厚度用超声测厚仪沿扶梯从下至上依次测量，在同一点上应测两次，取两次测量值的平均值作为该圈板的厚度，取值应修约到 0.5mm。

圈板的高度用钢卷尺沿扶梯依次测量，每圈圈板的高度应测量两次，取两次测量值的平均值作为该圈圈板的高度，取值应修约到 1mm。对搭接焊接的圈板，应测量搭接的高度。

油罐顶部量油参照点到罐底基准板之间的量油参考高度，在油罐检定时必须用量油尺准确测量，测量两次，两次测量值之差不得大于 2mm，取两次测量值的平均值作为量油的参考高度。

(3)油罐附件的测量。

正如前面说明，油罐内的附件都会影响罐的容积。所以，在罐检定时要用水准仪和标尺测出附件的起、止标高，附件的几何尺寸，并修约到 1mm，为计算罐的容积表提供基础数据。

应该指出，油罐附件的几何尺寸，有的可从附件的制造图得到。现场检定测量也可参考附件的制造图，以保证测量的准确。

(4)罐底的测量。

储油罐的罐底一般都设计成锥底形，在建造过程中可能有不规则的地方。因此，在油罐检定时必须对罐底进行测量。按标准的规定，可用两种方法测量，即液体标定法和几何测量法。标准推荐优先选用液体标定法，只是在不具备用液体标定法时，才采用几何测量法。

(5)油罐倾斜测量。

油罐倾斜度是指油罐偏离铅垂线的程度，它是油罐上部罐壁到铅垂线的距离与下部罐壁到铅垂线的距离之差 Δd，除以上、下两点之间的高度 H_g，即倾斜度 $b=\Delta d/H_g$。

测量罐的倾斜有钢丝悬垂法和水准仪法。

(6)浮顶的测量。

浮顶罐的顶由于是随罐内原油的液体上升或下降而浮动，也就是说，罐内原油要承受浮顶重力的影响。所以，浮顶罐检定时，必须增加 3 部分的测量和计算，即浮顶起浮前的最低点、浮顶的质量和浮顶的起浮高度。

(7)油罐容积表的编制。

通过上述的各测量操作，取得计算和编制油罐容积表所需要的参数。然后，根据标准的规定编制油罐计量用的容积表。

应指出，计算编制的容积是空罐的容积。与油罐内装有原油时，由于原油静压力的作用，将使油罐膨胀而影响油罐的容积。为得到准确的容积量，对静压力的影响必须进行修正，标准介绍了修正的方法，并给出静压力容积修正表，供计量时使用。

(8)检定完成后的检定报告。

油罐检定工作完成后，承担检定工作的部门应向申请检定的单位提供包括下述内容的检定报告。

①封面：

封面格式见图 3-1。

封面

标　定　报　告

容标字第　　号

油罐编号：　　　　　　　　　油罐位置：

油罐型式：　　　　　　　　　设计容积：

建造单位：

申标单位：

标定单位：

标定方法：

标定结论：

标定日期：

盖章

标定员：

核验员：

负责人：

年　月　日

图 3-1　封面格式

②检定结果：

检定结果包括主容积和罐容积表(见表 3-1、表 3-2 和表 3-3)。

表 3-1 主容积表

油罐编号:　　　　　　　　标准温度:20℃

检尺口总高:　　m　　　　　　　　　　　　　　　　　　第　页

高度 m	容积 L	高度 m	容积 L	高度 m	容积 L

表 3-2 小数表

油罐编号:　　　　　　　　标准温度:20℃　　　　　　　　第　页

$x_i \sim y_i$,m				$x_i \sim y_i$,m			
高度 cm	容积 L	高度 mm	容积 L	高度 cm	容积 L	高度 mm	容积 L
1		1		1		1	
2		2		2		2	
3		3		3		3	
4		4		4		4	
5		5		5		5	
6		6		6		6	
7		7		7		7	
8		8		8		8	
9		9		9		9	

注:x_i,y_i 表示油量的高度。

表 3-3 静压力容积修正表

油罐编号: 标准温度:20℃ 第 页

高度 m	容积 L	高度 m	容积 L	高度 m	容积 L

③基础数据:

基础数据包括量油检尺口总高,油罐进油管下缘到罐底的距离,油罐出油管下缘到罐底的距离,装油的安全高度(由使用单位确定),浮顶罐的最低点高度,浮顶的起浮高度及浮顶的质量。

④说明:

a. 主容积表给出的是 20℃温度下的容积,用于贸易计量时,应按照下式进行温度修正:

$$V_t = V_{20}[1 + 2\alpha(t - 20)] \quad (3-3)$$

式中 α——罐材的线膨胀系数,中碳钢的线膨胀系数 α = 0.000011 1/℃,1/℃;

t——罐壁温度(加保温层的罐,t 等于罐内液体的温度;未加保温层的罐,t 等于罐内液体温度和罐周围空气温度的平均值),℃。

b. 静压力容积修正表是按水的密度值编制的,使用时,应先将相应的静压力容积修正值乘罐内液体密度与水的密度之比，并将乘得的结果加入到主容积表所示容积内。

进行静压力容积修正计算时，为简化计算，通常都取水的密度值为 1.00g/cm^3。所以，上面提到的与水密度值之比，其比值实际上是以 g/cm^3 为单位的原油密度值。

c. 浮顶在最低点(m)和起浮点(m)区间，不做贸易计量使用。

d. 浮顶在起浮点上部使用时，实际油品质量等于计算质量减去浮顶质量。

e. 使用的最小计量高度。

f. 油罐在大修或严重变形后，应申请重新检定。

标准还指出，油罐容积检定的总不确定度，在 95% 置信水平下，不包括浮顶、罐底和液体静压力，不大于 ±0.05%。

2. 光学参比线法

1)方法概述

为解决测量油罐每圈圈板围成圆的周长不要进行高空作业，研究出光学参比线的测量方法。该方法是在油罐底部圈板围成的圆周上选择一个参比圆，然后将参比圆的周长准确地测量出来。再以该参比圆为基准，假定离参比圆一定距离的地方有一个与参比圆同心的圆周，在该圆周上按图 3－2 中的光学参比线测点平面布置图，将各测点的位置确定。假定在测点处有一条垂直于地坪的垂直线，该垂线称之为光学参比线。只要沿罐壁自下而上测出每圈圈板围成圆周在规定的测量位置上离光学参比线的距离，就可求得每圈圈板围成圆周的半径。

光学参比线也可设在油罐的罐内，用与设在罐外同样的方法，测得油罐的内半径。

2)光学参比线法检定的操作和要求

通过对该方法的概述已经知道，这种方法主要是解决测量油罐每圈圈板围成圆的周长，不要进行高空作业的问题。检定的其他操作和要求与围尺法完全相同。用光学垂准仪测圈板围成圆的周长，可参阅国家标准 GB/T 13235.2，检定的其他操作和要求可

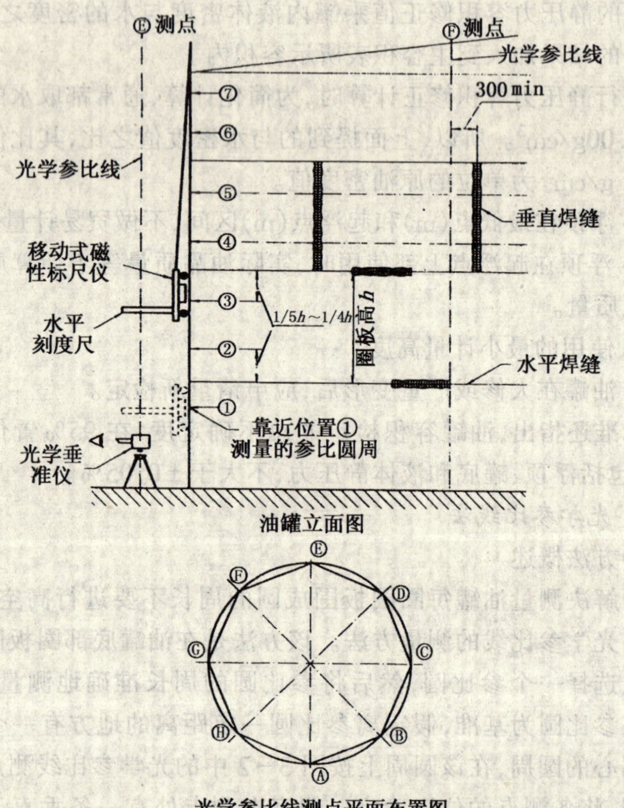

图3-2　光学参比线法检定油罐示意图

立面图中①～⑦表示测圆周长度的水平高度位置

参见围尺法。

3．光学三角测量法

光学三角测量法(Optical-triangulation method)是国际标准ISO 7507的第三部分。

1)方法概述

光学三角测量法实际上也是测量油罐每圈圈板围成圆的周长。根据标准ISO 7507给出的内容,光学三角测量法分罐内测量和罐外测量。

2)光学三角测量法检定的操作和要求

该方法也是测量圈板围成圆的半径,相应的操作方法和要求可参见国际标准 ISO 7507 的第三部分。罐底、附件等的测量和编制容积表等的操作和要求,可参见前述围尺法检定的内容。

4. 内部光电测距法

内部光电测距法(Internal electro-optical distance-ranging method)是国际标准 ISO 7507 的第四部分。

1)方法概述

内部光电测距法是利用专门的仪表——光电测距仪,在罐内对油罐由圈板围成圆的半径进行测量。

2)内部光电测距法检定的操作和要求

这种方法是测量圈板围成圆的半径,相应的操作方法和要求可参见国际标准 ISO 7507 的第四部分。罐底、附件等的测量和编制容积表等的操作和要求,可参见前述围尺法检定的内容。

五、罐的重新检定

计量用的罐使用多长的时间以后,在什么情况下需要重新检定,这是静态计量需要解决的问题。我国的国家标准 GB/T 13235.1 和 GB/T 13235.2 中只规定:油罐在大修或严重变形后,应申请重新检定。国际标准 ISO 7507 的第六部分(Part 6:Recommendations for Monitoring,Checking and Verification of Tank Calibration and Capacity Table)对罐的重新检定,罐容积表的重新计算等,提出一些建议。

1. 罐的重新检定条件

1)正常使用的罐

(1)每 5 年应对罐底层圈板围成圆的直径,罐壁的厚度和罐的倾斜度进行一次校准,如果测得的数据超过最小的有效范围,罐应重新检定。

罐容积的变化等于或大于 0.01% 被认为是最小的有效范围。表 3-4 和表 3-5 给出罐容积在 0.01%~0.05% 之间变化时,罐直径和罐壁厚度的变化值。罐倾斜度变化对罐容积的影响见表 3-6。

表 3-4　罐容积随罐直径变化而改变的百分数

罐的名义直径	容积近似变化的百分数,%					
	0.01	0.02	0.03	0.04	0.05	0.06
	罐直径变化的值,mm					
5	-	-	1	1	1	1
10	-	1	1	2	2	3
15	(1)	1	2	3	4	4
20	(1)	2	3	4	5	6
25	(1)	2	4	5	6	7
30	(1)	3	4	6	7	9
35	(2)	3	5	7	9	10
40	(2)	4	6	8	10	12
45	(2)	4	7	9	11	13
50	(2)	5	7	10	12	15
55	(3)	5	8	11	14	16
60	(3)	6	9	12	15	18
65	(3)	6	10	13	16	19
70	(3)	7	10	14	17	21
75	(4)	7	11	15	19	22
80	(4)	8	12	16	20	24
85	(4)	8	13	17	21	25
90	(4)	9	13	18	22	27
95	(5)	9	14	19	24	28
100	(5)	10	15	20	25	30
105	(5)	10	16	21	26	31
110	(5)	11	16	22	27	33
115	(6)	11	17	23	29	34
120	(6)	12	18	24	30	36

注:括号中的数字是在参比围尺测量的允许误差范围内(见 ISO 7507.1),使用这种数字作为要求重新检定的指标时,应慎重考虑。

表 3-5　罐底层板厚度改变引起的容积变化

罐的名义直径 m	罐底层板(正常板高 2m)的板厚减少 1.5～30mm 引起容积的变化,%			
	1.5mm	2.0mm	2.5mm	3.0mm
10	0.38	0.05	0.63	0.76
15	0.25	0.34	0.42	0.50
20	0.19	0.25	0.31	0.38
25	0.15	0.20	0.25	0.30
30	0.13	0.17	0.21	0.25
35	0.11	0.14	0.18	0.22
40	0.09	0.13	0.16	0.19
45	0.08	0.11	0.14	0.17
50	0.08	0.10	0.13	0.15
55	0.07	0.09	0.11	0.14
60	0.06	0.08	0.10	0.13
65	0.06	0.08	0.10	0.12
70	0.05	0.07	0.09	0.11
75	0.05	0.07	0.08	0.10
80	0.05	0.06	0.08	0.09
85	0.04	0.06	0.07	0.09
90	0.04	0.06	0.07	0.08
95	0.04	0.05	0.07	0.08
100	0.04	0.05	0.06	0.08
105	0.04	0.05	0.06	0.07
110	0.03	0.05	0.06	0.07
115	0.03	0.04	0.05	0.07
120	0.03	0.04	0.05	0.06

注:应在底层板圆周上 8 个点测量板的厚度,8 个点测量值的平均值作为板厚度。

表 3-6 罐斜度的容积修正

斜度,mm/m	容积修正系数,%
14	0.010
16	0.013
18	0.016
20	0.020
22	0.024
24	0.029
26	0.034
28	0.039
30	0.045

(2)正常运行的油罐,即按上面进行校准并没有任何变化的油罐,每 15 年应进行一次全面的重新检定。

2)罐结构变化影响罐容积

如果罐结构发生下述的变化,将影响罐的容积,需要重新检定:

(1)罐内占据罐容积的物件或附件,有扩大或缩小的变化。

(2)浸没基准板的高度发生变化,引起量油参比高度发生变化。

(3)对罐底板等进行维修而引起容积变化。这与我国国标的规定是相同的。

2. 罐容积应重新计算

ISO 7507.6 指出,出现下列几种情况可能需要重新计算罐的容积表。

1)罐壳体、环境和储存液体温度变化

表 3-7 给出罐壳体、环境和储存液体温度变化,使罐容积发生的变化,可根据该表判断是否需要重新计算容积表。

表 3-7 罐壳体、环境和储存液体温度变化对罐容积的影响

罐壳体温度 T_S 的变化,℃	环境温度 T_A 的变化,℃	液体温度 T_L 的变化,℃	容积的近似变化 %
5	10	10	0.01
10	20	20	0.03
15	30	30	0.04
20	45	45	0.05

2)浮顶罐浮顶修正量的变化

浮顶的修正量受罐内储存液体密度的影响。如果修正量已加入到罐容积表中,改变罐内储存液体的密度,应考虑重新计算罐的容积表。

如果浮顶在空气中的视密度发生变化,也应考虑重新计算罐的容积表。

3)浸没基准板位置上、下发生变化

浸没基准板的垂直位置发生变更,可能要求全面的重新检定或全面的重新计算容积表。

4)罐内占据容积物体或部件的变化

如果罐内占据容积的物体或部件的大小发生变化,可测量变化大小时,可采用重新计算容积表的方法来处理。

六、卧式金属罐的检定

卧式金属罐的容积检定,国家颁布有检定规程 JJG 266《卧式金属罐容积》。

为确保检定数据的准确,被检罐(包括新建的、大修后的或重新安装的罐)均须在装水达到罐整个容积的 80%以上,并保持 72h 后方可进行检定。在用罐的复检,应在无收发作业和不影响检定工作的情况进行复检。

卧式罐容积的检定通常包括:测量计算容积所需要的几何参数;根据测得的参数计算有关的容积;用计算机按给定液面高度(例如 10mm)计算累计的容积;计算机将运算的结果打印出容量表。

第二节　运输容器的计量检定

静态计量用的运输容器有铁路罐车、汽车罐车、油轮和驳船。这些容器除汽车罐车外,其他容器都是专用的容器,都由国家授权的专门机构进行检定。下面对这些容器的检定做简要的介绍。

一、铁路罐车的检定

铁路罐车是由国家授权的“国家铁路罐车容积计量检定站”进行计量检定。原油贸易交接的双方,应利用检定合格的铁路罐车进行原油的贸易交接计量。

铁路罐车的容积检定,国家颁布有检定规程 JJG 140《铁路罐车容积》。该规程技术要求可归纳为以下几方面:

(1)车体的设计、罐体的结构应符合铁道部的有关标准 TB 1950 和 TB 1932 的规定。

(2)在通常的装油高度范围内,罐车容积检定的总不确定度小于0.4%。

(3)罐体有变形不大的局部弯曲,挠度一般不超过4mm 时,称之为正常罐体。这种罐体可用于计量。挠度如果超过4mm 要进行修正。

上面归纳的技术要求说明,并不是所有的铁路罐车都可用于原油的贸易交接计量。因此,使用铁路罐车进行原油贸易交接计量的贸易双方,首先应按这些技术条件对用于计量的罐车进行确认,以避免出现不必要的纠纷。

经检定的铁路罐车将得到下列检定结果:

(1)经检定的罐车,将选用的新容积表号,按国标 GB 7703.1－87 的规定,该表号涂打在罐车的罐体上。

(2)主型罐车的容积表及表号,统一由国家铁路罐车容积计量检定站公布。对非主型罐车的容积表及表号,由各检定分站公布的同时上报总站备案。

(3)经过检定并符合规程要求的铁路罐车,将发给检定合格证书和检定结果的容积表号，作为计量罐使用。

(4)经过检定不符合规程要求的罐车，发给检定结果通知书，不得作为计量罐使用。

(5)为统一测量液面高度的位置，规定罐车人孔盖绞链的对面处为量油检尺的位置。

(6)装运油品的铁路罐车，检定周期与罐车厂修期相同，一般是5年。

二、汽车罐车容积的检定

汽车油罐车的容积检定通常是由所在地区的计量行政部门，或计量行政主管部门授权的检定机构来完成。

为保证量值的统一和准确可靠，国家颁布有汽车罐车容积检定的规程 JJG 133《汽车油罐车容积(试行)》。无论在什么地方对汽车油罐车容积进行检定，检定部门都必须按规程的规定完成检定工作，给出检定的结果。

汽车油罐车的罐作为计量器具必须具备以下的条件：

(1)油罐必须按国家规范制造，其结构、外形和制造材料的强度等均应符合有关规定的要求，保证油罐在最大容量的条件下不发生明显的变形。

(2)油罐应有性能可靠的呼吸阀。

(3)油罐进油口端面应平整，密封性好；各阀的开启应灵活可靠，各挡板固定牢靠；油罐及阀门均无渗漏。

(4)油罐内表面应平滑，并经过防腐处理，罐内无污物。

(5)油罐外两侧必须标明“严禁烟火”或“小心易燃”的字样，并备有消防器材和消除静电的设备。

(6)油罐与车架连接应牢固可靠，在检定周期内，油罐不得有任何方向的位移与变形。

(7)油罐检定的准确度为0.25%。

经过检定合格的罐，发给检定合格证书及相应的容积表。因为用汽车罐车运油通常是装满，不要容积表，只要给总的容积，例如5m^3、7m^{3}等。应该指出，这里给出的总容积等于罐97%的标称容积。也就是说，等于97%按罐尺寸计算出来的容积。检定不合格的罐给检定的结果通知书。

汽车油罐车容积的检定周期初检为一年，复检为两年。

三、油轮和驳船船舱的检定

为满足对计量器具的、水上运输工具的船舶舱容积进行计量检定，国家成立了负责5000t以下船舶舱容积计量检定的国家船舶舱容量检定站，以及负责5000t以上船舶舱容积计量检定的国家船舶舱大容量检定站，并授权这两个站开展计量检定工作。

船舶舱容积检定的不确定度应达到下列要求。

(1)容积小于1000m^3的船舶舱：

规则舱检定的不确定度不大于0.3%；

不规则舱检定的不确定度不大于0.5%。

(2)容积大于或等于1000m^3的船舶舱：

规则舱检定的不确定度不大于0.2%；

不规则舱检定的不确定度不大于0.4%。

(3)为保证不确定度不大于0.2%～0.5%，计量船舶舱内液体的最小可测高度应大于500mm。

船舶舱在检定以前，必须停止一切影响检定工作的船上作业。

船舶舱满足检定的要求后，持证的计量检定人员，将遵照JJG 702—90《船舶液货计量舱容量试行检定规程》开展计量检定工作。

经检定，符合上述规程要求的液货计量舱，将出具“检定证书”(包括船容积表)和“检定标记”。“检定标记”固定在舱口外侧醒目的位置。经检定不符合上述规程要求的液货舱，将发给检定结果通知书。未获得检定证书的船舱，不能用于计量。

船舱的检定周期是10年。船舶的液货计量舱如果出现明显的变形，可申请重新检定。

还应该指出，涉及国际间贸易交接计量用的船舶舱，贸易双方可能不承认所在国授权的计量检定部门的检定。如遇到这种情况，国际上成立有国际海事协会，可负责对国际交往的船舶舱进行计量检定。

第四章 原油液位高度和温度的测量

利用容器进行静态计量确定贸易交接的原油量,必须测量出贸易交接过程中计量容器内原油变化的液位高度,原油在容器内的温度。

第一节 原油液位高度的测量

原油液位高度的测量,主要是指储存容器(即立式金属油罐)的液位高度测量。

立式金属油罐液位高度的测量,有手工测量法和自动测量法。从目前我国静态计量的情况来看,主要是手工测量法。

一、手工测量法

为确保不同的操作人员在相同的条件下,用同样的测量器具可取得相同的、准确的测量结果,对油罐内液位高度的测量都制订有相应的标准。我国的国家标准 GB/T 13894《石油和液体石油产品液位测量法(手工法)》;国际标准化组织的标准 ISO/OIS 4511《石油和液体石油产品储罐内液位的直接测量 手工法(Petroleum and Liquid Petroleum Products—Direct Measurement of Liquid Levels in Storage Tank—Manual Method)》;美国石油学会的标准 API 石油计量手册第三章的 3.1A,《石油和石油产品手工测量的标准方法(Standard Pratice for the Manual Gauging of Petroleum and Petroleum Products)》。

1.测量用的方法

手工测量法测量储罐内原油的液位高度,有测实法和测空法(亦称之为空尺法)两种。这两种测量方法的具体含义,测量的具体操作,以及测量操作的要求等,下面将分别进行相应的说明。

1)测实法

测实法是一种直接测量储罐内原油液位高度的方法,测量出罐底(称之为规板基准点)到原油液位的高效(图 4-1)。这种方法使用有刻度的金属卷尺(量油尺),尺的下部连接一个有一定重量的尺铊。尺铊利用自己的重量将量油尺拉直,并通过罐内的原油和罐底的水与杂质层直到罐底的基准点。

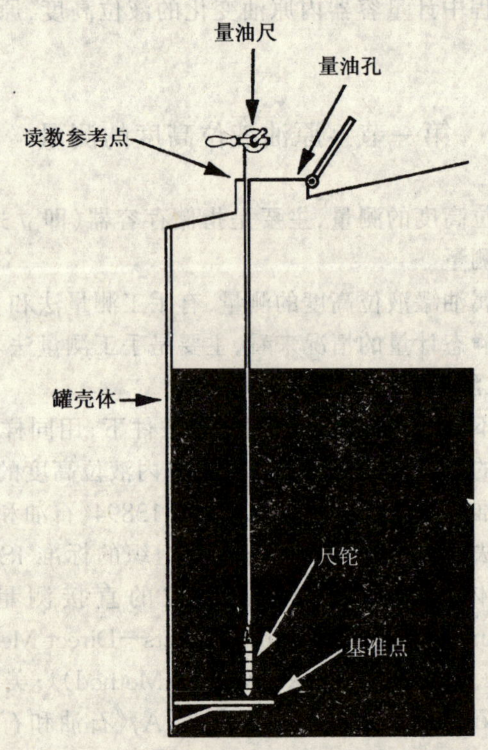

图 4-1　测实法测原油液位高度

应该指出,在确定储罐内原油的储存量时,应将该高度减去测得的、罐底水和杂质的高度。

2)测空法

测空法是一种测量储罐内空间高度的方法。该方法测量出储罐内的、没有被原油充满的空间高度,然后用储罐检定时确定的量油高度减去空间高度,则得到储罐内原油液位的高度(图 4-2)。测空法是对测实法的补充。也就是说,当罐底沉积物的堆积使尺铊接触不到罐底,或者罐底发生弯曲变形引起测量高度发生变化,或者原油太稠尺铊接触罐底量油尺不能保持垂直等情况存在,用测实法不可能准确测得原油液面高时,可采用该方法测原油液面的高度。

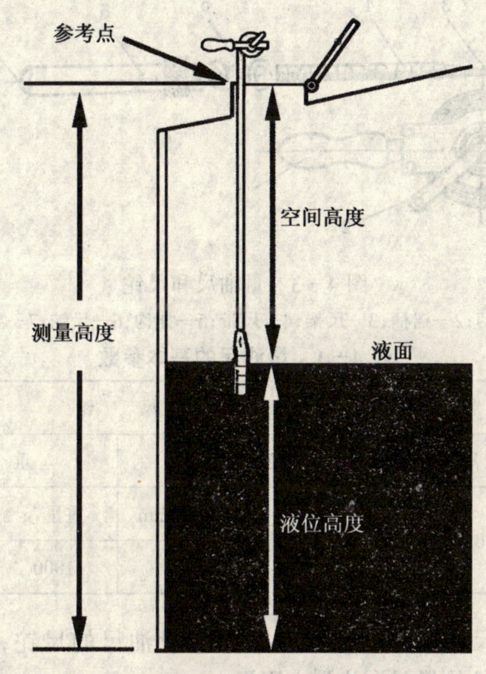

图 4-2　测空法测原油液位高度

2.测量用的工具

1)量油尺

量油尺是由一条具有一定弹性的连续钢制尺带和一个规定的尺铊组成(图 4-3)。量油尺的量程为 5m、10m、15m、20m 和 30m。量油尺的基本参数见表 4-1。相应的标准为 GB 13236《石油用量油尺和钢围尺技术条件》。

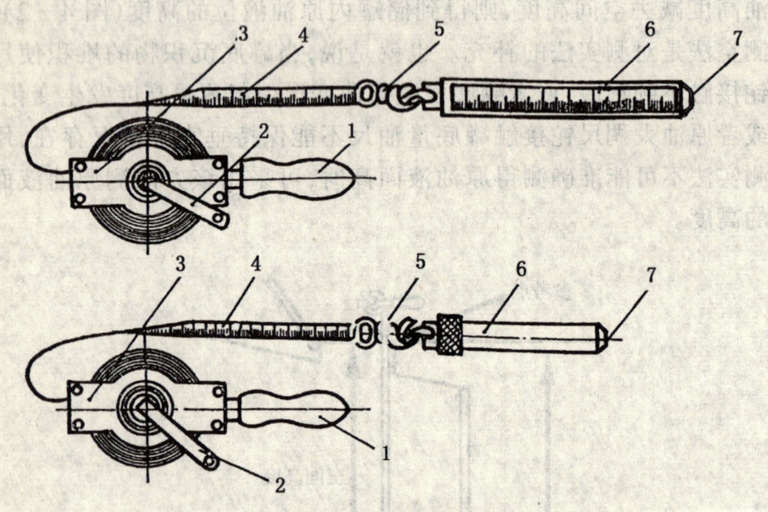

图 4-3　量油尺和尺铊

1—手柄；2—摇柄；3—尺架；4—尺带；5—挂钩；6—尺铊；7—零点端

表 4-1　量油尺的基本参数

尺　带		尺　铊			
宽度，mm	厚度，mm	轻　油		重　油	
10	0.2±0.05	重量，g	长度，mm	重量，g	长度，mm
		500	150	1000	250

量油尺尺带的首端连接一个测深量油尺的尺铊，或者连接一个测空量油尺的尺铊(测空法用)。

2)其他工具

(1)量水尺(图 4-4)。

量水尺是测量储罐底部水和杂质层深度用的测量尺。制造它的材料和制造尺铊的材料应该是相同的。量水尺全长 300mm，水平截面为正方形，宽 30mm，刻度的最小分度值是 1mm。量水尺刻度刻线的要求见表 4-2。

(2)示水膏和示水纸。

示水膏是一种遇水变色而与油不起反应的膏状物质。测量储罐底部水和杂质层的高度时,将示水膏涂在量水尺上,使尺的浸水部分发生颜色的变化,从而清晰地显示出水和杂质层在量水尺上的高度。

为确保准确地测量,对示水膏有这样的要求:浸在20℃的水中,变色时间不超过10s,变色后的颜色分明,分界线清楚,能与水面一致。量水尺在油水之间停留5s与停留20s,示水膏所引起的示值变化不应超过0.5mm,并无脱落的现象。

3.测量的实际操作

为确保储罐内原油液位高度测量的准确,国家颁布标准GB/T 13894《石油和液体产品液位测量法(手工法)》。测量液位高度时,将使用罐上两个固定的参考点或参考标志。第一个参考点不是在量油孔上就是在测量平台上,第二个参考点在第一个参考点垂直的下方的规板上,这个点也称之为基准点。这两个点之间的距离称之为测量高度或检尺口总高,有时又叫标准高度。

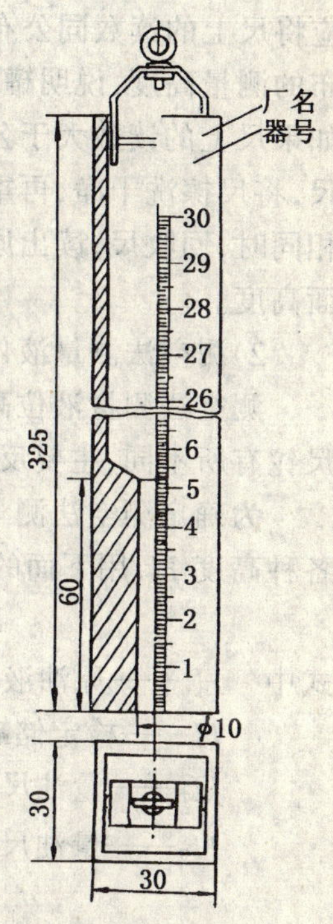

图4-4　量水尺

表4-2　量水尺刻度刻线的要求

刻线分度	刻线长度,mm	刻线宽长,mm	刻线间隔允许误差,mm
mm	5	0.2	0.1
5mm	7	0.2	0.1
cm	8	0.2	0.3

1)测实法测量液位高度的操作

为测得罐内原油液面的高度,将尺和尺铊从量油孔下放到罐内的原油中,直至尺铊正好接触到规板的基准点停止放尺。这时应将尺上的读数同公布的测量高度比较，如果尺上的读数小于公布的测量高度，说明罐底可能有沉积物堆聚，需要用测空法测量；如果尺上的读数大于公布的测量高度，说明尺可能不垂直，应收回尺，将尺擦洗干净，再重新下尺；如果尺的读数同公布的测量高度相同时，回收尺，读出原油与尺相交处的高度值，即罐内原油的液面高度。

2)测空法测量液位高度的操作

测空法测量液位高度使用的量油尺和尺铊与测实法用的尺和尺铊有所不同，主要反映在尺铊上。

为确定测空法测量的罐内原油液位的高度，可参照图 4-5 中各种高度 H，用下面的公式计算出原油液位的高度：

$$H_y = H - (H_1 - H_2) \qquad (4-1)$$

式中 H_y——原油液位的高度；

H——检定储罐时给出的量油高度；

H_1——量油尺对准量油孔参考点的读数；

H_2——量油尺被油浸没部分的读数。

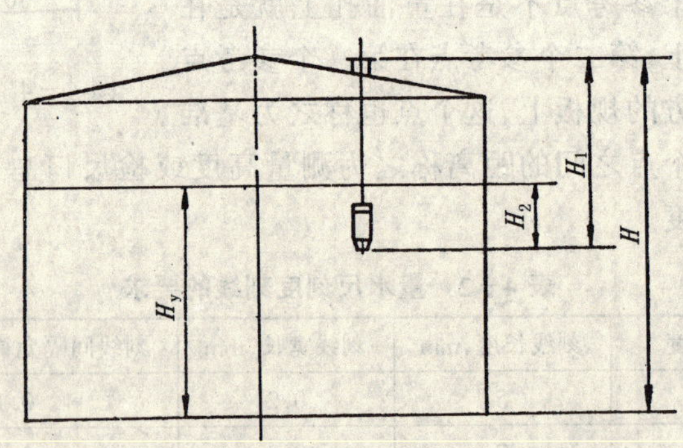

图 4-5　测空法确定液面高度示意图

测量时，将量油尺(带测空法的尺铊)从量油孔下放到油罐内，与尺铊进入原油一定距离后，停止下放尺。然后，从量油孔的参考点读取并记录量油尺上的读数，再回收尺，读取并记录油面与尺或铊相交处的读数。用这几个读数就可计算出原油液位的高度。

3)测罐底水和杂质层高度的操作

如果罐底水和杂质层的厚度不超过300mm时,使用量水尺测量。

测量时,将量油尺的尺铊卸下换上量水尺,在量水尺上涂一层很薄的示水膏,或者用夹子垂直地夹上一条或多条示水纸。然后,将量水尺和量油尺从量油孔放入到罐内,直至接触到罐底的规板。

量油尺在储罐内停留的时间满足要求后,将尺回收上,读出并记录量水尺上的水和杂质层的厚度。对于原油,读数前可能需要用溶剂洗去示水膏或示水纸表面的原油,才能显示出水层高度的读数。使用溶剂冲洗原油时,应选用不会改变示水膏或示水纸上原有读数的溶剂与方法。

如果罐底的水和杂质层超过300mm,则可使用测实法使用的量油尺。这时将示水膏或示水纸固定到量油尺上,然后重复前面的做法。

用示水膏或示水纸不能准确地测得水和杂质层的厚度时,可使用取样器的方法测量。取样器是一个直径约60mm、高40mm的顶部开口垂直圆筒(图4-6),用加强玻璃或不打火花的金属制造。用金属制造的圆筒,侧面应有一个宽13mm并和圆筒等长的透明窗。取样器底部装有取样阀,该阀可用单独的绳子操纵,也可用杠杆机械操纵。

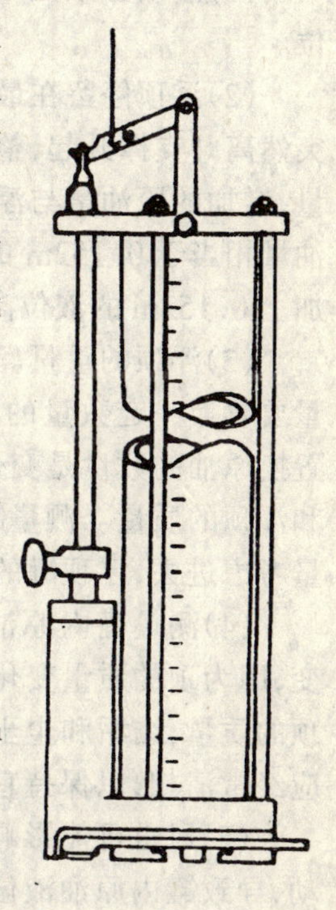

图4-6 筒状取样器图

如果在提出取样器时发现底阀渗漏,就必须废弃样品,重新取样。

4)浮顶油罐测量操作应注意的事项

浮顶油罐的顶随着原油进、出油罐而上、下浮动。如果量油孔设在浮顶上，就没有检定时确定的测量高度的参考值可利用，进行罐内原油液位高度的测量，只能用测实法。如果罐顶设计有进行测量的测量平台，检定时就可确定出做参考值的测量高度，进行罐内原油液位的测量与立式金属油罐相同。

无论采用哪一种方法测量浮顶罐内原油的液位高度，测量前必须考虑以下因素：

(1)浮顶必须处于自由浮动的状态，不能悬吊在罐的任何部位。

(2)浮顶停留在最低位置时，整个顶并不会因原油进入罐内而突然离开支撑升起，整个顶自由浮起以前，罐内要增加一定的原油量，增加的原油量与浮顶的重量有关。据有关资料介绍，增加的原油量相当于0.152m的原油液位高度。因此，在浮顶的最低位置加上0.152m的液位高度内，不要进行罐内原油液位高度的测量。

(3)浮顶的重量。因为浮顶是停留在原油的表面，由于它的重量要置换一定数量的原油到它边缘的四周，向上则进入量油孔。置换原油的数量是变化的，变化量的大小取决于罐内原油的密度和浮顶的质量。测量罐内原油的液位高度时，必须将这部分置换量考虑进去，浮顶罐的容积表应按原油的置换量进行修正。

(4)测量罐内原油液位高度期间，应确信浮顶的质量保持不变，因为顶的质量变化会改变置换量。例如，浮顶上的雨水要增加顶的质量，结垢和尘土、积雪和冰也要增加顶的质量。因此，浮顶应经常清扫，以保持它顶部干净。

(5)风也可能影响罐内液位平稳。因为风会迫使浮顶上、下摆动，导致罐内原油液位发生变化，在液位测量尺上造成重复的液面相交线。所以，在风天测量浮顶罐内原油的液位高度，应重复测量多次，然后求平均值作为测量的结果。

5)测量操作的安全措施

测量油罐内原油液位的高度，必须爬到罐顶。因此，爬上扶梯时要确信自己在地上已用手扶好栏杆。达到罐顶打开量油孔时，应站在上风向，避免呼吸从罐内出来的蒸气，并经常保持转动脸的朝向。如果测量含有硫化氢的原油，应戴合适的呼吸面具。

往罐内下量油尺和尺铊时，切记保持尺和罐上量油孔的金属接触。这种接触将释放静电，以防止静电火花。

操作人员在工作区域内不应穿能引起火花的鞋，在干燥地区也不推荐穿胶鞋。操作人员穿的服装应该是防静电的。为使人体带的静电荷接地释放掉，进行检尺操作之前，操作人员应接触容器结构的某个部件。

操作人员必须接收有关安全的教育和培训，其内容应包括可燃气体的安全性；灭火设备使用的方法和限制；浸油物质或废棉织物等废物处理的内容。

6)报告液位测量结果

液位测量操作完成以后，应根据国标 GB/T 13894 的规定报告测量结果。

二、自动测量法

自动测量法测量储存容器内的原油液位高度，在我国目前的静态计量中，基本上没有采用。下面将根据国际标准 ISO 4266《石油和液体石油产品　直接测量储罐内的温度和液位　自动测量法（Petroleum and Liquid Petroleum Products—Direct Measurement of Temperature and Level in Storage Tanks—Aufomatic Methods)》，美国石油学会的 API 石油计量标准手册第三章，1B 部分《固定储罐内液态烃液位自动测量的标准方法(Standard Practice for Level Measurement of Liquid Hydrocarbons in Stationary Tanks by Automatic Tank Gauging)》，对自动测量法涉及的内容进行介绍。

1. 液位自动测量使用的方法

自动测量罐内液位的高度，可采用机械的、电与声的、静压的等多种方法。

1)浮子液位自动测量法

浮子液位自动测量法是一种机械的方法。它利用漂浮在液面上的浮子做传感元件，将液面上升或下降的变化，通过与浮子连接的钢尺传递到测量仪表的表头，由表头显示出测得的液位高度。

该方法实际上是连续测量罐内空间的高度，与人工测量的测空法是相同的，液位高度的计算方法也一样。

这种测量方法的准确度受浮子浸没的深度，浮子连接钢尺的重力，仪表表头安装的位置，测量系统内的摩擦力以及安装误差等因素的影响。

2)伺服控制的液位自动测量法

该方法是在浮子液位自动测量法的基础上，进行改进后产生的。因此，该方法还是使用类似于浮子的置换器，依靠置换器随液位上、下运动来测量液位。

该方法将高强度的柔性测量钢丝缠绕在一个测量圆筒上，再用缠绕的钢丝将一个置换器悬挂在液面上(图 4－7)。置换器的密度比罐内油品的密度大，在液面上让置换器的一部分浸没在油品内。这样，在油品内的置换器将承受到一个大小等于排开油品的重力，力的作用方向是向上。置换器的视重力是置换器本身的重量减去排开油品的重力。使用很准确的力传感器连续地测量置换器的视重力，是伺服控制液位自动测量方法改进的核心。

图 4－7　伺服控制的液位自动测量仪

这种测量方法的准确度受圆筒和钢丝制造的允许误差，测量钢丝的重量，原油密度的变化，安装位置及安装误差等因素的影响。

3)静压力液位自动测量方法

静压力液位自动测量方法是利用精确的压力传感器、温度传感器，将它们连接到罐的不同位置(图4－8)作为一次测量元件。用压力传感器测得罐内油品的静压头，使用静压头和罐的容积表可导出液位、体积、密度值和质量。下面给出有关的计算公式：

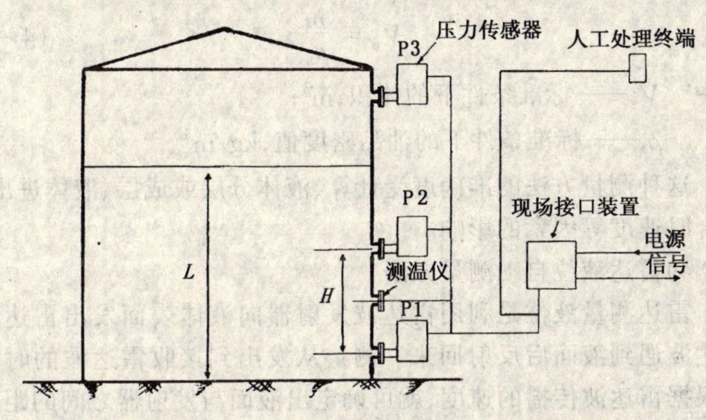

图4－8　静压力液位自动测量方法元件布置图

$$\rho = \frac{p_1 - p_2}{H} \qquad (4-2)$$

式中　ρ——油罐温度条件下的原油密度值，kg/m^3；

p_1——压力传感器P1测得的压头，kg/m^2；

p_2——压力传感器P2测得的压头，kg/m^2；

H——压力传感器P1和P2之间的距离，m。

$$L = \frac{p_1 - p_3}{\rho} \qquad (4-3)$$

式中　L——液位高度，m；

p_3——压力传感器P3测得的压头，kg/m^2。

$$m = \frac{p_1 - p_3}{\bar{A}} \tag{4-4}$$

$$\bar{A} = \frac{V}{L} \tag{4-5}$$

式中　m——液位高度为 L 时的油品质量,kg;

$\bar{A}$——油罐的等效平均面积,m^2;

V——利用液位高度 L 从罐容积表查得的油品体积量,m^3。

$$V_s = \frac{m}{\rho_s} \tag{4-6}$$

式中　V_s——标准条件下的体积,m^3;

ρ_s——标准条件下的油品密度值,kg/m^3。

这种测量方法的准确度受计算、液体分层或成层、液体进出和混合时速度等因素的影响。

4)雷达液位自动测量方法

雷达测量液位是利用雷达波发射器向液体表面发出雷达波,雷达波遇到液面后反射回来。测量从发出到接收雷达波的时间,再根据雷达波传播的速度,就可确定出液面与发射器之间的距离。用于罐内液面高度的测量,是测量一个相对短的距离,可能是从几十厘米到二十米的距离。在这么短的距离内,还要求有高的分辨力,以时间为依据进行测量几乎是很难实现的。为解决这个问题,雷达液位自动测量仪采用改变发射信号的频率,测量发射和折回信号之间频率的偏移,根据频率的偏移量计算出测量的距离,即液面上蒸气空间的高度。

为满足测量的要求,雷达液位自动测量仪由雷达发射器,喇叭形发射天线,接收器和处理信号的电子仪表等组成。图 4－9(a)是安装在固定顶罐上的雷达液位自动测量仪;图 4－9(b)是安装在浮顶罐引导管上的雷达液位自动测量仪表。

这种测量方法的准确度受液体表面的平滑度、泡沫、环境中的湿度、罐内压力和罐内部结构等因素影响。

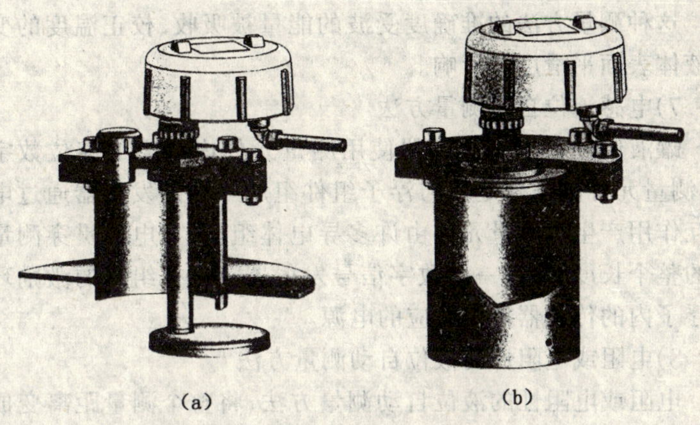

图 4-9 雷达液位自动测量仪

5)电容液位自动测量方法

当两个电容板间的距离一定,充满电容板间液体的介电常数一定时,两个电器板间的电容量与液体充满的程度成正比。电容液位自动测量仪就是根据这种原理,在罐内垂直安装与液面成直角的电容探测器。探测器上安装有电容板,两个电容板连接到检测仪表上,当液面发生变化时,相应的电容板之间的电容量就发生变化,根据这种变化提供液面的连续测量。

这种测量方法的准确度受温度变化、导电物质和电容板之间覆盖的最大距离等因素影响。

6)声波和超声波液位自动测量方法

声波和超声波液位自动测量方法是利用声波、超声波发射出去后,遇到液面要返回回波。通过测量发射到返回回波的时间,以及声波传播的速度,就可确定出液面的高度。声波和超声波液位自动测量仪是在罐顶安装声波或超声波发生器、发射器和接收器,产生声波并向罐内液面发射出去,声波的信号通常是 10kHz,超声波的信号是 20～25kHz。当声波冲击液体表面时,信号要返回一个回波,接收器接收到回波后,可测出发射出去到接收回波的时间。将这个时间送处理器进行计算处理，确定出液面的高度。

这种测量方法的准确度受波的能量被吸收、校正温度的变化和液体表面平滑度的影响。

7)电感液位自动测量方法

罐液位电感测量传感器使用测量元件内产生的液位数字信号，测量元件的信号是靠与浮子组件组成一体的发射器通过电感交互作用产生。测量元件由许多导电体组成，导电体贯穿测量元件的整个长度，并形一个数字信号发射器。这样组成的激励环路为浮子内的传感器提供感应的电源。

8)电阻或电阻性的液位自动测量方法

电阻或电阻性的液位自动测量方法，将整个测量距离变成具有一定电阻的测量元件。测量元件传感器的芯是被绝缘的，芯的一侧有带黄金触点的不锈钢片。传感器芯的周围缠绕镍铬合金的螺旋线，聚四氟乙烯的外壳将传感器组件封闭起来，构成上述的测量元件。外壳上施加压力时，螺旋线会相对带黄金触点的不锈钢片转动使其短路。随着液面的变化，液面以下会产生静压力，将引起螺旋线转动而短路，导致电阻性电阻指示出有效的(没有短路的)螺旋线长度，该长度就是传感器顶部到液面的距离，即测得的液位高度。

这种测量方法的准确度同油品的密度有密切的关系，正常密度值发生1%的变化，指示的液位值相应地要发生1mm的变化。

2.液位自动测量方法选用应考虑的因素

原油贸易计量如采用静态测量的方法，又希望选用自动测量液位的方法，可依据介绍的因素来确定合适的方法。

(1)选定的测量方法使用的仪表，必须是得到国家计量行政部门批准，允许在原油贸易交接计量中使用。

(2)计量要求的准确度。该准确度应符合油量计算标准的规定。选用时可根据制造厂给出的准确度，以及耐久试验报告的结论，仪表显示的最小液位增量等来确定。

(3)测量仪表的适用性和稳定性。

(4)安装的要求。选用的测量仪表必须满足所使用的油罐，仪表要求的安装条件在所使用的油罐上能得到满足。

(5)环境条件的要求。选用的测量仪表能不能满足使用油罐所处的环境条件。如果不能满足，可以采取什么措施，使其满足。

(6)安全的要求。选用的测量仪表必须符合国家安全规范的有关规定，适合在油罐上使用。

第二节　原油温度的测量

罐内原油的温度与标准温度(20℃)相差较大，一般可相差 10～20℃以上。温度对原油体积的影响又比压力对原油体积的影响大得多，对温度的影响必须进行修正。因此，采用静态计量进行原油的贸易交接，必须测量储罐内原油所具有的温度。

油罐内原油温度的测量，也有手工测量和自动测量两种方法，下面分别介绍。

一、手工测量法

为确保准确地测得能代表罐内原油所具有的温度，都有标准对测量温度用的仪表、测量操作、测温的要求等做出具体的规定。我国发布的国家标准是 GB 8927《石油和石油产品温度测量法》。

1.测温用的仪器

油罐测温使用的仪表有以下几种。

1)油罐温度计

该温度计是一种圆柱形或棱形的水银玻璃温度计，它是利用水银在透明玻璃感温包和毛细管内受热膨胀的作用测量温度。它的结构如图 4-10 所示。

油罐测温用油罐温度计的主要规格和技术条件见表 4-3。

为满足油罐测温的要求，用油罐水银温计和其他部件组装成下列几种温度计组件。

2)杯盒式温度计组件(图 4-11)

杯盒式温度计组件包括杯盒和油罐温度计。杯盒用浸漆硬木和抗腐蚀的非铁金属制成，盒子的容量至少 100mL。油罐温度计固定到浸漆硬木上，水银球距杯盒壁至少 10mm，距杯盒底 20～30mm。

该组件的金属杯是为了储存罐内的原油，当温度计组件提到罐顶时，使温度计的感温泡保持在原油内，保证读取所测原油的温度不会改变，取得正确的测量值。

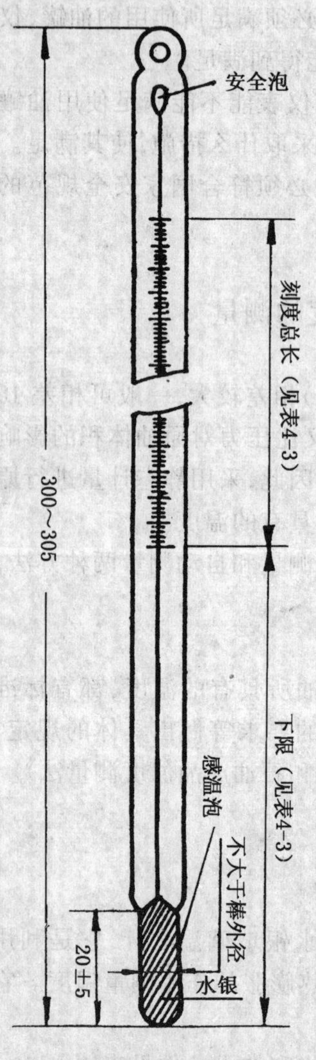

图 4－10　油罐温度计

3)充溢盒温度计组件(图 4－12)

充溢盒温度计组件是由充溢盒、刚性套管和油罐温度计组成。油罐温度计的感温泡插入充溢盒内，显示所测温度值的玻璃棒用刚性套管保护。充溢盒和刚性套管由抗腐蚀的非铁金属制成。充溢盒是一个容量至少为 200mL 的圆筒形容器，容器底和顶部装有快速动作的闭合器。

测油罐内原油的温度时，将该组件放入原油中，闭合器打开，原油通过容器并流过温度计的感温泡，测得原油的温度。当将该组件提起时，闭合器关闭，充溢盒内充满原油，使温度计的感温泡保持在原油内，保证读取所测原油的温度不会改变，取得正确的测量值。

4)其他温度计组件

其他温度计组件包括套管盒温度计(图 4－13(a))和空气夹套温度计(图 4－13(b))。

表 4-3　油罐温度计的主要规格及技术条件

（浸入深度：全浸）

名称	测量范围 ℃	分度值 ℃	刻度允差(最大) ℃	准确度 ℃	下限 mm	刻度总长 mm	安全泡允许加热 ℃	检定点 ℃
1号	-34～52	0.5	0.5	±0.3	70～90	165～205	100	-30,0,50
2号	-16～82	0.5	0.5	±0.3	65～80	175～210	100	-10,0, 50,80
3号	50～240	1.0	1.0	±0.5	105～120	135～170	有安全泡	50,100 200,240
刻背	×号油罐温度计　年　月　商标 编号 ×××						展刻线	上4条 下5条

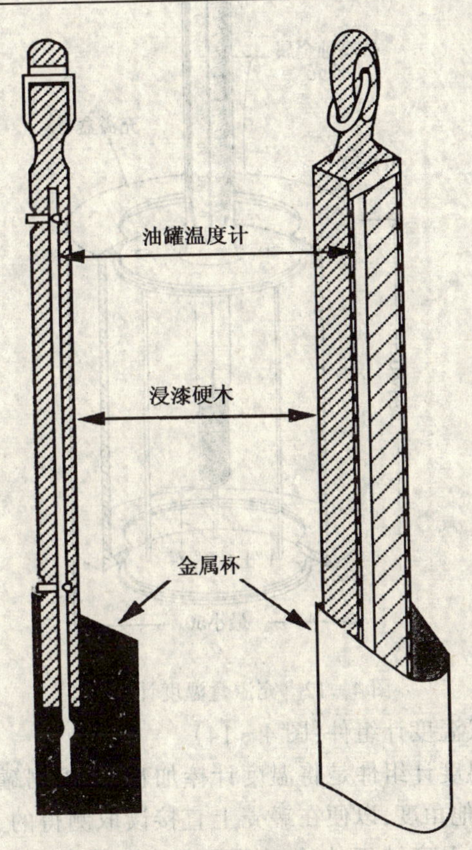

图 4-11　杯盒式温度计组件

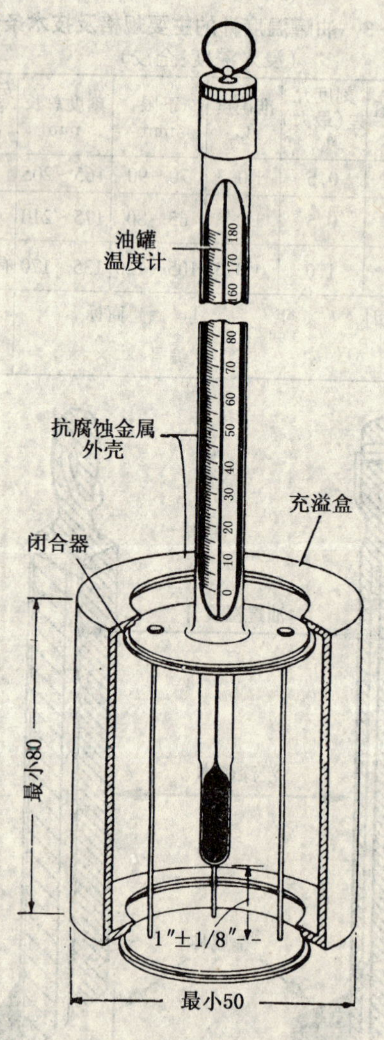

图 4－12　充溢盒温度计组件

5)角杆式温度计组件(图 4－14)

角杆式温度计组件是将温度计棒加长,并根据罐壳体的外形弯成 90°或其他角度,以便在罐壳上直接读取测得的、罐内油品的温度值。这种温度计组件的油罐温度计用抗腐蚀的轻金属管保

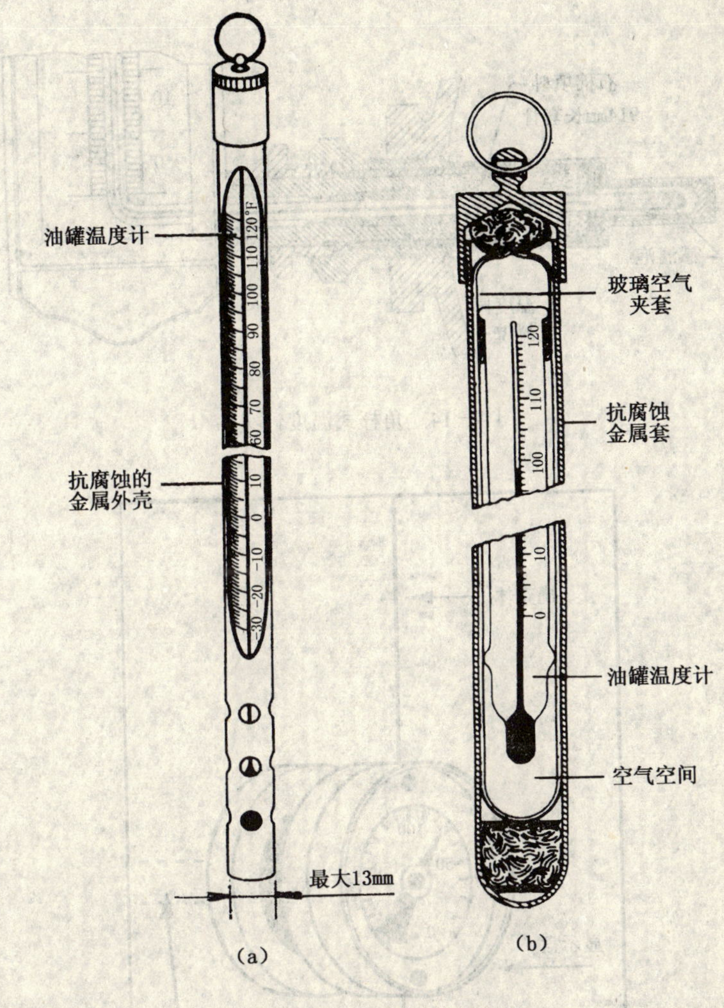

图 4－13　其他温度计组件

护，用螺纹连接固定安装到罐壁上的温度计套内。

6)度盘式温度计组件(图 4－15)

度盘式温度计组件的温度计可能是水银温度计，也可能是带直棒的双金属温度计，测得储罐内油品的温度通过显示盘显示出来，从显示盘上读得测量的温度值。该温度计组件用螺纹连接固

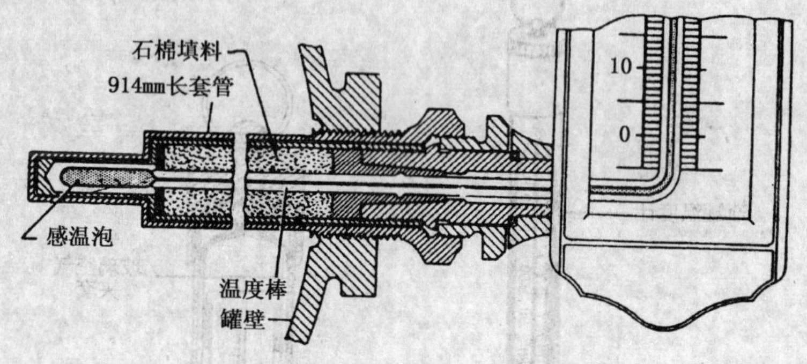

图 4－14　角杆式温度计组件

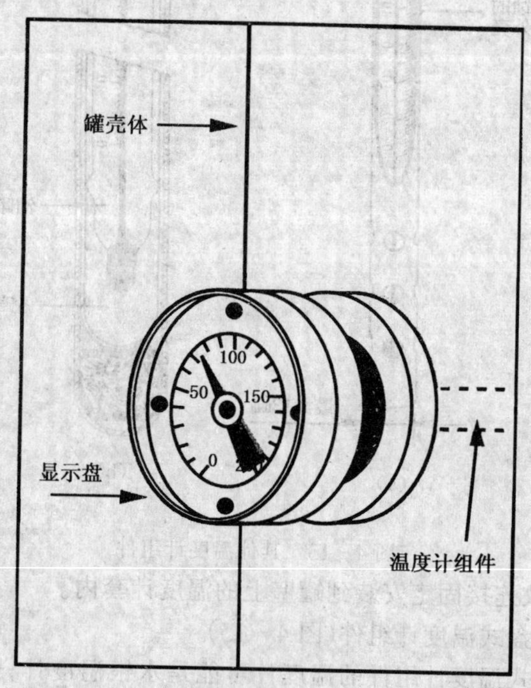

图 4－15　度盘式温度计

定安装到罐壁上的温度计套内。

上述两种固定安装的温度计组件，温度计棒至少要有 0.900m 长，棒必须伸到液体表面以下。如果达不到这种要求，测量的温度是不准确的。这两种温度计组件的温度计感温泡(元件)不应长于 60mm。将温度计组件固定安装在不会受浮顶、混合器或罐内其他任何部件干扰的罐壁温度计套内。

2.温度测量的操作

1)测量温度的位置及有关规定

油罐和容器测量温度的位置及有关的规定，在表 4-4 中给出，测量温度时可参照表中的内容进行。

表 4-4 中的下液面是指水和杂质层同油接触的面。也就是说，测温点应在水和杂质层上表面以上 1m 的地方，避免水和杂质层对原油温度的影响，保证测量温度值的准确。为满足这种要求，在测温以前必须知道罐底水和杂质层的厚度。否则，就无法确定下液面，也不知道温度计要下放到什么位置，不可能正确地测得标准规定的温度值。

表 4-4　油罐测温的仪器、附件和测温位置

<table>
<tr><th colspan="2">罐的类型</th><th>测温的附件</th><th>温度计组件</th><th>测温的位置</th></tr>
<tr><td rowspan="2">立式金属油罐</td><td>固定顶油罐</td><td>罐顶量油孔</td><td rowspan="2">杯盒式、充溢盒式、热电阻温度计</td><td rowspan="2">油高 3m 以下，油高中部为测温点；
油高 3～5m，上液面下 1m，下液面上 1m 为测温点；
油高 5m 以上，上液面下 1m，油高中部和下液面上 1m 为测温点。如果 3 点中任一点测得的温度与 3 个点测得温度的算术平均值相差大于 1℃，应在上部和中部测温点之间，中部和下部测温点之间各增加一个测温点，再测两个温度值</td></tr>
<tr><td>浮顶油罐</td><td>量油孔</td></tr>
</table>

续表

<table>
<tr><th colspan="2">罐的类型</th><th>测温的附件</th><th>温度计组件</th><th>测温的位置</th></tr>
<tr><td rowspan="3">卧式圆筒形罐</td><td rowspan="2">非压力罐</td><td>计量口</td><td>杯盒式、充溢式、热电阻温度计</td><td>油高 3m 以下,油高中部为测温点;
油高 3～5m,上液面下 1m,下液面上 1m 为测温点;
油高 5m 以上,上液面下 1m,油高中部和下液面上 1m 为测温点。如果 3 点中任一点测得的温度与 3 个点测得温度的算术平均值相差大于 1℃,应在上部和中部测温点之间,中部和下部测温点之间各增加一个测温点,再测两个温度值</td></tr>
<tr><td>立式温度计插孔</td><td>套管盒式、空气夹套式、热电阻温度计</td><td>油高 3m 以下,油高中部为测温点;
油高 3～5m,上液面下 1m,下液面上 1m 为测温点;
油高 5m 以上,上液面下 1m,油高中部和下液面上 1m 为测温点。如果 3 点中任一点测得的温度与 3 个点测得温度的算术平均值相差大于 1℃,应在上部和中部测温点之间,中部和下部测温点之间各增加一个测温点,再测两个温度值</td></tr>
<tr><td>压力罐</td><td>可拆卸的插孔或插座</td><td>角杆、度盘式(双金属或水银)温度计</td><td>油高中部为测温点,至少高于罐底 300mm</td></tr>
</table>

续表

罐的类型			测温的附件	温度计组件	测温的位置
油船和油驳	非压力罐	不加热	甲板计量口	杯盒式、充溢盒式、热电阻温度计	油高中部为测温点
		加热	甲板计量口	杯盒式、充溢盒式、热电阻温度计	同立式金属油罐
	压力罐		温度计插孔	套管盒式、空气夹套式、热电阻温度计	油高中部为测温点
铁路罐车汽车罐车	非压力罐		圆顶室口	杯盒式、充溢盒式、热电阻温度计	油高中部为测温点
	压力罐		温度计插孔	套管盒式、空气夹套式、热电阻温度计	油高中部为测温点

2)测量罐内原油的温度

测量罐内原油的温度,必须在表 4－4 规定的测量点进行测量。沿罐内原油的高度在多个测量点测量原油温度时,最后取多个测量点所测温度值的算术平均值作为罐内原油的温度。例如,在 n 个测量点上测得 $t_1, t_2, \cdots, t_i, t_n$,它们的算术平均的温度值可用下式表示:

$$t_{平} = (t_1 + t_2 + \cdots + t_i + t_n)/n$$

$$= \sum_{i=1}^{n} t_i/n \qquad (4-7)$$

式中 $t_{平}$——求得的平均温度值;

t_i——任意一个点上测得的温度值;

n——测得的温度值个数,即测量点数。

因为求得 $t_{平}$可能任意的一个带小数点的数,例如 40.18,45.67 等。GB 8927 规定:使用 1 号和 2 号油罐温度计,可估读到 0.1℃,求温度值的算术平均值应修约到 0,0.25,0.5 和 0.75℃;使用 3 号油罐温度计,可估读到 0.2℃,求温度值的算术平均值应修约到 0,0.5

和1℃。也就是说,测温人员报告测温结果时,温度值整数后的小数只能是0,0.25,0.5,0.75。上面的40.18只能是40.0,45.67只能是45.75。

(1)用杯盒式温度计组件测温。

从表4-4可以看出,杯盒式温度计组件测温主要用于非压力罐。

开始测温时,应注意大气温度与罐内原油温度的差别。如果两个温度的差大于10℃,应将温度计组件下放到罐内原油的上部浸没两次或两次以上,让杯内排空冲满原油。也就是说,让罐内的原油冲洗杯几次,这有助于温度更快地达到平衡。冲洗杯几次后,将组件下放到规定的位置(表4-4),停留15min(标准GB 8927的规定)。为确保杯内的原油与罐内原油的温度尽快达到平衡,可在规定位置上、下0.3m的距离内提升和下降。

温度计组件在规定的位置上停留的时间达到要求后,将组件提升上来,确信杯内已被原油充满,温度计的感温包浸没在原油中后,让温度计的杯盒停留在量油孔口的边缘下,以防止风和其他大气条件对读数的影响。在温度计水银柱稳定后,立即读数并记录下温度值,完成温度的测量。

(2)用充溢盒式温度计组件测温。

充溢盒式温度计组件测温时,其要求与杯盒式温度计组件是相同的。

3)报告测温结果

根据国标GB 8927的规定,温度测量结果应按下述方法报告:

(1)使用分度值为0.5℃的1号和2号油罐温度计,应估读到0.1℃。只测取一点的温度时,应取温度的尾数接近0,0.25,0.5和0.75℃的温度值作报告结果。例如,估读温度为41.1℃,取41℃作报告结果;估读温度为41.3℃,取41.25℃作报告结果。

(2)使用分度值为1℃的3号油罐温度计,应估读到0.2℃。只测取一点的温度时,应取温度的尾数接近0,0.5和1℃的温度值作报告结果。例如,估读温度为 73.4℃和 73.6℃,取 73.5℃作报告结果;估读温度为 73.2℃,取 73.0℃作报告结果。

(3)测量两点或两点以上的温度时,应以平均温度值作报告结果。

应该指出,用于求平均值的温度读数 $t_1,t_2,\cdots,t_i,\cdots,t_n$ 应该是没有进行尾数修约的测量值。也就是说,报告结果的温度值只能进行一次尾数的修约,求平均值的修约在求平均值后进行。

3.测量温度应注意的事项

1)注意的安全事项

测量温度的操作与液位测量的操作类似,应注意的安全事项基本相同,不再复述。有关注意的安全事项可参照前面液位测量中的说明,做好各项安全工作。

2)操作应注意的事项

(1)测量温度的位置距罐壁至少有 300mm 的距离,以避免受到外部冷、热的影响。

(2)测量原油的液位高度以后,应立即进行温度的测量。

(3)测量温度后的温度计组件,要用煤油或柴油将组件的各部分都清洗干净,并用棉布擦干以避免在温度计上形成膜。

(4)加热的油罐车,要待原油完全变成液体后再切断蒸汽。在温度平衡 2h 后进行温度测量。如想提前测量温度,必须测上、中、下(即油高 3/4、1/2 及 1/4 三点处)三点的温度,然后取平均值。

对有蒸汽加热盘管的油罐,应在蒸汽切断 1h 后才能进行温度测量。如需提前测温或在不能切断蒸汽的情况下测温,应按油高均匀分布 5 个测量点以上的测温处,然后取所测温度值的平均温度。

对刚停止加热的立式圆筒形油罐,如需马上测温而罐顶又有两个罐口,一个在中心,一个在靠近罐壁,必须在两个罐口测量油高上、中、下 3 点的温度,然后取 6 个测量值的平均值。如只能在一个罐口测量温度,必须按油高均匀分布 5 个测量点测取温度,然后取所测温度的平均值作为测量的温度值。

二、自动测量法

1.测温用的仪表

目前油罐用的自动测温仪表，主要是热电阻温度计。这种温度计有测量罐内任一点温度的热电阻点温度计，测量罐内平均温度的热电平均温度计两种，下面分别说明。

1)热电阻点温度计

热电阻点温度计由电阻测温泡、显示仪表和连接导线组成。

显示仪表是按惠特斯顿（Wheatstone）电桥的原理，由电阻回路、供电电源和用温度（℃）校准的电流计组成，它的原理图如图 4－16 所示。测量温度时将 R_4 作为测量温度的感温元件，当 R_4 没有感受到温度的变化时，电桥回路是平衡的，电流表没有电流通过；当 R_4 感受到温度的变化时，电桥回路的平衡被破坏，电流表有电流通过。电流的大小与 R_4 感受到的温度成正比，因此可测得温度的值。

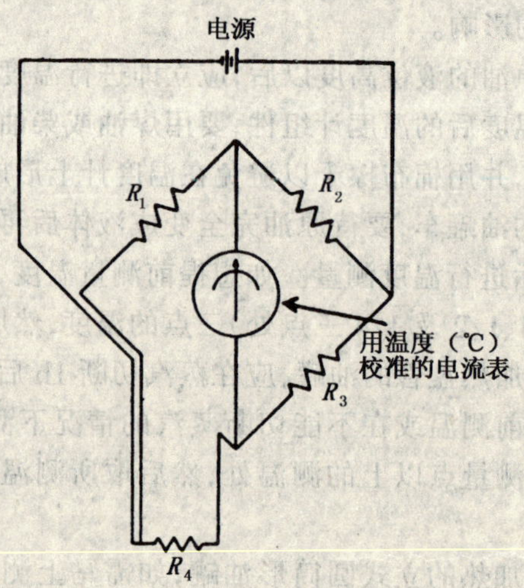

图 4－16 电阻温度计显示仪表原理图

2)热电阻平均温度计

热电阻平均温度计的电阻测温包（图 4－17），是由不同长度

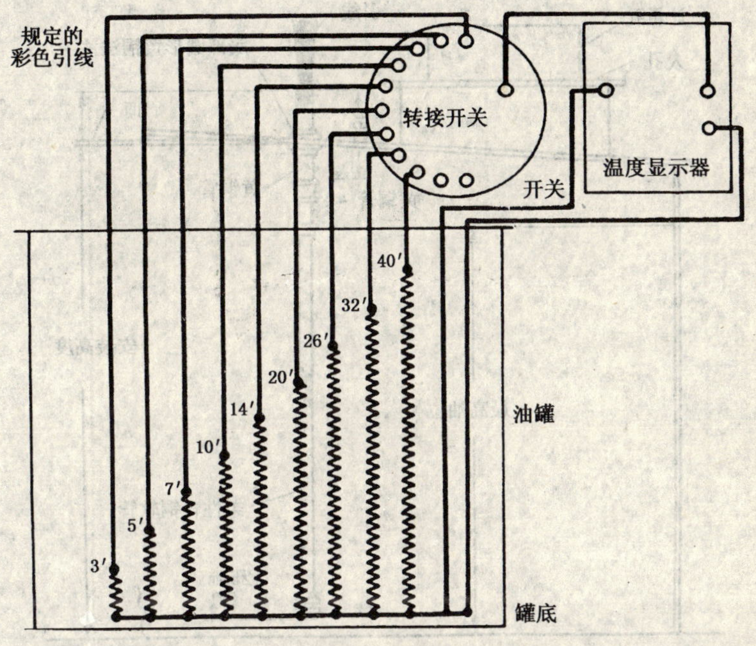

图 4－17　平均温度计测温包的布线示意图

的、被绝缘隔离开的电阻元件组成的组件构成。每个电阻元件的电阻是相等的，并在测温包的整个长度上均匀分布。电阻元件是电缆形式的组件，插入柔性软管或薄壁的管内，构成平均温度的测温包。柔性软管或薄壁管是用耐腐蚀的金属制造。覆盖单个电阻元件的绝缘隔离层必须耐可能遇到的、最高温度的影响。

在一般的固定顶油罐上，平均温度计的测温包电阻元件束柔性软管或薄壁管，通过位于罐顶离罐壁不小于 900mm 的孔，在罐顶用法兰连接垂直悬挂在罐内，如图 4－18 所示。在浮顶罐上，是在罐顶壳体上设置一个 90°角的托架，从托架通过量油孔或离罐壁不小于 900mm 的其他开孔，将测温包的电阻元件束柔性软管或薄壁管，垂直悬挂在罐内，如图 4－19 所示。安装的角托架应有足够的高度，以防止油品过满时浮顶上升引起托架的损坏。

为使平均温度计测温包包含的每个电阻元件连接到温度显示

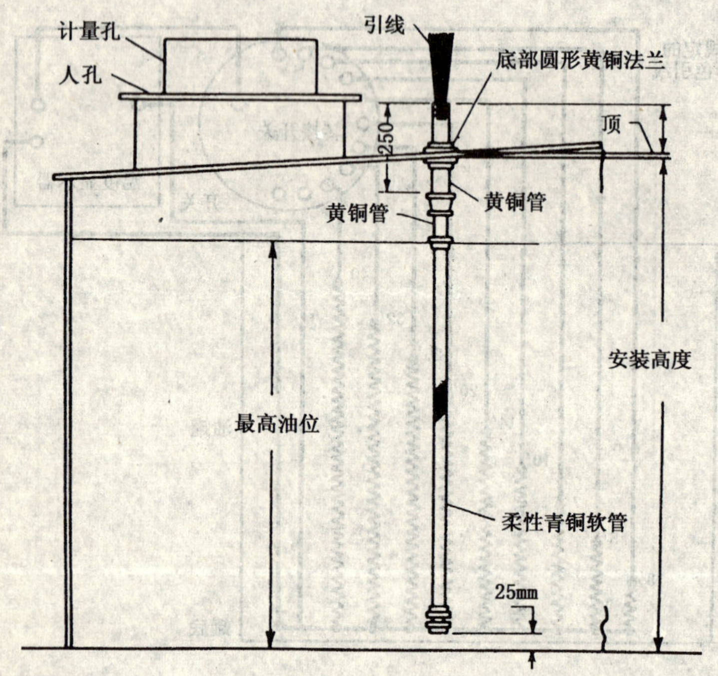

图 4－18　锥顶罐安装示意图

器，应用多点选择转接开关。开关的刻度盘应按每个电阻元件加标记，以显示出各个点工作液面的温度范围。

2. 温度自动测量仪表系统的选择

选择油罐温度自动测量仪表系统，应考虑以下这些因素：

(1)测量温度要求的准确度。按油量计算标准的规定，测量温度要求准确到 0.25℃。

(2)罐内测温要求的最低液位。ISO 的标准指出：如果夏季和冬季的油温变化分布图显示出保持稳定，测温的最低液位离罐底 1m 左右；如果没有这种分布图可判断油温的变化，测温的最低液位离底约 1.5m。

(3)被测温度产品的类型。如果罐内储存油品不均匀，容易分层或成层，这时应选用求温度平均值的平均温度计，以减少油品分

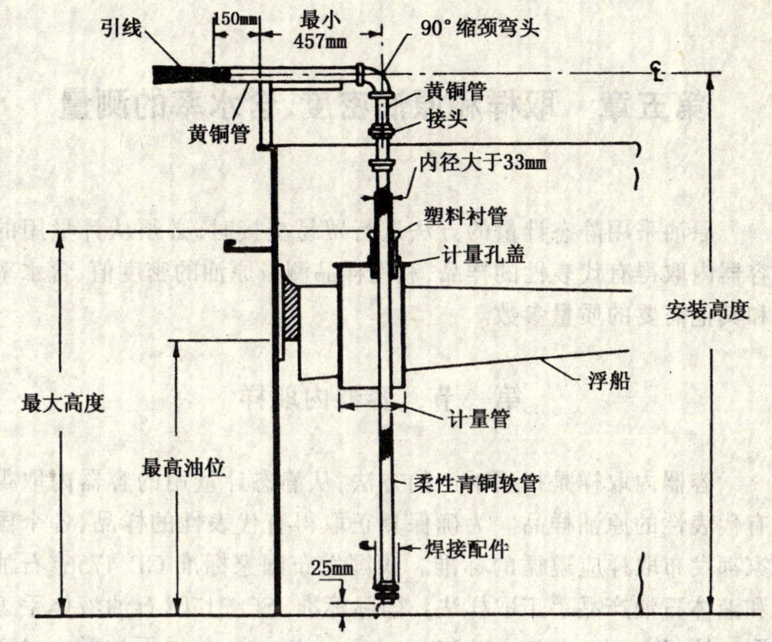

图4-19 浮顶罐安装示意图

层或成层给温度测量带来的误差。

(4)储存油品的条件和环境条件。例如,为确保储存油品有好的流动性,罐内必须设加热设备,选用的温度自动测量系统必须适应这种条件;环境条件是指测量系统使用地点一年四季的气候条件。

(5)对测量温度值显示的要求。测量的温度值是采用就地显示,还是在一定距离以远的中心控制室显示,或者是两种显示都要有。

(6)储罐的类型和数量。不同类型的储罐对自动温度测量系统的安装有不同的要求。

(7)已投用的罐如选用温度自动测量仪表系统,应考虑仪表进罐可利用的条件和适应性。因为可利用的条件和适应性可限制系统的选择。

第五章　取样和原油密度、含水率的测量

原油采用静态计量的方法进行贸易交接时，必须从计量用的容器内取得有代表性的样品，利用样品测量原油的密度值、含水率和其他需要的质量参数。

第一节　容器内取样

容器内取样是指用手工的方法，从静态计量用的容器内取得有代表性的原油样品。为确保真正取得有代表性的样品，各个国家都发布取样应遵循的标准。我国发布国家标准 GB 4756《石油和液体石油产品手工取样法》；国际标准 ISO 3170《石油液体手工取样法（Petroleum Liquid-Manual Sampling）》；美国石油学会 API 石油计量标准手册第八章，8.1 部分《石油和石油产品的手工取样（Manual Sampling of Petroleum and Petroleum Products）》，8.3 部分《混合和处置液体石油、石油产品样品的标准方法（Standard Practice for Mixing and Handling of Liquid Samples of Petroleum and Petroleum Products）》。

一、取样的方法

用手工的方法从计量容器内采取原油的样品，常用的方法有全液面取样法、连续取样法、点组合取样法和罐引出管取样法等几种。取样时选用哪一种取样的方法，取决于对样品的要求，可利用的取样设备，被取样的原油物理性质，采用方法对取样所要求的技能和容器的类型等因素。

1. 全液面取样法

全液面取样法是指取原油样品时，沿罐内原油的整个高度，从罐底原油排出口的水平面开始向上，取得整个原油高度上各个液

面内的原油样品。全液面取样法的具体做法是：将取样瓶加塞子和重物，并按一定的要求用下放和上提取样瓶的绳索将塞子、重物和取样瓶系好（如图5－1所示）。然后，将取样瓶下放到罐内的原油中，在重物的重力作用下使取样瓶达到原油排出口的水平面时，猛拉绳索，将瓶塞打开，再以均匀的、一定的速度将取样瓶向上提升取样。

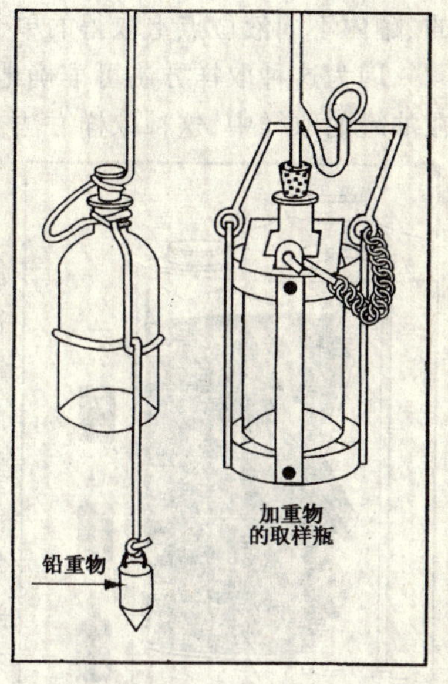

图5－1　加重物和加塞子的取样瓶

当取样瓶从原油表面显露出来时，瓶内应有3/4的空间被液体充满。如果瓶内完全被原油充满，说明罐内从某一个液面开始就没有取得任何样品，瓶内的样品是不合格的。这时，应将取样瓶内的样品倒掉，将取样瓶冲洗干净，再重复前面的做法。不过，这次提升的速度要比上次快。

从上面的介绍可以看出，全面取样法要求操作人员有较高的操作技能。

2.连续取样法

连续取样法与全液面取样法的不同是取样瓶不加瓶塞。将取样瓶放到罐内下到接近排出口的水平面位置时，立即往回提升取样瓶，并提升到原油的表面以外，这一过程是一个连续完成的运动过程，所以称之为连续取样法。

上述两种取样方法都要求以均匀的速度提升取样瓶，这是很难做到的。因此，取得合格的样品是困难的。

3.点组合取样法

点组合取样法是指在规定的、罐内不同液位点上取得的多个样品，然后，将这些样品混合成一个供分析测试的样品。在规定的、罐内不同液位点上取得的单个样,称之为点样或芯样。

因为这种取样方法可准确地取得所规定点上的样品。所以,在油罐的取样中,这种取样方法被广泛地采用。

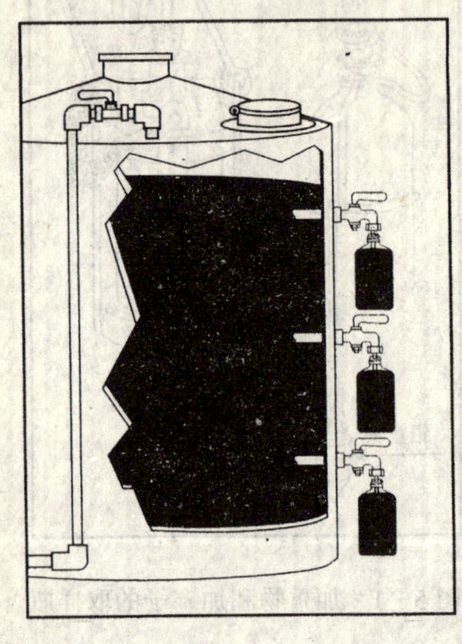

图 5-2　罐侧面上、中、下 3 个部位安装的取样引出管

4.罐引出管取样法

罐引出管取样法是指在罐的侧面安装一组引出管,从引出管取得罐内原油的样品。图 5-2 是油罐罐壁的上、中、下 3 个部位安装的取样引出管。这种固定形式安装的取样引出管,当罐内原油达到储油高度时,可从每根引出管内取等量的样品。如果罐内原油没有达到储油高度,从每根引出管将取不等量的样品,具体取多少样品,随罐内原油的高度而定。一般是:液位比中间取样引出管高但低于上部引出管,并靠近上部引出管,从中部引出管取 2/3 的样品量,从下部引出管取 1/3 的样品量;如果液位在靠近中间取样引出管的位置,从中间引出管取一半样品量,从下部引出管取一半样品量;如果液面低于中间引出管,从下部引出管取全部样品量。

为适应储罐内原油高度的变化,降低罐外壁取样引出管取样口的高度,设计出一种浮动式的引出管取样系统(图 5-3)。该系统由进口浮动构架、引出管和罐外壁取样口组成,引出管同与外壁的取样口相连接。由于浮动构架能上、下浮动,无论储罐内原油的液位如何变化,引出管始终保持在上、中、下 3 个液位高度的中心。使用这种取样系统,每个取样口始终取等量的样品。

二、取样的原则

为了从油罐内取得具有代表性的原油样品,必须遵照下面这些取样的原则。

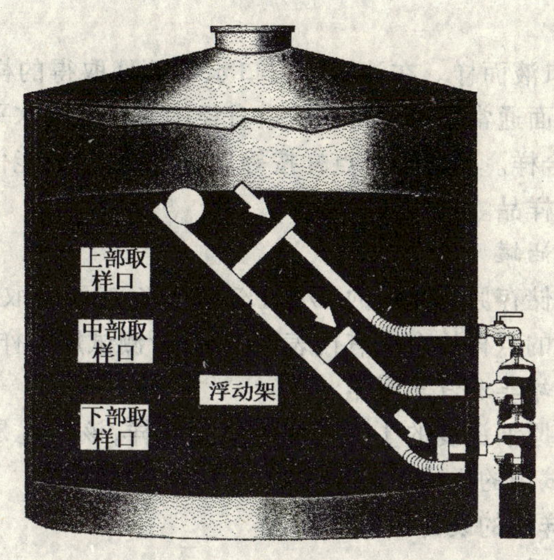

图 5-3　浮动的引出管取样系统示意图

1. 立式金属储罐

为了从静止的油罐内取得有代表性的样品，通常采取上部样、中部样和下部样，并按规定的方法混合制备一个单一的组合样。必要时，也可取 3 个以上的样品，以得到有代表性的组合样。

当罐内的原油按上部样、中部样和下部样或上部样、中部样和出口液面样检查是明显的均相，油罐的横截面又均匀一致时，将用上部样、中部样和下部样组合成油罐内原油有代表性的样品。

为了防止罐内底水对取样的影响，一般都要求先排放出罐内底部的游离水后再进行取样。

油船和驳船的取样可参照上述原则进行。

下面介绍上述几种样品名称的定义：

(1)上部样。在罐内原油顶部表面以下其深度为 1/6 处取得的样品。

(2)中部样。在罐内原油顶部表面以下其深度为 1/2 处取得的样品。

(3)下部样。在罐内原油顶部表面以下其深度为 5/6 处取得的样品。

(4)出口液面样。在油罐排出口水平面处取得的样品。油罐排出口水平面通常是指罐排出管道直径中心线处的水平面。

(5)组合样。将若干个点样按等比例合并,形成能代表油罐内原油性能的样品。

2.卧式油罐

在罐内储存原油体积的1/6,1/2和5/6液面处取3个点样,然后用等量的点样掺合成有代表性的、分析测试用的样品。

3.火车罐车和汽车罐车

在罐内原油深度的1/2处的液面上取样,该样就是有代表性的、分析测试用的样品。

三、取样用的设备和工具

1.取样器

1)加重的取样器

加重的取样器(图5-4)应有适当的容量(例如0.5~1.0L),有在被取样原油中迅速下沉的重量。取样器应配有不打火花的材料制成的绳或链,以便能在油罐中任何一个需要取样液面上装满样品。加重用的金属应配置在取样器外部,或者装在不透油的假底内。

2)筒状取样器

筒状取样器(图5-5)是一个直径均匀的管状容器,配有上部和下部隔离翼阀或瓣阀。下放到罐内原油中向上提时,可从罐中任意所选的液面上收集正确的、未经扰动的样品。为保证正确地取样,选择的液面不能低于罐底上方12mm。

3)底部取样器

底部取样器(图5-6)是一个专门用于取罐底部样品的容器。可用不打火花的链或绳将其下放到罐内,达到罐底与罐底接触时,取样器底部的阀或塞子就被打开;离开罐底时,底部的阀或塞子就被关闭,将罐底的样品关闭在容器内,达到取罐底样品的目的。

4)取样笼

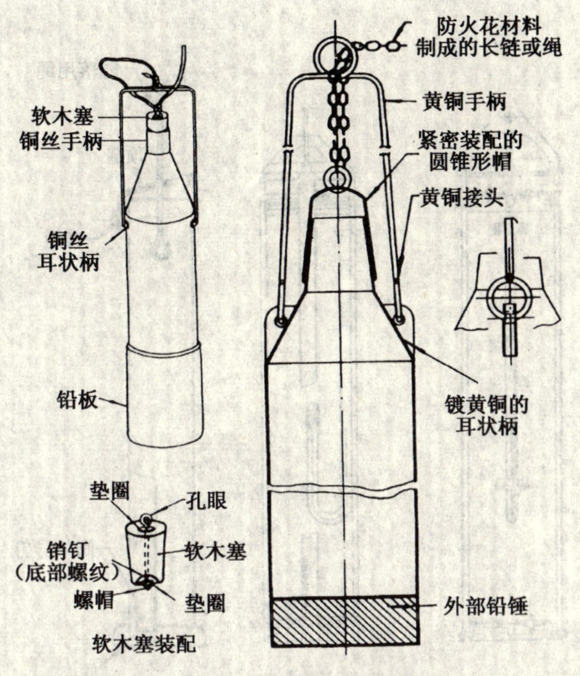

图 5-4　加重的取样器

取样笼(图 5-7)是用金属或塑料制造的,有合适结构可容纳相应的取样容器的支座或笼子。与取样笼匹配的是有特殊尺寸的取样瓶。取样笼和取样瓶装配好的取样设备,应在被取样的原油中能有迅速地下沉的重量,能保证在任何要求的液面处都能被样品充满。

采用取样笼一般比加重的取样器好,不需要转移样品,可防止轻馏分的挥发。

2.取样的容器和用具

1)取样的容器

在原油取样中,常用的取样容器有:

(1)玻璃瓶。

玻璃瓶应有软木塞、玻璃塞或者配有耐油垫片的塑料或金属螺旋帽。挥发性的原油不应使用软木塞。

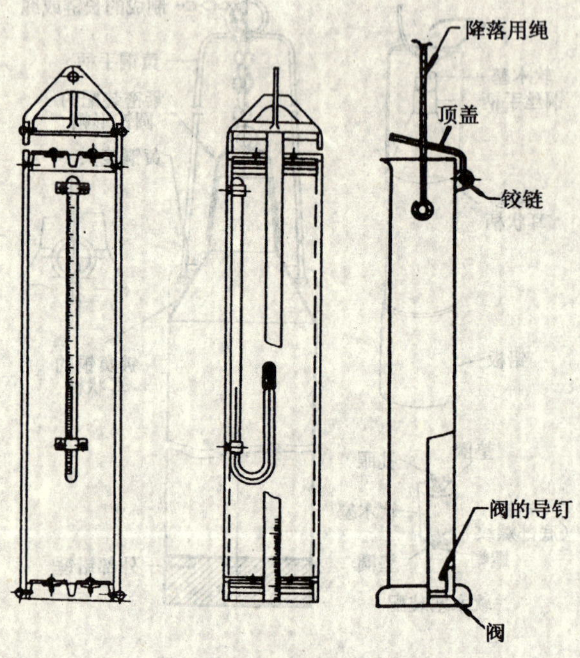

图 5-5　筒状取样器示意图

(2)油听。

油听一般是用镀锌铁皮制造。油听可以用带耐油垫片的螺旋帽封闭。垫片使用一次后就应更换。油听不能用软木塞封闭。油听和盖都应清洁、干燥。油听使用前应进行检查,如有渗漏或生锈应予以舍弃。

(3)塑料瓶。

塑料瓶是用来着色的,最小密度为 0.95g/cm^3 的直链聚乙烯制成,最小壁厚一般为 0.75mm。可在不影响原油被测性质时使用。

2)取样用的用具

取样用的用具有塞子和盖。在取样中使用的塞子一般有软木塞、磨口玻璃塞;盖有用塑料或金属做的螺旋帽盖。

四、取样的操作

1.取样前的准备工作

(1)对取样用的全部设备和容器进行全面、细致的检查。确保取样器或取样设备清洁、干燥,连接牢固,安置正确,符合取样的要求;储存样品的容器清洁、干燥,没有影响和污染样的物质存在,不渗不漏,满足储存样品的需要。

(2)对所取样品的用途和处理样品的方法有明确的了解,确保在取样过程中能按要求进行操作,避免出现误操作,影响样品的质量,造成不必要的损失。

2.取样的操作

1)立式油罐取样

(1)罐顶取样。

罐侧壁没有安装取样引出管系统的油罐,通常都是从罐顶的量油孔取样。因为全液面取样法和连续取样法都很难取得合格的样品,一般都采用点组合取样法。

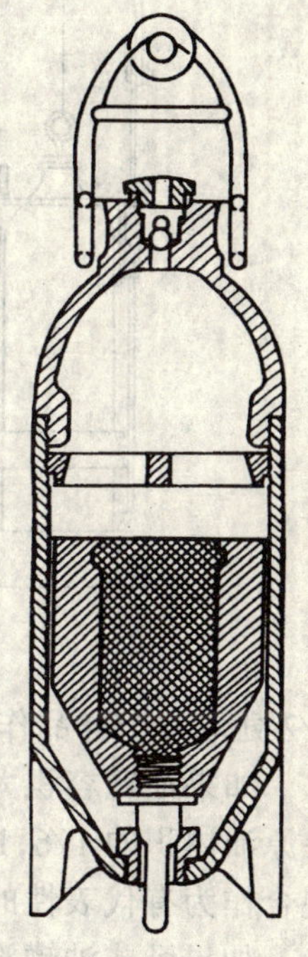

图 5-6 底部取样器

取几个点样和取点样的位置都要依据油罐内储存原油的高度来确定。因此,从油罐内取原油的样品,应在测量出原油的高度以后进行。

(2)罐侧取样。

罐侧取样与罐侧面安装的取样引出管的数量和位置有关,从每根引出管取多少样品又与罐内液面的高度有关。因此,取样应在测量完罐内液面高度后进行,以便确定出从每根引出管的取样品的量。

2)卧式油罐取样

根据标准的规定,卧式油罐的容积不大于 $60m^3$,或油罐容积大于 $60m^3$ 而原油在储罐中的深度不超过 2m 时,可在原油深度的

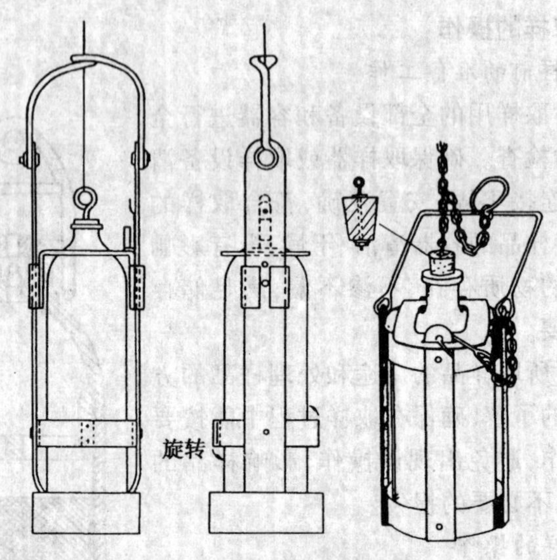

图 5-7　取样笼示意图

1/2 处取一个样品作为代表性样品。

如果油罐容积大于 $60m^3$，并且原油在罐内的深度超过 2m，应在原油体积的 1/6，1/2 和 5/6 的三个液面处各取一个点样，然后混合作为有代表性的样品。

如果卧式油罐没有装侧壁取样引出管，可从罐顶部的计量口取样；如果卧式油罐装有侧壁取样引出管，可从侧壁引出管取样。

3)油罐车取样

对于整列的火车油罐车，在标准中规定，应按表(5-1)所示的取样车数进行随机取样，但必须包括首车。

表 5-1　原油油罐车和油船应取样的最少车数与船舱数

装油的罐车和船舱数	应取样的最小车数和船舱数
1～2	全部
3～6	2
7 以上	3

取样时，从罐顶部的计量口将取样器下放到罐内原油深度的1/2处，以急速的动作拉动绳子，打开取样器的塞子，让原油进入取样器，待原油充满取样器后，提出取样器。将取得的样品按对样品进行存放和保管的规定，处理好所取的样品。待所需取样的罐车都取完样后，将样品送化验室使用和存放，完成取样的操作。

汽车罐车的取样可参照火车罐车的操作进行，这里不再复述。

4)油船的取样

油船的取样应遵照表5-1所给出的最小取样的舱数进行随机取样。决定取样的船舱，都要取上部样、中部样和下部样，并以相等的体积掺合成该舱的组合样。

5)罐底取样

用图5-6所示的罐底部取样器取罐底部物质的样品时，将该取样器下放到罐底。当它与罐底接触时，取样器下部的阀或塞子就会被打开，罐底的物质会从打开的阀或塞子处进入取样器内。待充满取样品后，将取样器提上来。

3.取样应注意的事项

1)注意的安全事项

有关样品容器应注意的安全事项，标准GB 4756中已有说明，可参照执行。

2)操作应注意的事项

(1)为确保样品能代表罐内原油的性质，主要是原油的密度和含水率，处理样品时不得有水。

(2)为保证样品不被水分和灰尘等杂质污染，样品容器的塞子上或样品容器的顶部，不要放置纸、塑料或金属薄片等物品。

(3)取样用的样品容器决不能完全充满，防止受热膨胀将容器的塞子和盖膨胀开，出现样品流失，导致样品不能用。

(4)为了安全，在高温下处理样品时，应尽量防止将棉纤维带入到样品中，擦试样品容器应选用不会将棉纤维带入的布。

(5)原油的蒸气对人的身体有害并且易燃。因此，应避免吸入这种蒸气，且注意防火。

第二节　原油密度值的测量

原油的密度值是用从计量容器内取得的样品,在实验室内用分析测量方法测定的。无论是我国还是在国外,目前在实验室测量原油的密度值不是采用石油密度计法就是采用比重瓶法,下面对这两种方法进行说明。

一、密度计法测量原油的密度值

密度计法测量原油的密度值,遵循的国家标准是 GB/T 1884《石油和液体石油产品密度测定法(密度计法)》,可参考的国际标准是 ISO 3675《原油和液体石油产品　密度或相对密度的实验测定　密度计法(Crude Petroleum and Liquid Petroleum Products - Laboratory Determination of Density or Relative Density - Hydrometer Method)》;美国石油学会 API 石油计量标准手册第九章,9.1 部分《原油和液体石油产品的密度、相对密度(比重)或 API 重度的密度计测定法[Hydrometer Test Method for Density or Relative Density (Specific Gravity), or API Gravity of Crude Petroleum and Liquid Petroleum Products]》。下面将依据国家标准并参考国外标准进行介绍。

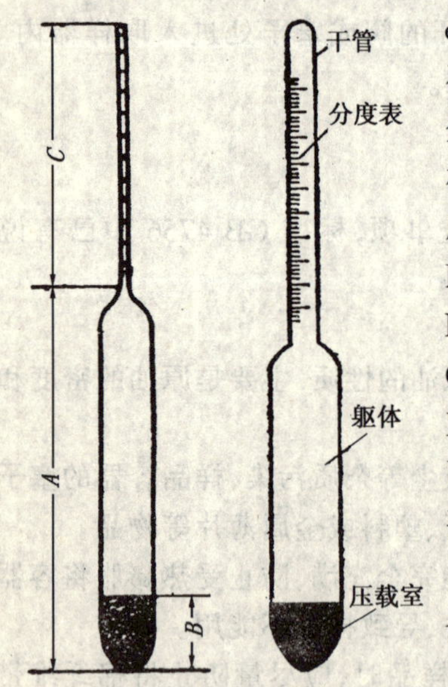

图 5－8　密度计结构图

1. 测量密度值用的仪表和设备

1)密度计

密度计通常是用玻璃制造,一般称之为玻璃浮子密度计,简称为浮计,它的结构如图 5－8 所示。从图上可以看出,密度计是由压载室 B、躯体 A 和干管 C 三部分组成。

我国测量原油的密度值有专用的石油密度计。为确保密度值测量的准确，方便读数和取值，每支石油密度计一般只用于测量一个较窄的密度值范围。因此，选用石油密度计测量原油的密度值时，通常都要配一组石油密度计，有关石油密度计测量的密度值范围在表 5-2 中给出。

表 5-2 石油密度计中各支浮子密度计的测量范围

型　　号	SY-Ⅰ	SY-Ⅱ
最小分度值，g/cm^3	0.0005	0.001
支号	测量范围，g/cm^3	
1	0.6500～0.6900	0.6500～0.7100
2	0.6900～0.7300	0.7100～0.7700
3	0.7300～0.7700	0.7700～0.8300
4	0.7700～0.8100	0.8300～0.8900
5	0.8100～0.8500	0.8900～0.9500
6	0.8500～0.8900	0.9500～1.010
7	0.8900～0.9300	
8	0.9300～0.9700	
9	0.9700～1.0100	

有关石油密度计的技术要求，可参见行业标准 SH 0316《石油密度计技术条件》。

用于商品原油贸易交接测量原油密度值用的石油密度计，必须满足标准的规定。

石油密度计的检定，我国目前主要采用比对法，将被检定的和标准的密度计同时浸入到同一种检定液中，直接比较它们分度表上的示值，求得被检密度计的修正值。每支工作密度计应检定 3

点，即首、末两点和中间任选一个主要的分度点。每个检定点必须检定两次，二次的修正值之差如大于0.2分度，应再进行一次检定。然后计算各次检定所得修正值的平均值，如果每次的修正值与平均修正值之差大于0.2分度时，则需重新清洗后再检定。

2)温度计

如果密度计和温度计封装在一起，不需要另配温度计。如果不是这种结构则需要另配温度计。温度计应该是全浸式的水银温度计，在测量的温度范围为－1～38℃时，分度值为0.1℃，最大刻度误差是±0.1；温度范围为－20～102℃时，分度值为0.2℃，最大刻度误差为±0.15。

3)密度计量筒

密度计量筒可用清晰透明玻璃、塑料或金属制造。塑料量筒应遇油不变色和耐腐蚀，长期使用不会变成不透明，并且不会影响样品的性质。

4)恒温浴

当原油样品的性质要求在高于或低于室温的条件下测量密度值时，应使用恒温浴，确保样品的温度变化稳定在0.5℃以内，避免温度变化过大而影响测量结果。

从目前我国商品原油的性质来看，测量密度值时绝大部分原油都必须加热到室温以上。因此，恒温浴是必不可少的设备。

5)玻璃或塑料搅拌棒

玻璃或塑料搅拌棒用于搅拌样品，棒的长度约450mm，直径约5mm。

2.测量密度值的操作

测量密度值的操作应按国家标准GB/T 1884的规定进行，以确保测量的准确度。

测量原油的密度值时，测量样品的温度要尽量接近油罐中储存原油的实际温度，应在实际温度的±3℃的范围内测量。如果在此温度范围内被测原油仍达不到具有足够的流动性，要继续加热升温，使样品达到具有足够流动性的最低温度为止。在此温度下石油密度计能在样品中自由漂浮。

1)操作步骤和要求

(1)将样品加热到所要求的温度,然后倒入清洁的密度计量筒内,应防止飞溅和避免生成气泡。当样品表面有气泡聚集时,可用清洁的滤纸除去。

使用金属密度计量筒时,样品装满后的液面应在离上边缘5mm的范围以内,以保证能准确地读取石油密度计的读数。

(2)如果石油密度计和温度计是单独的仪表时,平缓地将石油密度计放入样品中,并确信没有往下按密度计,密度计自由浮起在样品液面以下,从干管上的分度表能读取液体的密度值。温度计出现稳定的温度读数时,记录下样品的温度,准确到0.1℃,然后取出温度计。

(3)将石油密度计往下压低大约两个刻度的分度值,然后松开,确保密度计立即返回到它原来的位置。待它达到静止平衡状态后,从样品弯月面上缘与密度计刻度相切的点读取原油的密度值。当选用SY-Ⅰ型石油密度计时,读数应准确到0.0001g/cm^3;选用SY-Ⅱ型石油密度计时,读数应准确到0.0005g/cm^3。

(4)将石油密度计稍稍提起,擦去最上部粘附的原油,再放入样品中,然后重复前面的做法。若这次样品的温度与前次样品温度之差超过0.5℃,则重新读取温度计和密度计的读数,直至温度的变化稳定在0.5℃以内。记录连续两次测量的温度和密度值。两次测量的密度值相差不应大于下列数值:SY-Ⅰ型石油密度计是0.0005g/cm^3;SY-Ⅱ型石油密度计是0.001g/cm^3。

2)报告测量结果

标准规定,报告密度值应该是标准参比温度(20℃)下的密度值。用石油密度计测量的密度值是任意温度t下的密度值,所以要根据测得的温度和密度值,从GB/T 1885的《石油计量表(视密度→标准密度)》中查得标准密度值。

用两次测量得到的温度和密度值,查得20℃下的两个密度值,求算术平均值作为报告的测量结果。

二、比重瓶法测量原油的密度值

比重瓶法测量密度是通过测量质量来确定密度，由于质量测量的准确度高，这种方法测量密度的准确度也高。

比重瓶法测量原油的密度值，遵循的国家标准是GB/T 13377《原油和液体或固体石油产品密度或相对密度测量法(毛细管塞比重瓶和带刻度双毛细管比重瓶法)》。

1.测量原理和比重瓶的结构

1)测量原理

比重瓶测量液体的密度值要进行3次衡量：衡量空的比重瓶；衡量灌注蒸馏水的比重瓶；衡量灌注样品的比重瓶。用3次衡量得到的参数计算出样品的密度值。

为导出样品密度值的计算公式。给出的限定条件是：测量地点的空气密度值是不变的；灌注蒸馏水和样品在比重瓶内的液面相同，容积为V；灌注蒸馏水和样品的温度是相同的。上述限定条件在测量中是可满足的。

在这种限定条件下，衡量空比重瓶的质量为m_o；灌注蒸馏水的比重瓶质量为m_c；灌注样品的比重瓶质量为m_t。这样，可得出以下计算样品密度值的公式：

$$\rho_{样} = \frac{m_t - m_o}{m_c - m_o}\rho_{水} + \rho_{空} - \frac{m_t - m_o}{m_c - m_o}\rho_{空}$$

$$\rho_{样} = \frac{m_t - m_o}{m_c - m_o}\rho_{水} + C \qquad (5-1)$$

$$C = \rho_{空} - \frac{m_t - m_o}{m_c - m_o}\rho_{空} \qquad (5-2)$$

式中 $\rho_{水}$——校准温度下水的密度值(见表5-3)，g/cm^3。

C——空气浮力修正系数，可从表5-4中查得。

导出公式(5-1)的三个限定条件，应该说前两个条件在测量中是完全可以做到的。因为测量地点的温度不发生大的变化，空气的密度$\rho_{空}$是不会变化；灌注的液面只要都确定在比重瓶颈部

表 5－3　不同温度下的无空气的水密度值（kg/m^3）

温度	温度的小数位									
℃	0.0	0.1	0.2	0.3	0.4	0.5	0.6	0.7	0.8	0.9
10	999.6987	999.6898	999.6808	999.6717	999.6624	999.6530	999.6434	999.6337	999.6239	999.6140
11	999.6039	999.5937	999.5834	999.5729	999.5623	999.5516	999.5408	999.5298	999.5187	999.5074
12	999.4961	999.4846	999.4730	999.4612	999.4494	999.4374	999.4253	999.4130	999.4007	999.3882
13	999.3756	999.3628	999.3500	999.3370	999.3239	999.3106	999.2973	999.2838	999.2702	999.2565
14	999.2427	999.2287	999.2146	999.2004	999.1861	999.1717	999.1571	999.1424	999.1276	999.1127
15	999.0977	999.0826	999.0673	999.0519	999.0364	999.0208	999.0051	998.9892	999.9733	999.9572
16	998.9410	998.9247	998.9083	998.8917	998.8751	998.8583	998.8414	998.8244	998.8073	998.7901
17	998.7728	998.7553	998.7378	998.7201	998.7023	998.6845	998.6665	998.6483	998.6301	998.6118
18	998.5934	998.5748	998.5562	998.5374	998.5185	998.4995	998.4804	998.4612	998.4419	998.4225
19	998.4030	998.3833	998.3636	998.3438	998.3238	998.3037	998.2836	998.2633	998.2429	998.2224

续表

温度 ℃	温度的小数位									
	0.0	0.1	0.2	0.3	0.4	0.5	0.6	0.7	0.8	0.9
20	998.2019	998.1812	998.1604	998.1395	998.1185	998.0937	998.0761	998.0548	998.0334	998.0119
21	998.2019	997.9685	997.9467	997.9247	997.9027	997.8805	997.8583	997.8360	997.8135	998.7910
22	997.7683	997.7456	997.7227	997.6998	997.6767	997.6536	997.6303	997.6070	997.5835	997.5600
23	997.5363	997.5126	997.4887	997.4648	997.4408	997.4166	997.3924	997.3680	997.3436	997.3191
24	997.2944	997.2697	997.2449	997.2200	997.1950	997.1699	997.1446	997.1193	997.0939	997.0685
25	997.0429	997.0172	996.9914	997.9655	996.9396	996.9135	996.8873	996.8611	996.8347	996.8083
26	996.7818	996.7551	996.7284	996.7016	996.6747	996.6477	996.6206	996.5934	996.5661	996.5388
27	996.5113	996.4837	996.4561	996.4284	996.4005	996.3726	996.3446	996.3165	996.2883	996.2600
28	996.2316	996.2032	996.1746	996.1460	996.1172	996.0884	996.0595	996.0305	996.0014	995.9722
29	995.9430	995.9136	995.8842	995.8546	995.8250	995.7953	995.7655	995.7356	995.7056	995.6756
30	995.6454	995.6152	995.5848	995.5544	995.5239	995.4934	995.4627	995.4319	995.4011	995.3701

续表

温度 ℃	温度的小数位									
	0.0	0.1	0.2	0.3	0.4	0.5	0.6	0.7	0.8	0.9
31	995.3391	995.3080	995.2768	995.2456	995.2142	995.1828	995.1512	995.1196	995.0879	995.0561
32	995.0243	994.9923	994.9603	994.9282	994.8960	994.8637	994.8313	994.7988	994.7663	994.7337
33	994.7010	994.6682	994.6353	994.6024	994.5693	994.5362	994.5030	994.4697	994.4364	994.4029
34	994.3694	994.3358	994.3021	994.2683	994.2345	994.2005	994.1665	994.1324	994.0982	994.0640
35	994.0296	993.9952	993.9607	993.9261	993.8915	993.8567	993.8219	993.7870	993.7521	993.7170
36	993.6819	993.6467	993.6114	993.5760	993.5406	993.5050	993.4694	993.4338	993.3980	993.3622
37	993.3263	993.2903	993.2542	993.2181	993.1818	993.1455	993.1092	993.0727	993.0362	992.9996
38	992.9629	992.9261	992.8893	992.8524	992.8154	992.7784	992.7412	992.7040	992.6668	992.6294
39	992.5920	992.5545	992.5169	992.4792	992.4415	992.4037	992.3658	992.3279	992.2899	992.2518
40	992.2136									

注:密度的单位用 g/cm^3 时,表中的数字应除以 1000。

表 5-4　空气浮力修正值

$\frac{m_t-m_o}{m_c-m_o}$	C 值 kg/m^3	$\frac{m_t-m_o}{m_c-m_o}$	C 值 kg/m^3	$\frac{m_t-m_o}{m_c-m_o}$	C 值 kg/m^3	$\frac{m_t-m_o}{m_c-m_o}$	C 值 kg/m^3
0.6	0.48	0.69	0.37	0.78	0.26	0.87	0.16
0.61	0.47	0.70	0.36	0.79	0.25	0.88	0.14
0.62	0.46	0.71	0.35	0.80	0.24	0.89	0.13
0.63	0.44	0.72	0.34	0.81	0.23	0.90	0.12
0.64	0.43	0.73	0.32	0.82	0.22	0.91	0.11
0.65	0.42	0.74	0.31	0.83	0.20	0.92	0.10
0.66	0.41	0.75	0.30	0.84	0.19	0.93	0.08
0.67	0.40	0.76	0.29	0.85	0.18	0.94	0.07
0.68	0.38	0.77	0.28	0.86	0.17	0.95	0.06

注:1)表中的值是按 20℃,101.325kPa 下标准空气的密度值为 1.222kg/m^3 计算的,空气的密度值如果在 1.1～1.3kg/m^3 的范围内,表中的值也可使用。

2)密度值用 g/cm^3 单位时,表中的值应除以 1000。

某一刻度线处,而且在测量过程中也必须这样做。所以,在三个限定条件中只有温度条件是变化的,应进行修正。为了说明温度变化的修正,令标准温度为 t_r,比重瓶用水校准时的温度为 t_c,测量样品时的温度为 t_t。下面按温度变化的几种情况分别进行介绍:

(1)$t_t=t_c=t_r$ 时,样品的密度值就是标准条件下的密度值,使用公式(5-1)计算,即

$$\rho_{样}=\frac{m_t-m_o}{m_c-m_o}\rho_{水}+C$$

(2)$t_t=t_c\neq t_r$ 时,比重瓶校准的容积与比重瓶在标准温度下的容积是不同的。如 $t_c>t_r$,比重瓶的容积增加;如 $t_c<t_r$,比重瓶的容积减小,理应对容积 V 的变化进行修正。由于导出密度计算公式时 V 被消除掉,对密度的计算没有影响,计算密度值的公式仍然是公式(5-1)。

(3)$t_t \neq t_c \neq t_r$ 的情况。根据我国目前生产的绝大多数原油的性质,用比重瓶测量原油的密度值时,必然要将原油加热到流动性能较好的状态下,才能将原油罐注到比重瓶内。因此,出现温度 $t_t \neq t_c \neq t_r$ 的条件是完全可能的。

利用前面导出计算样品密度值公式的方法,可导出温度 $t_t \neq t_c$ 条件下计算样品密度值的公式如下:

$$\rho_{样} = \frac{(m_t - m_o)\rho_{水}}{(m_c - m_o)[1 + \alpha(t_t - t_c)]} + \rho_{空} - \frac{\rho_{空}(m_t - m_o)}{(m_c - m_o)[1 + \alpha(t_t - t_c)]} \tag{5-3}$$

如果对公式(5-3)进行变换,可得以下的表达式:

$$\rho_{样} = \frac{(m_t - m_o)\rho_{水}}{(m_c - m_o)[1 + \alpha(t_t - t_c)]} + \frac{\rho_{空}[1 + \alpha(t_t - t_c)]}{[1 + \alpha(t_t - t_c)]} - \frac{\rho_{空}(m_t - m_o)}{(m_c - m_o)[1 + \alpha(t_t - t_c)]} \tag{5-4}$$

上式 $\rho_{空}[1+\alpha(t_t - t_c)]$ 中,α 的值在$(25\sim10)\times10^{-6}$ 1/℃的范围内,温度$(t_t - t_c)$的值最大也只能是两位数。因此,它们二者的乘积对 $\rho_{空}$ 的影响只能是小数点以后 3~4 位数。前面表 5-4 的附注中已经说明,表中的 C 值,$\rho_{空}$ 在 1.1~1.3kg/m^3 之间都可使用。制表用的 $\rho_{空}=1.222$kg/m^3,就是增加 $\alpha(t_t - t_c)$一个量也不会超过 1.1~1.3kg/m^3 的范围。所以,$\alpha(t_t - t_c)$的影响可以忽略。这样,公式(5-4)可以写成下列形式:

$$\rho_{样} = \left[\frac{(m_t - m_o)\rho_{水}}{(m_c - m_o)} + C\right]\left[\frac{1}{1 + \alpha(t_t - t_c)}\right] \tag{5-5}$$

2)比重瓶的结构

比重瓶一般是用硬质玻璃制造,较高级的用透明熔融石英制造。它的内外表面不应有气泡和沟纹。最常用的比重瓶如图 5-9 所示。

这几种类型的比重瓶适用于不同的油品,防护帽型的比重瓶

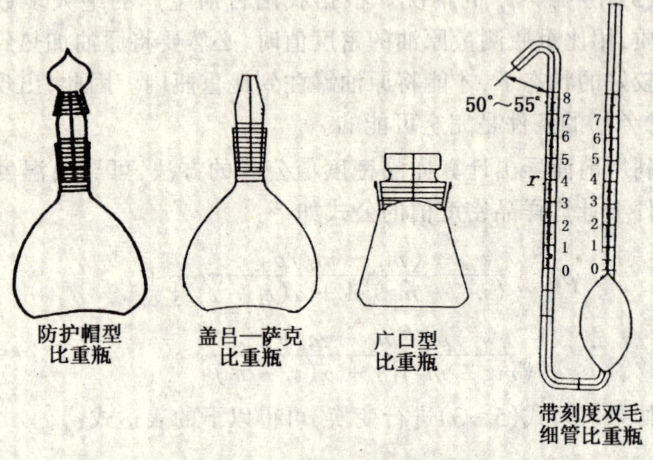

图 5-9 各种类型的比重瓶

适用于除粘稠和固体产品外的所有样品，通常用于较易挥发的样品；盖吕—萨克比重瓶适用于除较粘稠液体外的、不易挥发的液体；广口型比重瓶适用于较粘稠液体和固体；带刻度的双毛细管比重瓶适用于测量高挥发性液体的密度值。使用时，应根据测量油品的种类、数量和所要求的准确度来决定。有关比重瓶的规格尺寸见表 5-5 和表 5-6。

表 5-5 毛细管塞比重瓶的规格尺寸

尺寸 / 比重瓶	标称容量 mL	实际容量与标称容量之差（不大于） mL	最大质量（包括盖） g	到颈顶部的高度 A, mm	瓶的直径 B（不小于）, mm	瓶底直径 C, mm	塞子高度 E, mm	塞子孔内径 F, mm	塞子凹部深度 G, mm	颈部磨口顶端直径 mm	颈部塞子密合长度（不小于） mm
盖吕—萨克比重瓶	10 25 50	±1 ±2 ±3	25 30 35	40 55 65	27 40 50	18 27 35	25 33 33	1±0.3		7±1 10±1 10±1	11 13 13
广口型比重瓶	25	±2	40	43	40	28		1.6±0.3	5±1		

注：防护帽型比重瓶由盖吕—萨克比重瓶配以磨砂防护帽构成。

表 5-6　带刻度双毛细管比重瓶的规格尺寸

尺寸 比重瓶	标称容量 mL	实际容量与标称容量之差 mL 不大于	最大质量 g	总高度 A,mm	刻度以上的高度 B(不大于),mm	从球部到刻度的高度 C(不大于),mm	两臂中心线垂直距离 D,mm	管子外径 F,mm	管子内径 G,mm	从球底到零刻度的长度 H,mm	球的外径 J,mm
带刻度双毛细管比重瓶	1	±0.2	30	175±5	40	5	28±2	6	1±1.0	40	11
	2	±0.3									14
	5	±0.5									20
	10	±1									25

2.测量需要的仪器和设备

1)比重瓶

在置信度为95%的条件下,判断测试结果可靠性的重复性和再现性的指标,在表5-7和表5-8中给出,可供选用比重瓶时参考。

表 5-7　比重瓶测量的重复性指标

测定方法	样　　品	重　复　性
毛细管塞比重瓶	不易挥发又不很粘稠的试样	密度:0.0006g/cm^3 或 0.6kg/m^3 相对密度:0.0006
广口型比重瓶	沥青试样	密度:0.003g/cm^3 或 3kg/m^3 相对密度:0.003
带刻度双毛细管比重瓶	密度:0.7770～0.8920g/cm^3 或 777.0～892.0kg/m^3 相对密度:0.7770～0.8920	密度:0.0007g/cm^3 或 0.7kg/cm^3 相对密度:0.0007

表 5-8　比重瓶测量的再现性指标

测定方法	样　　品	再　现　性
毛细管塞比重瓶	不易挥发又不很粘稠的试样	密度:0.0006g/cm^3 或 0.6kg/m^3 相对密度:0.0006
广口型比重瓶	沥青试样	密度:0.005g/cm^3 或 5kg/m^3 相对密度:0.005
带刻度双毛细管比重　瓶	密度:0.7770～0.8920g/cm^3 或 777.0～892.0kg/cm^3 相对密度:0.7770～0.8920	密度:0.0010g/cm^3 或 1.0kg/m^3 相对密度:0.0010

2)分析天平

分析天平是用来称量比重瓶的质量 m,感量应该是 0.0001g。

3)恒温水浴

恒温水浴是确保比重瓶测量时温度恒定,水的深度约 150mm 以上,温度控制在 ±0.05℃。

4)浴用温度计

棒状全浸式浴用温度计的规格尺寸在表 5-9 中给出。合乎要求的其他全浸式温度计也可选用。

表 5-9　棒状全浸式温度计的规格尺寸

浸　入　方　式		全　浸　式	
温度计范围,℃		-5～25	20～45 40～65
总长,mm	不大于	375	
从水银球肩顶到温度下限的距离,mm	不小于	20	
从水银球肩顶到 0℃ 刻线的距离,mm	不小于		20
温度范围长度,mm	不小于	240	195
温度刻线上限到温度计顶部的距离,mm	不大于	25	
水银球直径,mm	不小于 不大于	5 棒直径	
分度值,℃		0.1	

续表

浸入方式		全浸式
棒直径,mm		5.5~8.0
长线刻度,℃		1
水银球底部到肩部长,mm	不大于	15
水银球肩部到毛细管底端的距离,mm	不小于	5
毛细管底到最低刻线的距离,mm	不小于	13
最高刻线到膨胀室底的距离,mm	不小于	10
辅助温度,℃		-0.5~0.5
收缩室底到它下面最高刻线的距离,mm	不小于	5
收缩室顶到它上面最低刻线的距离,mm	不小于	13

5)比重瓶支架

比重瓶支架能垂直地支撑比重瓶,使比重瓶位于恒温浴中合适的位置,要用耐腐蚀的金属或其他材料制造。

6)其他设备和试剂

其他设备包括0.5~1L/s的实验室用真空泵、加热器、真空干燥器;试剂包括无水乙醇和石油醚等。

3.测量密度值的操作

1)准备工作

(1)准备好比重瓶的工作。

①清洗比重瓶。

一般是先用铬酸洗液进行彻底的清洗,然后用水洗净,再分别用蒸馏水、无水乙醇清洗。如果认为清洗干净,再用干燥的空气吹干。

②校准比重瓶。

首先将干燥后的空比重瓶冷却至室温,消除比重瓶上可能产生的静电,对比重瓶进行称量,准确到0.0001g,称量得到的质量为空比重瓶的质量(m_o)。

为准确称量,所有的称量应在温度的变化不超过5℃的范围内进行。

毛细管塞比重瓶水值的测定步骤如下：

a.用蒸馏水注满比重瓶(蒸馏水的温度可根据校准时的情况确定,最好与恒温水浴的温度接近),塞上毛细管塞。将比重瓶置于恒温水浴中,浸没至比重瓶的中部,至少恒温1h。同时,用滤纸迅速擦去毛细管塞顶部多余的水分。如果用防护帽比重瓶,应将防护帽牢牢地戴在毛细管塞上。

b.将比重瓶从恒温水浴中取出,使比重瓶及瓶内的蒸馏水冷至稍低于恒温水浴的温度,用清洁干净的无毛布擦干比重瓶外壁,对比重瓶进行称量,准确到0.0001g,得到装有水的比重瓶的质量(m_c),并记录下比重瓶内蒸馏水的温度(t_c)。

比重瓶的水值至少应测量5次,5次中最大值和最小值之差不得超过0.0005g,否则,应进行检查,找出产生误差的原因,然后进行处理。处理后再重复前面的步骤做,直至达到上述要求,然后取5次测量结果的算术平均值作为比重瓶的水值(m_c)。

带刻度双毛细管比重瓶水值的测定：

a.用虹吸法将蒸馏水注入比重瓶至液面到达刻线上部(蒸馏水的温度可根据校准时的情况确定,最好与恒温水浴的温度接近)。将比重瓶置于恒温水浴中,使比重瓶中全部液体浸没在恒温水浴液面下,恒温20min,然后读取两臂液面刻度,读数应读到最小分度值。

b.将比重瓶从恒温水浴中取出,用清洁干净的无毛布擦干后称量,准确到0.0001g。

c.盛水比重瓶和空比重瓶质量之差是比重瓶的水值(m_c)。这时,连续从比重瓶内取出一些水,重复测定上、中、下不同刻度部位至少3个水值。将两臂刻度线读数之和与相应的水值作图,得出一条直线,从该直线上可查得任一刻度下比重瓶的水值。这些点应位于直线上,如果点离直线的距离大于两个最小分度值,经重复测定仍无变化,此比重瓶则应废弃。

(2)准备好样品的工作。

测量原油密度值的样品应该是按前面的要求取得的，如果不是这种样品，应根据样品的情况，进行脱水等方面的处理，使其符合要求，才能作为测量密度值的样品。

2)测量密度值的操作

(1)毛细管塞比重瓶法。

①根据样品选择类型和大小都较合适的比重瓶。一般认为容积为25mL和50mL的最合适。

②将样品注满比重瓶，放入恒温水浴中，浸没至比重瓶颈中部。比重瓶在恒温水浴中恒温20min以上，使其达到测定的温度(t_t)，并使气泡升到液面。

③将比重瓶从恒温水浴中取出，用清洁干燥的无毛布擦去比重瓶外壁的水和样品，进行称量，得到装样比重瓶的质量(m_t)。同时，要测定和记录下温度(t_t)。

(2)带刻度双毛细管比重瓶法。

这种比重瓶只能用于测量粘度低的原油密度值。测量操作的步骤如下：

①将校准过、清洁干燥的比重瓶进行称量，核对校准值。秤量应准确到0.0001g。

②用虹吸法将低于测定温度的样品装入比重瓶，直至液面达到毛细管刻度部分(以达到刻度的中、下部为宜)。

③将比重瓶放入恒温水浴中，恒温20min，读取两臂中的液面刻度。

④将比重瓶从恒温水浴中取出，擦干并冷却到室温后称量，准确到0.0001g。

3)报告测量结果

利用通过测量取得的m_o、m_c和m_t以及温度测量值，前面给出的公式和有关的参数，计算出原油在测量温度下的密度值。对小于1.00000g/cm^{3}或1000.00kg/m^{3}的数值，一律计算到5位有效数字；等于或大于1.00000g/cm^{3}或1000.00kg/m^{3}的数值，一律计算到6位有效数字。

每个密度值至少要测量两次，以两次测量的结果取算术平均值作为温度 t_t 下的原油密度值。该密度值应准确到0.0001 g/cm^3。然后，用该密度值和测密度时原油的温度，从 GB/T 1885 的《石油计量表(视密度→标准密度)》中查得标准密度值，作为报告的测量结果。为便于使用者核对数据，还应给出温度 t_t 和 t_t 时的密度值。

第三节 原油含水率的测量

用取得的原油样品在实验室测定原油的含水率，从我国目前公布的标准来看有 3 种方法：蒸馏法，相应的标准是 GB 8929《原油含水量测定法(蒸馏法)》；离心法，相应的标准是 GB/T 6533《原油中水和沉淀物测定法(离心法)》；卡尔·弗休法，相应的标准是 GB/T 11146《原油水含量测定法(卡尔·弗休法)》。再有，石油行业还以行业标准公布了电脱法测原油含水率，相应的行业标准是 SY/T 5402《石油含水量测定 电脱法》。

一、离心法测原油中的含水率

1.测量原理

离心法测量原油中的水和沉淀物的含量，主要是利用离心力将质量大的水和沉淀物甩到离心试管的底部，由试管底部的刻度测量出水和沉淀物的量。

由于商品原油中的含水量很低(一般在 0.5%以下)，为提高分离的效果，必须向样品中加溶剂，使原油样品变稀，降低它的粘度，有利于水和杂质沉降到试管的底部。

有的资料还指出，用离心法测量原油中的水分和沉淀物含量，可能不仅是需要一种溶剂，还可能需要破乳剂。

2.测量用的仪器设备和材料

1)仪器设备

仪器设备有离心机、离心试管和恒温水浴。

2)材料

材料包括溶剂、破乳剂和样品。采用什么溶剂可根据原油的性质选用。破乳剂能使乳化液破乳，可加速水从油中分离出来，能避免水粘附在离心试管的管壁上。用于测量原油中含水和杂质的样品，一定是按前面叙述的取样方法取得的、具有代表性的样品。

3. 测量含水率的操作

1）准备工作

（1）检查离心机和离心试管。

离心机应检查供电的电源，离心机的各个部分及部件，确认都处在完好正常的工作状态后，可启动离心机空转。空转时应无杂声和不正常的情况。确信合格后停机等待使用。

（2）恒温浴的检查。

恒温浴应检查是否能将温度控制在所需要的温度范围内，必须确认能达到要求。如果不能达到要求，应采取措施改正，直至满足要求。

（3）试剂和样品的检查。

按测量的需要检查试剂的类型和数量是否符合规定的要求。样品是否按要求抽取和储存。

2）测量含水率的操作

（1）向离心试管内装溶剂和样品。

取两支经检查合格的试管。首先向试管内注入选用的溶剂到50mL 刻度处。然后，立即将样品容器内已摇匀的样品直接灌注到试管内，使每支试管内的总容积达到 100mL 的刻度处。

（2）将试管放入恒温浴中。

将装有样品和溶剂并混合均匀的试管，轻轻地打开塞子，放到规定温度的恒温浴中，浸没到 100mL 的刻度线处，在恒温浴中至少停留 15min。然后，再塞紧塞子，将试管来回颠倒至少 10 次，确保样品和溶剂混合均匀。

（3）将试管安放到离心机上，使离心机运转。

启动离心机，在最小相对离心力为 600 的条件下，旋转10min。

(4)读取试管内水和杂质的含量。

离心机停止转动后,应立即核实试管内样品的温度,但不得用温度计扰动试管底部的油水界面。如果离心机分离后的温度比恒温浴规定的温度低 10℃ 以上时(一般应在 5℃ 左右),测量是无效的,必须用新的样品重新测量。

如果温度符合规定的要求,应立即读出并记录每支试管底部水和杂质的体积。具体的读数方法按图 5-10 的规定进行。在不搅动离心试管中样品混合物的情况下,再将离心试管放回到离心机的离心杯内,在相同的转速下再旋转 10min。重复运转直至水和杂质的体积,连续两次的读数保持不变。完成测量含水率的操作。

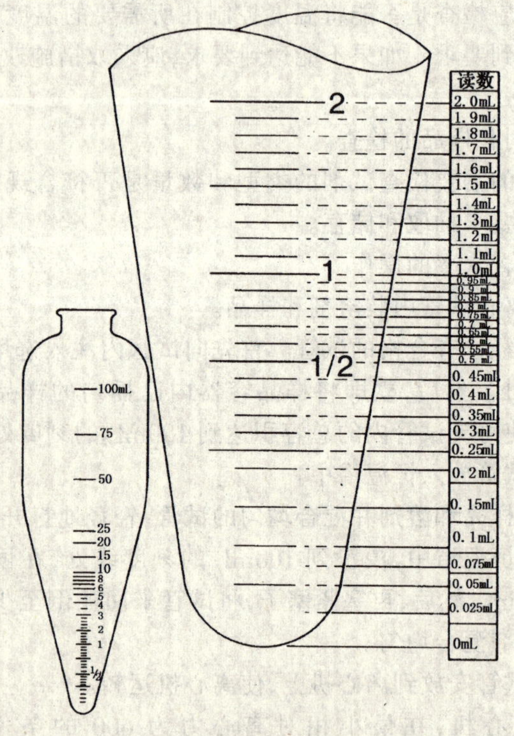

图 5-10 离心试管的读数方法

3)报告测量结果

记录每支试管内水分和杂质最后测得的体积。如果两个读数是可采用的,将两个读数的和作为测量水与杂质的体积百分数,或者按表5-10报告测量结果。

表5-10 测量结果的表示

试管1	试管2	水和杂质的总和
无可见的水和杂质	无可见的水和杂质	无
无可见的水和杂质	0.025	0.025
0.025	0.025	0.05
0.025	0.05	0.075
0.05	0.05	0.10
0.05	0.075	0.125
0.075	0.075	0.15
0.075	0.10	0.175
0.1	0.10	0.20
0.1	0.15	0.25

报告的测量结果是连续测量两个测定结果的算术平均值,该平均值就是离心法测得的水与杂质的含量。

二、蒸馏法测量原油中的含水率

1.测量原理

蒸馏法测量原油中的含水量,主要是利用水的汽化点较低,加热到100℃以上水就会变成蒸汽从油中分离出来,再将蒸汽冷凝成水并用带刻度的玻璃管收集起来,从刻度上测量出水量。然后,根据蒸馏用的原油样品量和收集的水量,可以计算求得原油中的含水率。

2.仪器设备和材料

1)蒸馏器

蒸馏器是蒸馏法测量原油含水率使用的主要仪器,它由蒸馏烧杯、冷凝器和有刻度的接收器、干燥器等组成,它的结构和尺寸如图5-11所示。

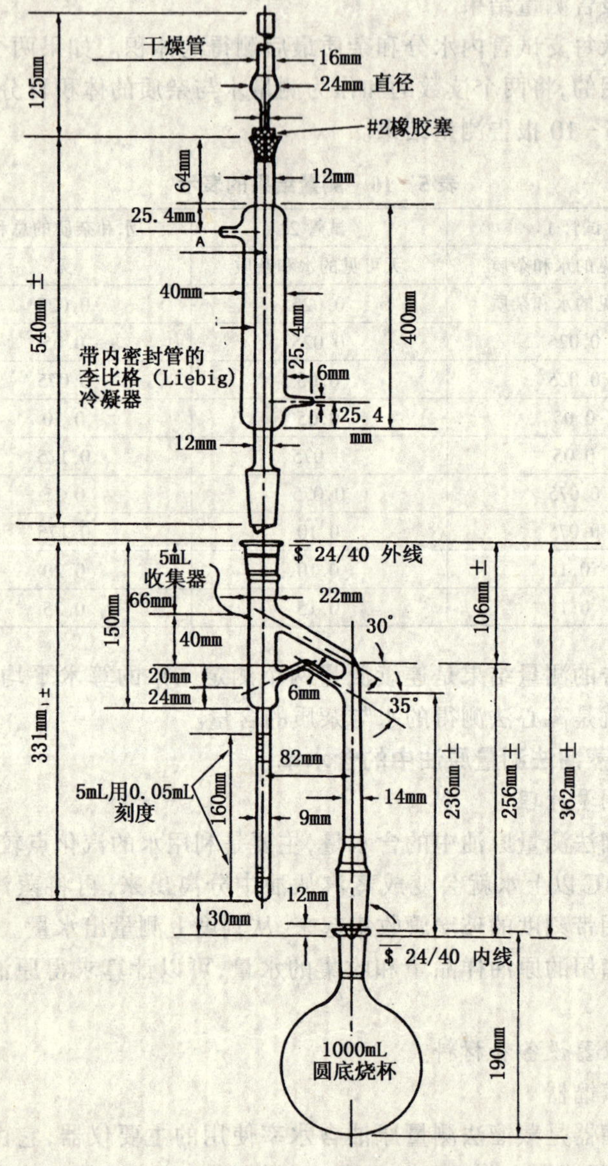

干燥管
16mm
24mm 直径
#2橡胶塞
125mm
64mm
12mm
25.4mm
A
40mm
25.4mm
400mm
540mm ±
带内密封管的
李比格 (Liebig)
冷凝器
6mm
25.4
mm
12mm
$ 24/40 外线
5mL
收集器
66mm
22mm
150mm
40mm
30°
106mm ±
20mm
24mm
6mm
35°
331mm,±
82mm
5mL用0.05mL
刻度
160mm
14mm
9mm
236mm ±
256mm ±
362mm ±
12mm
30mm
$ 24/40 内线
1000mL
圆底烧杯
190mm

图 5－11　蒸馏仪器

2)加热器

加热器是用来给蒸馏烧杯加热,任何能均匀分布热量到烧杯下半部分的气体加热器、电加热器都可使用。为了安全,最好是使用电加热套。

3)溶剂和样品

(1)溶剂。

①二甲苯。

二甲苯是用来与原油混合,稀释原油,降低原油粘度,减少表面张力。

②干燥剂。

干燥器内用的干燥剂主要是吸收空气中的水,常用的干燥剂有无水氯化钙。无水氯化钙还可用于干燥二甲苯。

(2)样品。

蒸馏需要的样品量与原油中的含水量有关,它们之间的关系在表5-11中给出。

表5-11　原油中含水量与样品量的关系

原油中预期的含水量(体积或质量),%	大约需要的样品量,g或mL
50.1~100.0	5
25.1~50.0	10
10.1~25.0	20
5.1~10.0	50
1.1~5.0	100
≤1.0	200

3.测量含水率的操作

1)准备工作

(1)蒸馏器的准备工作。

测量含水量用的蒸馏器在使用前,不仅需要进行清洗、干燥和检查,确保处于正常工作状态下,还需要进行校准。

①收集器的校准。

收集器的校准主要是校核刻度标线的准确度。收集器的刻度应由制造厂检定合格。但是,在使用前必须进行校核。

②整个蒸馏器的校准。

首先将干二甲苯(含水量最多为 0.02%)400mL 注入蒸馏瓶内,按测量原油含水率的步骤进行空白试验;空白试验结束后,用滴定管或微量移液管将 1.00mL±0.01mL 室温的蒸馏水加到蒸馏瓶内,按测量原油含水率的步骤进行试验;该试验完成后,再将 4.50mL±0.01mL 的蒸馏水加到蒸馏瓶内进行重复试验。如果收集器的读数在表 5-12 规定的允许误差范围内,整个蒸馏器的校准满足要求,可进行原油含水率的测量。

表 5-12 收集器允许误差范围

20℃时收集器限定的容积,mL	20℃时加入水的体积,mL	20℃时允许回收水的体积,mL
5.00	1.00	1.00±0.025
5.00	4.50	4.50±0.025

收集器的读数如果超出表 5-12 范围,被认为是蒸汽渗漏、沸腾太快、收集器刻度不准确,或者空气中的水分浸入等故障造成的。重复前面的校验之前,应消除这些故障。

(2)样品的准备。

①量取测量原油中含水率的样品时,对已凝固或流动性差的样品,应加热到有足够流动性能的最低温度。为确保样品所含水分均匀地分布在样品中,应进行搅拌,至少要进行 3 次测量,求平均值作为原油的含水率。

②测量水的体积百分数含量时,按照表 5-11 中规定的样品量,用校准的 5,10,20,50,100 或 200mL 的量筒量取样品量。

③测量水含量的质量百分数时,按照表 5-11 中规定的样品量,并且将样品直接倒入蒸馏烧杯内进行称量。样品量为 5~50g,称准到 0.2g;样品量为 100~200g,称准到 1g。

2)测量原油含水率的操作

(1)对仪器进行化学清洗。

水滴粘附在仪器的内表面而不沉降到测量水量的收集器内，可能影响本方法测量的准确度。为减少这种影响，全部仪器至少每天进行一次化学清洗，消除阻碍水滴在仪器内自由滴落的表面膜和残渣。

(2)加二甲苯到烧杯内。

测量原油中水含量的体积百分数时，按前面样品的准备②进行。加足够的二甲苯到烧杯内，使二甲苯的总体积量达到400mL。

测量原油中水含量的质量百分数时，按前面样品的准备③进行。加足够的二甲苯到烧杯内，使二甲苯的总体积量达到400mL。

(3)装配仪器。

按图5-11装配仪器。装配时应确保所有连接对蒸汽和液体都是密封的。

(4)给蒸馏烧杯加热进行蒸馏。

被测量原油的类型能明显地改变原油—溶剂混合物的蒸馏特性，在蒸馏的开始阶段，应缓慢地加热(大约0.5～1.0h)，防止突沸和损失蒸馏系统中的水分[不能让冷凝液上升到高于冷凝器内管的3/4处(图5-11中的A)。为便于冷凝器向下冲洗，冷凝液应尽可能地保持在靠近冷凝器的出口处]。开始加热以后，调节蒸馏的速率，使冷凝液不超过冷凝器内管长度的3/4。馏出物在大约每秒2～5滴的速度下滴进收集器。继续进行蒸馏，直至除收集器外的仪器内任何部分都没有可见的水，收集器内水的体积至少5min保持不变。如果冷凝器内管中出现水滴稳固的聚积，用二甲苯冲洗(建议用图5-12所示的喷射的喷雾管，或等效的器具)。冲洗以后至少再蒸馏5min(在冲净以前必须断绝热源至少15min，以防止突沸)。冲净以后，应缓慢加热，以防止突沸。重复这种操作，直至冷凝器中没有可见的水，收集器中水的体积至少保持5min不变。如果这种操作方法不能除掉水，使用图5-12中所示的聚四氟乙烯刮板、尖头工具或等效的工具，将水引入到收集器内。

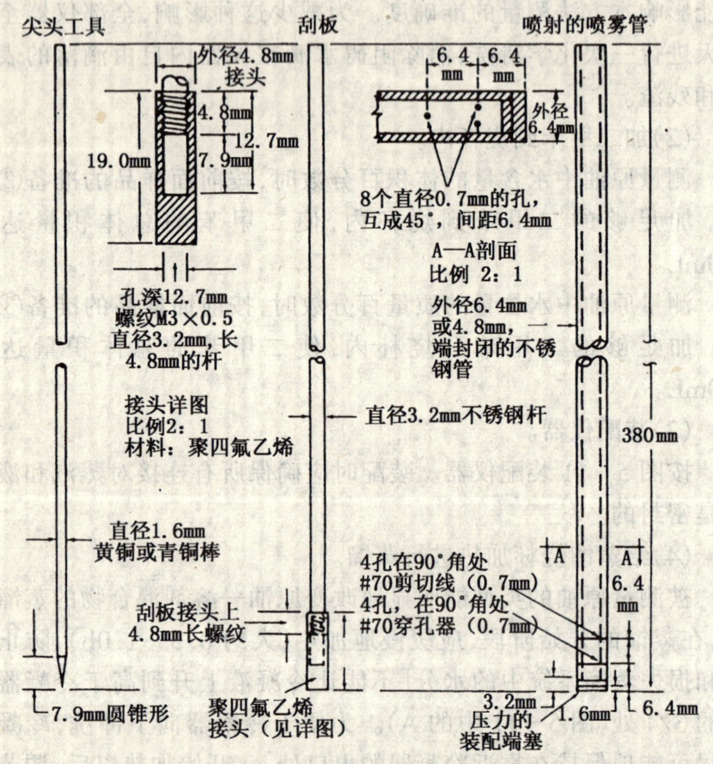

图 5－12　蒸馏仪用的尖头工具、刮板和喷射的喷雾管

(5)从收集器读出水的体积。

水转移到收集器的工作完成后，让收集器和收集器内的物质冷却到20℃(或室温)，读出收集器内水的体积。收集器的分度刻线为0.05mL，读数估计的体积应接近0.025mL。

3)报告测量结果

(1)计算含水率。

原油的含水率有两种表示方法：体积百分数和质量百分数。通常认为，水在20℃(室温)下的密度是$1g/cm^3$，因此可用水的体

积 mL 作为水的质量 g。所以,计算含水率的公式如下:

体积百分数

$$x_1 = \frac{V_1 - V_2}{V_1} \times 100 \qquad (5-6)$$

质量百分数

$$x_2 = \frac{V_1 - V_2}{m} \times 100 \qquad (5-7)$$

式中 V_1——收集器中水的体积量,mL;

V_2——无样品溶剂试验的含水量,mL;

V——样品的体积量,mL;

m——样品的质量,$m = \rho V$,这里 ρ 是样品的密度(g/cm^3),g。

(2)报告结果。

取两次连续测量结果的算术平均值作为原油的含水率。测量结果应报告至 0.01%。

三、测量原油含水量的其他方法

其他方法是指前面提到的卡尔·费休法和电脱法,测量商品原油的含水量目前很少用这两种方法。因此,只做简要的介绍。

1. 卡尔·费休法

该方法是依据卡尔·费休试剂在有机溶剂中与石油样品中的水反应,将消耗试剂中一定量的碘,即一定体积的试剂。因此,根据消耗卡尔·费休试剂的体积量,可计算出样品中的含水量。

2. 电脱法

该方法是将一个外电场作用在油水乳化液里,使油中的乳化水被极化而相互吸引聚合成游离水,沉降到盛样的、有刻度的量筒底部,然后从刻度上读取水量。

这种方法与离心法基本类似。但是,这种方法必须判断油中所含的水是油包水型还是水包油型,以便确定要加什么样的溶剂。判断水在油中的类型较困难,使该方法未能得到广泛地使用。

第六章　静态计量仪表的配置和油量计算

第一节　静态计量仪表的配置

根据前面对静态计量的介绍已经知道，对贸易交接的原油采用静态计量的方法进行计量时，必须配置下述的计量器具和设备。

一、确定原油体积量的设备和测量仪表

1. 确定原油体积量的容器

用作计量的立式金属油罐，从建设开始，就应按计量的要求进行全面的质量监督，保证建设质量满足计量要求。

2. 测量仪表

静态计量用的测量仪表有测量罐内原油液面高度的量油尺、量水尺，测量原油温度的温度计组件等。

量油和测量温度用的仪表，需要定期送去检定，也可能有损坏。为保证始终有合格的测量仪表供计量人员使用，配备测量仪表时，应根据测量现场的实际情况，适当地增加有关测量仪表配备的数量。

二、取样的设备

配置取样设备时，首先应根据取样内容和要求，以及操作的方法配备取样设备，还应根据样品储存和运送的情况，配备相应的样品储存和运送设备。

三、测量原油密度和含水率的仪器设备

测量原油密度和含水率用的仪器和设备，与测量采用的方法和遵循的标准有密切的关系。因此，在确定配置的仪器和设备时，首先应确定使用的测量方法和遵循的标准，再根据标准的规定，配备相应的仪器设备。

四、其他有关的设备和要求

采用静态计量的计量场所，除配置上述仪器仪表和设备外，还必须有相应的建筑物供放置仪器仪表、设备、样品和所需要的材料；计量操作人员进行分析化验测量，计算和分析测量结果的工作。相应的建筑物应与计量场所所属的生产场地(例如原油库、原油外输外运站等)统一考虑设置，以便做到既符合静态计量的要求，又满足生产管理的需要。

第二节　静态计量的油量计算

静态计量的油量是利用前面介绍的测量参数，用计算的方法求得。为确保油量计算的准确可靠，有相应的标准对计算的方法、计算的要求进行规定。我国油量计算遵循的国家标准是 GB 9110《原油立式金属罐计量——油量计算方法》。

一、油量计算的基本公式

因为我国商品原油贸易交接结算是纯油的质量，即以吨为单位的纯油量。所以，国标 GB 9110 是从确定纯油量的公式开始，逐步说明公式中各参数的确定。下面将按该标准给出计算公式，当计算公式与 API 标准给出的公式不同时，将给出 API 的计算公式，以便于大家了解两者的差别。

1.纯油的质量计算公式

纯油的质量是指纯油在空气中的质量，计算使用的公式如下：

$$m_N = m(1 - w_m) \tag{6-1}$$

$$m = \rho_{20} V_{20} f \tag{6-2}$$

式中　m_N——纯油的质量，t；

m——含水商品原油的质量，t；

w_m——商品原油的质量含水率，含水率通常是用%表示，计算时应变成小数；

ρ_{20}——含水商品原油的标准密度值，t/m^3；

V_{20}——含水商品原油的标准体积，m^3；

f——密度的空气浮力修正系数，由表1-1查得。

为简化计算的步骤，公式(6-2)可以写成下面的形式：

$$m = (\rho_{20} - 0.0011)V_{20} \tag{6-3}$$

该式中的常数0.0011是空气浮力对密度的影响值。如果计算油量时对公式(6-3)有怀疑，可使用公式(6-2)。

2.纯油体积量的计算公式

$$V_N = V_{20}(1 - w_V) \tag{6-4}$$

式中 V_N——商品原油标准条件下的纯油体积量，m^3；

V_{20}——含水商品原油标准条件下的体积量，m^3；

w_V——商品原油的体积含水率，%。

V_{20}是利用测得的、储罐内原油的深度，按下面的步骤来确定。

1)确定 V_{tp}

$$V_{tp} = (V_b + \Delta V_y)[1 + \beta(t_k - 20)] \tag{6-5}$$

式中 V_{tp}——含水商品原油在 t_p 温度下的体积(温度 t_p 是测量罐内原油深度时，罐内原油所处的温度值)，m^3；

V_b——利用测得的罐内原油深度，从罐表中查得的体积，m^3；

ΔV_y——罐内原油在所处液位高度下的静压力，导致罐容积的增大值(容积大于或等于 10^3m^3 的储罐要考虑容积增大值；容积小于 10^3m^3 的储罐不考虑容积增大值。该值用公式(6-6)计算)，m^3；

β——罐壳体材料的体膨胀系数(罐壳体一般都是碳钢材料，碳钢的体膨胀系数 $\beta = 36 \times 10^{-5} 1/℃$)，1/℃；

t_k——罐壳体所承受的温度(储罐如果有保温层，取罐内原油所具有的平均温度作为 t_k，该温度就是测得的原油平均温度；如果没有保温层，取测得的原油平均温度与当地当时大气温度的平均值作为 t_k)，℃。

$$\Delta V_y = \Delta V_{ys} \cdot d_4^t \quad (6-6)$$

式中 ΔV_{ys}——静压力引起的容积增大值（根据罐内原油的深度，从罐检定时给出的静压力容积表中查得），m^3；

d_4^t——测量温度 t_p 下，含水商品原油的相对密度，无量纲。

$$d_4^t = \rho_{tp} / 0.99978 \quad (6-7)$$

式中 ρ_{tp}——测量温度 t_p 下，含水商品原油的密度值，g/cm^3；

0.99978——纯水在4℃和标准大气压下的密度值，为简化计算，可将 0.99978≈1.00，g/cm^3。

上述内容与API标准有差别，主要是以下几方面：

(1)罐壳体温度变化对容积影响的修正系数。

国标GB 9110用的修正系数是$[1+\beta(t_k-20)]$，相当于国标GB/T 13235.1给出的修正系数$F'=[1+2\alpha_t(t_1-20)]$，α_t是罐壁材料的线膨胀系数。API标准给出的修正系数C_{TSH}的计算公式如下：

$$C_{TSH} = 1 + 2\alpha\Delta T + \alpha^2\Delta T^2 \quad (6-8)$$

式中 α——罐壳体金属材料的线膨胀系数。中碳钢 $\alpha = 0.0000112$；304不锈钢 $\alpha = 0.0000173$；316不锈钢 $\alpha = 0.0000159$；17-4PH不锈钢 $\alpha = 0.0000108$，1/℃；

ΔT——罐壳体温度与标准温度之差，℃。

(2)罐壳体温度的计算。

保温罐罐壳体的温度，国家标准和API标准的规定是相同的，取罐内储存液体的温度。不保温罐罐壳体的温度，国家标准规定取罐内液体温度和罐周围空气温度的平均值，API标准规定用下式计算：

$$T_{sh} = \frac{(7 \times T_L) + T_A}{8} \quad (6-9)$$

式中 T_L——储罐内液体的温度；

T_A——储罐周围空气的温度。

(3)罐壳体温度变化对容积影响的计算。

国家标准给出的公式(6-5),将静压力影响量参与罐壳体温度变化对容积影响的计算。API 标准对该影响量不参与计算。应该说,API 标准的做法是正确的。

2)确定 V_{20}

(1)利用原油体积系数计算。

利用原油体积系数计算 V_{20}的公式如下:

$$V_{20} = KV_{tp} \tag{6-10}$$

式中 K——原油的体积修正系数。该系数可从 GB 1885—1998《石油计量表(标准密度→体积修正系数)》中查得。

(2)利用石油体积温度系数计算。

利用石油体积温度系数计算 V_{20}的公式如下:

$$V_{20} = V_{tp}[1 - f(T_k - 20)] \tag{6-11}$$

式中 f——石油体积温度系数,可从表 6-1 中查得。

表 6-1 石油体积温度系数表

20℃密度 g/cm³	体积温度系数 f	20℃密度 g/cm³	体积温度系数 f	20℃密度 g/cm³	体积温度系数 f
0.6000~0.6006	0.00179	0.6824~0.6845	0.00134	0.8079~0.8114	0.00089
0.6007~0.6022	0.00178	0.6846~0.6867	0.00133	0.8115~0.8151	0.00088
0.6023~0.6038	0.00177	0.6868~0.6890	0.00132	0.8152~0.8188	0.00087
0.6039~0.6054	0.00176	0.6891~0.6913	0.00131	0.8189~0.8226	0.00086
0.6055~0.6070	0.00175	0.6914~0.6936	0.00130	0.8227~0.8265	0.00085
0.6071~0.6086	0.00174	0.6937~0.6959	0.00129	0.8266~0.8304	0.00084
0.6087~0.6103	0.00173	0.6960~0.6982	0.00128	0.8305~0.8343	0.00083

续表

20℃密度 g/cm³	体积温度系数 f	20℃密度 g/cm³	体积温度系数 f	20℃密度 g/cm³	体积温度系数 f
0.6104～0.6119	0.00172	0.6983～0.7006	0.00127	0.8344～0.8384	0.00082
0.6120～0.6136	0.00171	0.7007～0.7029	0.00126	0.8385～0.8425	0.00081
0.6137～0.6152	0.00170	0.7030～0.7053	0.00125	0.8426～0.8466	0.00080
0.6153～0.6169	0.00169	0.7054～0.7077	0.00124	0.8467～0.8509	0.00079
0.6170～0.6186	0.00168	0.7078～0.7102	0.00123	0.8510～0.8552	0.00078
0.6187～0.6203	0.00167	0.7103～0.7127	0.00122	0.8553～0.8596	0.00077
0.6204～0.6220	0.00166	0.7128～0.7152	0.00121	0.8597～0.8640	0.00076
0.6221～0.6238	0.00165	0.7153～0.7177	0.00120	0.8641～0.8686	0.00075
0.6239～0.6255	0.00164	0.7178～0.7202	0.00119	0.8687～0.8732	0.00074
0.6256～0.6273	0.00163	0.7203～0.7228	0.00118	0.8733～0.8779	0.00073
0.6274～0.6290	0.00162	0.7229～0.7254	0.00117	0.8780～0.8827	0.00072
0.6291～0.6308	0.00161	0.7255～0.7280	0.00116	0.8828～0.8876	0.00071
0.6309～0.6326	0.00160	0.7281～0.7307	0.00115	0.8877～0.8926	0.00070
0.6327～0.6344	0.00159	0.7308～0.7333	0.00114	0.8927～0.8978	0.00069
0.6345～0.6362	0.00158	0.7334～0.7360	0.00113	0.8979～0.9030	0.00068
0.6363～0.6381	0.00157	0.7361～0.7388	0.00112	0.9031～0.9083	0.00067
0.6382～0.6399	0.00156	0.7389～0.7415	0.00111	0.9084～0.9138	0.00066
0.6400～0.6418	0.00155	0.7416～0.7443	0.00110	0.9139～0.9193	0.00065
0.6419～0.6437	0.00154	0.7444～0.7472	0.00109	0.9194～0.9251	0.00064

续表

20℃密度 g/cm³	体积温度系数 f	20℃密度 g/cm³	体积温度系数 f	20℃密度 g/cm³	体积温度系数 f
0.6438～0.6456	0.00153	0.7473～0.7500	0.00108	0.9252～0.9309	0.00063
0.6457～0.6475	0.00152	0.7501～0.7529	0.00107	0.9310～0.9369	0.00062
0.6476～0.6494	0.00151	0.7530～0.7558	0.00106	0.9370～0.9431	0.00061
0.6495～0.6513	0.00150	0.7559～0.7588	0.00105	0.9432～0.9494	0.00060
0.6514～0.6533	0.00149	0.7589～0.7618	0.00104	0.9495～0.9559	0.00059
0.6534～0.6552	0.00148	0.7619～0.7648	0.00103	0.9560～0.9626	0.00058
0.6553～0.6572	0.00147	0.7649～0.7679	0.00102	0.9627～0.9695	0.00057
0.6573～0.6692	0.00146	0.7680～0.7710	0.00101	0.9696～0.9766	0.00056
0.6593～0.6612	0.00145	0.7711～0.7741	0.00100	0.9767～0.9840	0.00055
0.6613～0.6633	0.00144	0.7742～0.7773	0.00099	0.9841～0.9916	0.00054
0.6634～0.6653	0.00143	0.7774～0.7805	0.00098	0.9917～0.9994	0.00053
0.6654～0.6674	0.00142	0.7806～0.7837	0.00097	0.9995～1.0076	0.00052
0.6675～0.6694	0.00141	0.7838～0.7870	0.00096	1.0077～1.0100	0.00051
0.6695～0.6715	0.00140	0.7871～0.7904	0.00095		
0.6716～0.6737	0.00139	0.7905～0.7938	0.00094		
0.6738～0.6758	0.00138	0.7939～0.7972	0.00093		
0.6759～0.6779	0.00137	0.7973～0.8007	0.00092		
0.6780～0.6801	0.00136	0.8008～0.8042	0.00091		
0.6802～0.6823	0.00135	0.8042～0.8078	0.00090		

根据阿基米德原理，浮顶浮在原油的表面，一定会置换开等于浮顶质量的原油体积。浮顶罐罐内的原油液位，是通过罐顶设置的计量管进行测量。从图 6－1 可以看出，由于这种置换使计量管内的液位会高于罐内的液位。所以，对浮顶罐进行油量计算时，应该进行修正。API 标准根据编制罐计量容积表的情况，提出两种修正方法：

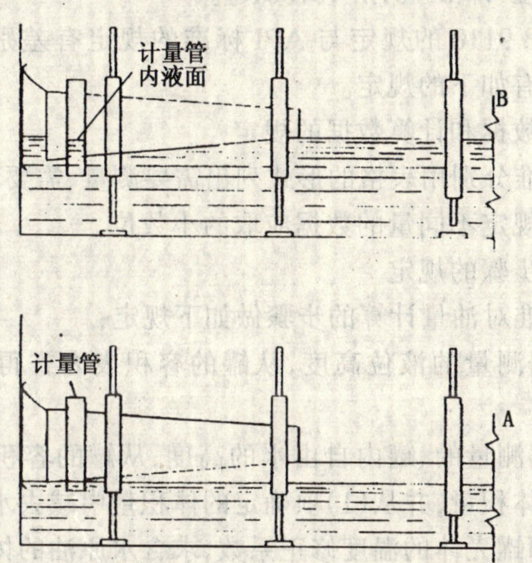

图 6－1　浮顶停留在支腿上(A)和浮起(B)示意图

①编制计量容积表时，如果以某种参比密度的液体为基准，将这种影响考虑到容积表内。计量时，罐内储存液体的密度值如不同于参比密度，按二者的密度差进行修正。一般来说，低于参比密度应增加一个修正量，高于参比密度应减去一个修正量。

②编制计量容积表时，没有考虑这种修正，则用下面的公式计算修正的容积量：

$$浮顶的修正量 = \frac{浮顶的质量(视质量)}{储存液体的密度 \times 体积温度修正系数}$$

二、油量计算的标准条件和基本要求

油量计算的标准条件是温度为 20℃，压力为标准大气压(即 101.325kPa)的条件。

国标 GB 9110 规定油量计算的基本要求是:用于油量计量的罐和有关的计量器具(量油尺、温度计、石油密度计和测量仪表等),必须在检定证书规定的有效使用期内;油量计算采用标准条件下含水原油的密度(ρ_{20});标准条件下的体积(V_{20});标准条件下扣除油中所含水的纯油量;油量和水量的结算值应准确地截尾到小数点后三位(即 0.001m^3,0.001t)。

国标 GB 9110 的规定与 API 标准的规定有差别。API 标准对油量计算有如下的规定。

1)测量数据和计算数据的规定

API 标准分别用表格的形式列出需要测量、需要计算的数据。同时还列表规定不同量的数据应取的小数位。

2)计算步骤的规定

API 标准对油量计算的步骤做如下规定:

(1)根据测量的液位高度,从罐的容积表内查得相应的体积量。

(2)根据测量的、罐内自由水的高度,从罐的容积表内查得相应的自由水体积量,并从(1)项确定的体积量中减去水的体积量。

(3)应用罐壳体的温度修正系数,求含水原油的体积量。

(4)浮顶罐则进行浮顶的修正。

(5)用原油的体积修正系数乘修正后的原油体积,得到标准条件下的含水原油体积。

(6)计算纯的原油体积量。

(7)如果需要原油的质量,将(6)项计算的纯原油的体积变换成质量。

三、测量油量计算所用参数的规则

国标 GB 9110 对油量计算所用参数的测取,做出了如下的规定:

(1)原油液位高度的测量。

原油的液位高度宜采用测空法测量。用量油尺测量罐内原油的液位高度时,测量值应准确读到 mm。

(2)罐内原油温度的测量。

测量罐内原油的温度，应符合 GB 8927 的规定，测量值应估读到 0.25℃。

(3)取原油样的要求。

取原油样应符合 GB 4758 的规定。

(4)测量原油密度值的要求。

测量原油的密度值应按 GB 1884 和 GB/T 13377 的规定进行。测得值应估读到 0.0001g/cm^3。

(5)测量原油含水率的要求。

测量原油的含水率应符合 GB 8929 和 GB/T 6533 的规定。测得值应准确读到水分收集器或试管刻度的一个刻度。以质量含水率或体积含水计算。

从上述的规则可以看出，测量油量计算用的参数，都必须有可遵循的国家标准，以保证参数的准确可靠，使计算的油量其总不确定度在 ±0.25% 的范围内。

四、计算举例

将一座有保温层的，容积为 10^4m^3 的，碳钢材料建造的计量罐内原油装船外运。按国标 GB 9110 进行油量计算所需要的计算参数。

1.测量的参数

按上面给出的计算条件，将要对罐内的原油液面和温度进行两次测量，同时要进行两次取样。两次操作测得的参数如下：

(1)罐往外输油前的参数。

罐内原油的液位高度为 9.983m；测得的原油温度为 41.5℃；原油样品在 38℃下测得的密度值 ρ' = 0.8440t/m^3，测得原油的质量含水率为 0.25%。

(2)罐停止输油后的参数。

罐内原油的液位高度为 2.261m；测得的原油温度为 39℃；原油样品在 36℃下测得的密度值 ρ' = 0.8460t/m^3，测得原油的质量含水率为 0.30%。

求装船的纯原油量。

从上面给出的条件来看，装船的纯原油量是外输前和停输后两者之差。所以，利用测得的参数，计算出罐内两个纯油量，然后将两个纯油量相减即得到装船的原油量。

2.计算

1)罐往外输油前的纯油量

利用前面给出的公式和测得的参数进行纯油量的计算。

(1)确定 V_{20}。

①根据测得的液位高度 9.983m，从罐容积表查得 $V_b = 9456.026\text{m}^3$；从静压力容积增大值表查得 $\Delta V_{ys} = 4.731\text{m}^3$。

②用公式(6－12)计算 V_{tp}，即

$$V_{tp} = (V_b + \Delta V_y)[1 + \beta(t_k - 20)] \qquad (6-12)$$

该式中：$V_b = 9456.026\text{m}^3$；$\Delta V_y = \Delta V_{ys} \cdot d_4^t = 4.731 \times \frac{0.8440}{1} = 3.993\text{m}^3$；$\beta = 3.6 \times 10^{-5} 1/℃$；$t_k = 41.5℃$。将这些值代入公式(6－12)中得到：

$$V_{tp} = (9456.026 + 3.993)[1 + 3.6 \times 10^{-5}(41.5 - 20)]$$
$$= (9460.019)[1 + 0.000774] = 9467.341\ \text{m}^3$$

③用公式(6－13)计算 V_{20}：

$$V_{20} = KV_{tp} \qquad (6-13)$$

式中的 K 是利用 ρ_{20} 和 t_k 从 GB/T 1885 相应的表中查得。ρ_{20} 是利用 ρ' 和测 ρ' 时的温度从 GB/T 1885 相应表中查得。根据测得的参数可查得 $\rho_{20} = 0.8555\text{t/m}^3$。用 ρ_{20} 和 t_k 查表时发现，没有正好与 41.5℃和 0.8555t/m^3 对应的 K。遇到这种情况可采用下面的方法解决：

a.从表上找出 0.8555 相邻的两个密度值，即 0.8550 和 0.8600；与 41.5 相邻的两个温度，即 41 和 42。再分别查出 0.8550对应 41 和 42 的 K，即 $K_{41} = 0.9837$，$K_{42} = 0.9829$；0.8600 对应 41 和 42 的 K，即 $K_{41} = 0.9840$，$K_{42} = 0.9832$。

b.用直线内插法求 K 的尾数。

a)求 41.5 与 0.8550 和 0.8600 对应的 K。

因为表中的温度是用整数℃,测量的温度是准确到 0.25℃。这样,可将整数℃对应 K 值的差除以 10,再乘以 0.1℃的倍数,得温度不为整数时的 K 值尾数。从小于带小数温度的整数温度对应的 K 值中减去尾数,即得到带小数温度对应的 K 值。例如,从 41 对应的 K 值减去尾数得到 41.5 对应的 K 值。本例的计算如下:

$\rho_{20}=0.8550, t=41.5$℃对应的 K

$$\left(\frac{K_{41}-K_{42}}{10}\right)\times 5=\frac{0.9837-0.9826}{10}\times 5=0.0004$$

$$K=0.9837-0.0004=0.9833$$

$\rho_{20}=0.8600, t=41.5$℃对应的 K

$$\left(\frac{K_{41}-K_{42}}{10}\right)\times 5=\frac{0.9840-0.9832}{10}\times 5=0.0004$$

$$K=0.9840-0.0004=0.9836$$

b)求 41.5 和 0.8555 对应的 K。

$$\frac{(0.9836-0.9833)}{(0.8600-0.8550)}\times(0.8555-0.8550)=0.00003$$

$$K=0.9833+0.00003=0.98333$$

$$V_{20}=0.98333\times 9467.341=9309.520\ \text{m}^3$$

(2)确定 m。

$$m=\rho_{20}V_{20}f \tag{6-14}$$

从表 1-1 查得 $f=0.99870$。将求得的 V_{20}, ρ_{20}, f 代入上式得到

$$m=0.8555\times 9309.520\times 0.99870=7953.941\ \text{t}$$

(3)确定 m_N。

$$m_N=m(1-w_m)=7953.941(1-0.0025)=7934.056\ \text{t}$$

(4)确定含水的质量 m_s。

$$m_s=7953.941-7934.056=19.885\ \text{t}$$

2)罐停输后罐内剩余的纯油量

(1)确定 V_{20}。

①根据测得的液位高度 2.261m,从罐容积表查得 $V_b=2085.851\text{m}^3$;从静压力容积增大值表查得 $\Delta V_{ys}=0.185\text{m}^3$。

②用公式(6-12),计算 V_{tp},即

$$V_{tp}=(V_b+\Delta V_y)[1+\beta(t_k-20)]$$

该式中:$V_b=2085.851\text{m}^3$;$\Delta V_y=\Delta V_{ys}d_4^t=0.185\times\frac{0.8460}{1}=0.157\text{m}^3$;$\beta=3.6\times10^{-5}1/℃$;$t_k=39℃$。将这些值代入上式得

$$\begin{aligned}V_{tp}&=(2085.851+0.157)[1+3.6\times10^{-5}(39-20)]\\&=2086.008\times1.000684=2087.435\ \text{m}^3\end{aligned}$$

③用公式(6-11)计算 V_{20}

$$V_{20}=V_{tp}[1-f(t_k-20)]$$

利用测得的 $\rho'=0.8460$ 和测密度值时的样品温度 36℃,从石油计量表查得 $\rho_{20}=0.8572$。根据 ρ_{20}查得 $f=0.00077$。代入上式,得

$$\begin{aligned}V_{20}&=2087.435[1-0.00077(39-20)]\\&=2087.435\times0.98537=2056.896\ \text{m}^3\end{aligned}$$

(2)确定 m。

$$\begin{aligned}m&=V_{20}(\rho_{20}-0.0011)\\&=2056.896(0.8562-0.0011)\\&=1758.852\ \text{t}\end{aligned}$$

(3)确定 m_N。

$$m_N=m(1-w_m)=1758.852(1-0.003)=1753.575\ \text{t}$$

(4)确定含水的质量 m_s

$$m_s=mw_m=1758.852\times0.003=5.277\ \text{t}$$

3.计算装船的纯油量

该项计算最好列表,将前面求得的各项数列入表 6-2 中,用输送前的量减去停输后的量,就得到装船的量。

表 6-2 装船的油量和水量计算表

装运前的量,t		装运后的量,t		装运的量,t	
纯油量	水　量	纯油量	水　量	纯油量	水　量
7937.056	19.885	1753.575	5.277	6183.481	14.608

应该指出,本例只是为了说明计算方法。在原油贸易交接计算油量时,应尽可能使用国标 GB/T 1885《石油计量表》给出的数据,以避免因使用数据不同而引起的争议。

第七章　流量计和有关的辅助设备

流量计是动态测量流量的仪表，流量计有测量体积流量和测量质量流量之分。根据我国计量法规的规定，流量计显示的体积流量或质量流量，必须是法定的计量单位，如体积流量用 m^3/s，m^3/min，m^3/h 或 L/s，L/min 等，质量流量用 kg/s，kg/min，kg/h 或 t/h，t/d 等，非法定计量单位禁止使用。

现场测量体积流量的流量计，如容积式流量计、涡轮流量计，已使用多年，不仅满足原油准确测量的要求，对流量计的计量性能、检定和操作等都十分熟悉。质量流量计虽然许多年前已有产品，但在计量中真正使用是最近十几年的事，目前还主要用于成品油的计量，在原油贸易计量中使用仍不广泛。

第一节　容积式流量计

一、测量原理

容积式流量计是利用测量元件，将流过流量计的液体分隔成，或者隔离成固定容积的单个液体，并将这些单个的液体连续不断地排出流量计。分隔成单个液体所具有的容积量，在流量计设计时就已确定，使用以前又通过检定准确地确定。因此，将单位时间或某一时间间隔内流量计排出的、单个液体的数量记录下来，就可得到流量计测量的体积流量。例如，在某一时间间隔内，记录流量计转子转动的圈数为 n，每转一圈排出的液体体积量为 v，该时间间隔内流量计测量的体积流量 Q 可表示为

$$Q = nv \tag{7-1}$$

该公式是容积式流量计测量流量的原理公式，它说明容积式流量计是如何测得体积流量。

容积式流量计的种类很多,按测量元件的结构形式和测量的方法可分为腰轮流量计,刮板流量计、转子流量计、叶片流量计和椭圆齿轮流量计等。这些流量计测量元件的结构示意图见图7-1。

应该指出,容积式流量计无论分成多少种类型,,都是按原理公式测得通过它流动的液体体积流量。

1.腰轮流量计

腰轮流量计对流过它的液体进行测量,是利用其计量室和腰轮(转子)来实现的。从图7-2可以看出,当腰轮 A 从(a)的位置旋转到(c)的位置(旋转90°),便排出一个计量室的容积,旋转一圈360°就可排出四个计量室的容积。因此,记录下单位时间内腰轮旋转的转数,就可确定出流量计测量的体积流量。该体积流量可用下式表示:

$$Q = mnv_i \tag{7-2}$$

式中 Q——单位时间内流量计测量的体积流量;

m——腰轮旋转一圈排出计量容积的数量;

v_i——准确地确定的计量容积;

n——单位时间(1h)内腰轮旋转的转数。

腰轮(转子)靠流过流量计的液体产生的压差而旋转。

腰轮流量计利用这一对互为主动轮和从动轮的腰轮(转子),相互带动着旋转,将通过流量计的液体分隔成固定容积的单个液体(计量室),同时连续不断地将液体排送出去。

2.刮板流量计

刮板流量计有凸轮式和凹线式两种类型。无论哪一种类型其计量原理是相同的。刮板流量计是靠两片相邻的刮板、转子、壳体内腔和上、下盖板形成一个固定容积的计量室。当液体流过流量计时,推动刮板和转子旋转,旋转的刮板沿着一种特殊的轨迹成放射状的伸出或缩回,实现转子每转一圈排出与刮板数量相同的、固定容积的体积流量。图7-3是凸轮式刮板流量计测量液体流量的工作原理图。

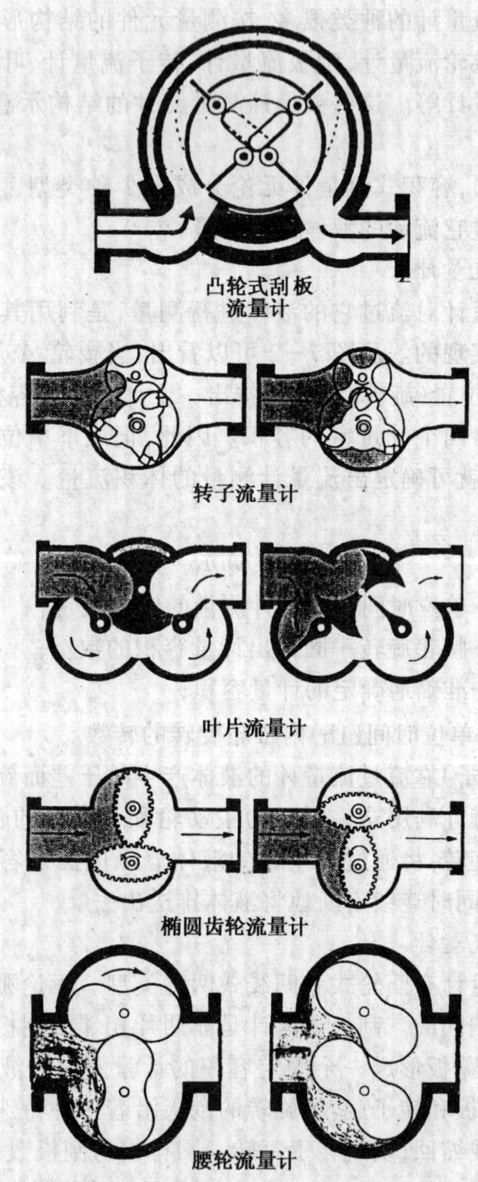

图 7－1　容积式流量计测量元件结构形式

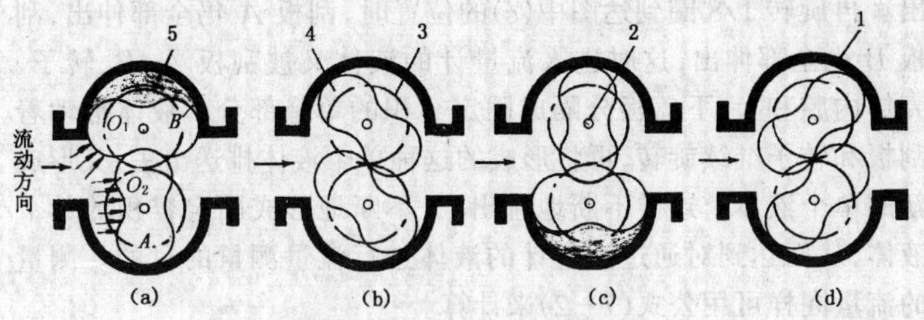

图 7－2　腰轮工作原理图

1—壳体;2—轴;3—驱动齿轮;4—腰轮;5—计量室

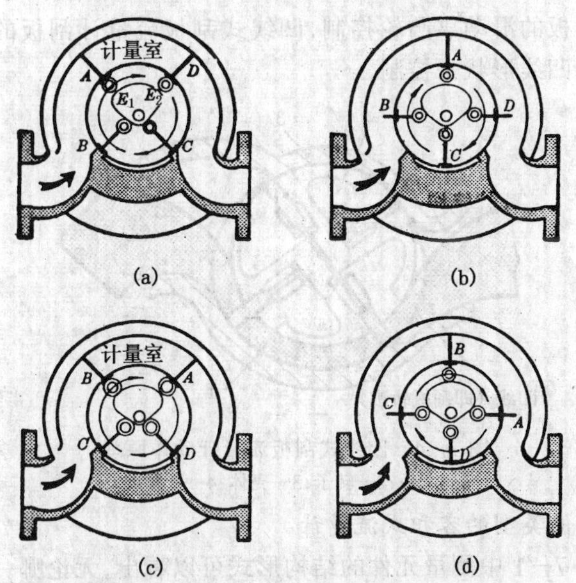

图 7－3　凸轮式刮板流量计工作原理

从该图可以看出,流量计处于图中(a)的位置时,刮板 A 和 D 全部伸出转子,与计量腔的内壁相接触,并保持密封,形成封闭的、固定容积的单个液体。刮板 B 和 C 几乎全部收缩到转子里。流体推动刮板和转子沿顺时针方向旋转,旋转 1/8 圈处于图 7－3 中(b)的位置时,刮板 A 仍全部伸出,刮板 D 开始收缩,将计量室内的液体向外排出,刮板 C 仍处于全部收缩的状态,刮板 B 开始伸出。再旋转 1/8 圈到达图中(c)的位置时，刮板 A 仍全部伸出，刮板 B 也全部伸出，这时进入流量计的液体又被刮板 A，B、转子、壳体内腔和上、下盖板分隔成固定容积的单个部分。液体推动着刮板和转子继续旋转，再将形成的这种单个液体排送出去，又形成新的单个液体。这样不断地排出，又不断地形成固定容积的单个液体，从而达到对通过流量计的液体进行流量测量的目的。测量的流量同样可用公式(7-2)来计算。

凹线式刮板流量计测量流量的工作原理用图 7-4 表示。它与凸轮式刮板流量计的工作原理基本相同。区别在于凸轮式刮板流量计刮板的滑动靠凸轮控制，凹线式刮板流量计刮板的滑动是靠壳体的凹线形状来控制。

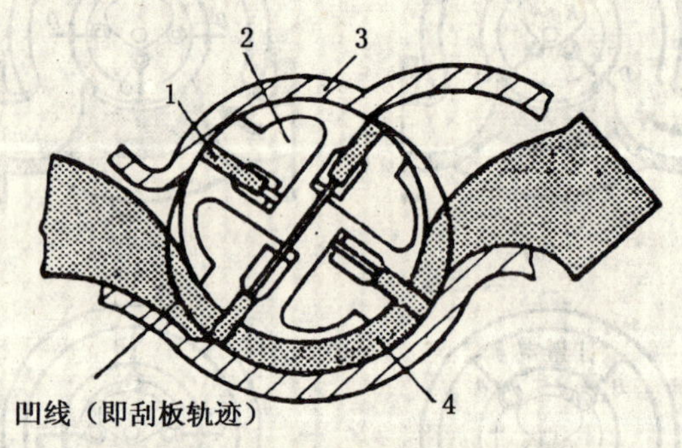

图 7-4　凹线式刮板流量计动作原理

1—刮板；2—转子；3—壳体；4—计量腔

3. 其他类型的容积式流量计

从图 7-1 中测量元件的结构形式可以看出，无论哪一种类型的容积式流量计，都是靠测量元件和壳体等形成计量室，将流过流量计的液体分隔成单个液体，确定出转子每旋转一圈排出多少个计量室的容积，再记录下单位时间内转子旋转的圈数 n，就可用公式(7-2)计算出单位时间内流量计测量的体积流量。这说明，任何一种类型的容积式流量计，计量的工作原理基本上是相同的。

从图 7-1 中还可以看出，各种名称的容积式流量计，基本上都是以测量元件的结构形状命名的，这是习惯而普遍的做法。因此，今后遇到新名称的容积式流量计，就可想象出它的测量元件的形状，然后可根据测量元件的形状推断出它的计量原理。

二、流量计的结构

容积式流量计通常由主体、表头和连接部分等组成。

1.流量计的主体部分

流量计的主体部分是流量计让液体流过，承受液体压力，将液体分隔成固定容积的单个液体，并排送出去的主要部分。

无论哪种类型的容积式流量计，其主体部分就组成来说是大同小异，小异主要体现在测量元件上。例如，腰轮流量计的测量元件是由腰轮（转子）和驱动齿轮等组成；凸轮式刮板流量计的测量元件是由刮板和凸轮等组成；凹线式刮板流量计的测量元件是由刮板和转子等组成。

2.流量计的表头

流量计的表头是记录和显示流量计测量体积流量的机构。为满足计量的要求，表头通常要具有以下的功能。

1）显示瞬时流量的功能

瞬时流量是供计量操作人员调节流量用。如果表头不能显示出瞬时流量，操作人员将流量调节到所要求的流量下是十分困难的。为解决这个问题，消除调节流量的盲目性，要求表头要有显示瞬时流量的功能。

2）显示累积流量的功能

累积流量是指流量计在某一时间间隔内（例如 8 小时、24 小时、一个月，一年或几年）测量的总流量。表头显示累积流量通常采用下面的方法：

（1）用没有回零机构的累加计数器记录和显示累加流量。

采用这种方法显示累加流量，从流量计投入运行就开始记录和累加流量计测量的流量。只要流量计运行进行流量测量，累加计数器就会将测量的流量记录下来，并进行累加。如果要取得某一时间间隔内的体积量，需要计量操作人员在该时间间隔开始时将累加计数器显示的流量记录下来，到该时间间隔结束时再将计数器显示的流量记录下来，然后将两个记录的流量相减，则得到该时间间隔内流量计测量的流量。

(2)用有回零机构的累加计数器记录和显示累加流量。

采用这种方法，在确定某一时间间隔内的累加流量时，可用回零机构将原来记录的流量数消除，回到从零开始累加流量，到该时间间隔结束时，记录下累加的流量就是该时间间隔内流量计测得的总流量。这种方法的好处是简化计量操作人员的记录和运算，避免出错误。缺点是不能利用累加流量判断流量计已经运行的工作时间。

3)发出流量脉冲信号的功能

为使流量计测量的流量能传送到远离测量现场的地方进行显示、记录、累加和运算等处理，并满足检定流量计的需要，流量计的表头必须有将流量计测量的流量变成电脉冲信号，并将电脉冲信号进行远传的功能。

在表头设计时就考虑要给表头赋予这种功能，通常的做法是在表头安装将流量计测量的流量变成电脉冲信号的发讯器。从目前来看，有机械式的发讯器和光电式的发讯器。

4)温度修正的功能

前面介绍原油性质时已经说明，原油的体积量随温度和压力的变化而变化。在原油的贸易交接计量中，必须将测量条件下测得的原油体积量修正成标准参比条件下的体积量，流量计制造厂为满足用户的需要，将温度修正的机构加入到表头内，使流量计具有这种功能。

5)容差调整的功能

流量计在设计、制造和使用过程中，会因存在一些影响因素，例如制造的偏差，使用中的磨损、锈蚀等因素，使流量计测量的流量存在误差。产生误差的某些因素，可采取措施消除，有的因素是消除不了的。容积式流量计表头设计的容差(或叫器差)调整机构，就是希望用人工的方法进行调整，消除这种误差。

3. 连接部分

为了将测量元件旋转的转数传送到表头，必须有一个密封性能好，又能准确无误地将轴的转动可靠地传送到表头的连接部分。目前容积式流量计的连接部分有3种结构：磁性联轴器连接；机械密封式的连接；"O"形密封圈式的连接。

三、计量特性

容积式流量计的计量特性是描述它在使用过程中的技术性能，以及与被测量介质有关物理性质的关系，主要有流量测量的误差特性，压力损失特性，以及被测介质粘度、密度与测量误差的关系。

1. 误差特性

容积式流量计在保证制造加工的精度，装配符合技术要求的前提下，产生固有误差有两个因素：一是测量元件（腰轮、刮板、叶片等）和壳体内腔形成的计量室存在缝隙，导致流体未经计量就从缝隙处渗漏出去，而产生测量误差；二是测量元件的转动与流量信号传递输出失真，引起测量误差。

容积式流量计输出的流量信号，是经过一套机械变速齿轮，按一定的传动比将测量元件的转动传到表头实现流量的显示。在转动与流量信号的传递过程中，不可避免地存在信号失真，从而引起流量显示的测量误差。

2. 压力损失特性

容积式流量计产生压力损失的原因有两个方面：一是容积式流量计主要依靠流体的动能推动测量元件（腰轮、刮板、叶片等）旋转而进行测量。要使测量元件正常转动，必然要有克服机械阻力的压差存在，也就是说要损失一定的压力。要完全消除测量元件旋转的机械阻力，采用目前的技术还难以实现。二是，流体粘滞力所产生的压力损失。两部分加起来形成容积式流量计的压力损失。

总之，压力损失随着流量的增加而增大，流体的粘度愈高，压力损失也就愈大。从输送流体来考虑，要求流量计的压力损失越小越好;从压力差对误差的影响来考虑,也希望压力损失尽量小。

3.测量液体粘度和测量误差的关系

液体的粘度对误差(即对渗漏量 ΔQ)的影响有两重性:第一,当液体的粘度增大时,表内的流动阻力增大,导致液体通过流量计的压差增加,相对于相同的渗漏缝隙,渗漏量增加;第二,当液体的粘度增大时,相对于相同的渗漏缝隙,渗漏量将减小。该两重性是相互逆向的,总的来说,粘度对误差特性的影响比较小。要求流量计的测量不确定度不高于±1%的测量,可以不考虑粘度的影响,如果要求高准确度(测量不确定度低于±1%)的测量,必须考虑粘度对误差特性的影响。

通过上面对容积流量计结构特征、计量特性的叙述可以看出,容积式流量计在液体测量中,具有以下的优点和缺点。

1)容积式流量计的优点

(1)容积式流量计通过多年的使用和改进,做到结构合理。例如,腰轮流量计采用45°角的摆线形组合式和45°角圆包络组合式的腰轮转子,使流量计在大流量测量时无振动;刮板流量计让刮板沿特殊的运动轨迹转动,使被测液体通过流量计时完全不受干扰,不产生涡流,呈流线形的流动状态,不改变流体的流态,提高测量的准确度,减少压力损失的好结构;维修方便。使用寿命长,只要按上述的要求制造流量,稳定运行80000h是完全可以做到的。

(2)容积式流量计的测量准确度高,其不确定度通常都能达到±0.2%,有的甚至做到优于±0.2%,达到±(0.1～0.15)%。由于它的准确度高,常常被选作标准流量计。

(3)容积式流量计有较好的适用性。对各种不同粘度、携带细小颗粒杂质和含蜡、含胶质的原油均能使用,能在所要求的测量准确度下正常运行,准确地测量流量;对使用的场所没有特殊的要求,能在一般防风雨的场所使用;它的表头具有前面已经说的功能,能提供远传和与计算机连接的信号,满足计算机管理的要求,用计算机处理和运算测量数据的需要。

2)容积式流量计的缺点

(1)为安装测量元件,形成分隔的单个液体的计量室,承受流动液体的压力,整个流量计相对来说显得体积大,笨重,占据的空间大。

(2)容积式流量计是依靠流动液体的压差推动测量元件转动,对流过的液体进行测量。因此,要造成永久性的压力损失。一般来说,容积式流量计所需的压差在0.2~0.4MPa之间。

四、选择、安装、使用和维护

有关容积式流量计的选择、安装、使用和维护,应依据国家最新发布的标准 GB/T 17288《液态烃体积 容积式流量计计量系统》进行。该国家标准在技术内容上等同采用国际标准 ISO 2714《液态烃体积测量容积式流量计计量系统(Liquid Hydrocarbons-Volumetric Measurement Meter Systems Other Than Dispensing Pumps)》。

1.选择

在原油贸易交接计量中,选择容积式流量计必须考虑以下的因素:

(1)被测原油的物理性质和测量流量范围。考虑的物性主要是粘度,我国目前生产的原油就粘度来说,属于高粘度的原油,建议选择使用刮板流量计、腰轮流量计和转子流量计。

确定容积式流量计的流量测量范围,即最小流量 Q_{min} 和最大流量 Q_{max},通常是根据流量计的误差特性来决定。一般将流量计的最大流量定为 $Q_{max} \approx 5 \sim 10 Q_{min}$。

商品原油贸易交接计量选择流量计时,是以流量计实际使用时的上、下限流量为依据。所以,测量原油量的多少,安装流量计的台数是选择流量计的依据。但总的原则是:使用的下限流量其测量不确定度必须在要求的范围内。选择使用的上限流量时,不仅考虑测量误差,而且还要考虑如何延长流量计的使用寿命,充分利用备用流量计的备用系数。一般将使用的上限流量定在流量计给出的最大流量的80%~85%,即(0.8~0.85)Q_{max}。

(2)原油贸易交接计量要求的准确度。由于测量不可避免地存在误差，只能测得实际原油量的最近似估计值。因此，在贸易双方的原油交接合同中，一定会规定测量要求的具体准确度。该准确度是选择流量计时确定流量计测量准确度的依据，同时也是确定流量计最小使用流量的依据。

从目前的计量技术，流量计制造加工技术来看，流量计测量的准确度等级达到 0.2 级(即不确定度为 ±0.2%)是完全可以做到的，有的流量计还可优于 0.2 级。

(3)测量时的温度和压力条件。选择流量计时，应使流量计将来运行时的温度、压力条件，与流量计额定的工作温度和压力相吻合。应该指出，确定将来的运行温度和压力时，以最不利的条件为依据。例如，正常运行的压力可能是 1.6MPa，有可能出现2.5 MPa 这种最不利的条件，确定压力时，就以 2.5MPa 为依据。当出现这种压力时，也不会损坏流量计。对温度也应该这样考虑，确保流量计能正常地运行和准确地测量。

(4)流量计安装位置可占有的空间。这也是选择流量计必须考虑的条件。前面介绍容积式流量计的优缺点时，对容积式流量计要占用大的空间作为它的缺点。选用时，必须根据流量计的安装尺寸和安装位置可能占用的空间，进行综合平衡考虑后确定。

2.安装

(1)流量计应安装在符合规范要求的室内。必须安装在室外时，应加保护棚和有关的保护箱，以免流量计受雨水淋，以及环境的影响。否则，将降低测量的准确度，加速流量计的损坏。还应该指出，对环境条件十分恶劣的地方，如寒冷的北方，沙漠等，流量计一定要安装在室内，室内应有采暖和防风砂的措施。

(2)原油贸易交接计量用的流量计，大部分都是水平安装，连接流量计的管道最好设计成图 7－5 的形式。因为这种连接形式有如下的好处：

①流量计安装时不会有附加的外来应力作用到流量计。

②进、出流量计的汇管，在发生热胀、冷缩的变形时，不会给流量计带来附加的外部应力。

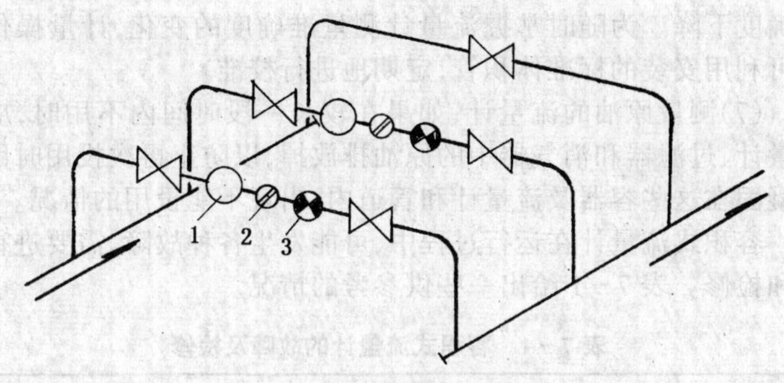

图 7－5　流量计管道安装图

1—消气器；2—过滤器；3—流量计

③拆卸流量计方便。

④加旁通管的目的是为了在投产启动时，先用油冲洗掉管内的脏物。然后，再将油改进流量计，避免启动投产时损坏流量计。

(3)容积式流量计均属单向流的流量计，安装时必须注意流量计上的标志，保证流体的流动方向与流量计的流向标志一致。

(4)流量计安装设计时，应设计安装过滤器、消气器，压力和温度测量仪表，过滤器进、出口端的差压仪表等。

3. 使用与维护

容积式流量计在使用过程中必须注意以下事项：

(1)启用流量计时，应先缓慢地将进口阀全部打开，然后再缓慢地打开出口阀。关闭流量计时，先缓慢地关闭流量计的出口阀，然后再关进口阀。采用这种操作步骤以避免管内流体急剧增减，造成损坏流量计。

(2)流量计在正常使用过程中，应将流量计测量的流量调节到测量准确度最高的范围内，保证流量计在高准确度下进行测量。

(3)过滤器使用一段时间以后，会发生堵塞，将增加管道内的压力损失，应定期进行清洗。

(4)为保证流量计传动机构的灵活和使用寿命，应定期加注润滑油。

(5)流量计在正常使用的情况下，必须按检定证书给出的有效使用期，定期、定点地由国家授权的计量检定机构进行检定。

(6)流量计在正常使用中，会因磨损等原因造成流量计测量的准确度下降。为随时掌握流量计测量准确度的变化,计量操作人员可利用安装的标准体积管,定期地进行校准。

(7)测量原油的流量计,如果在较长一段时间内不用时,应将流量计、过滤器和消气器中的原油排放掉,以防止再次投用时因原油凝固在这些容器及流量计和管道内,出现不能投用的情况。

容积式流量计在运行过程中,可能发生各种故障,需要进行维护和检修。表7-1给出一些供参考的情况。

表7-1　容积式流量计的故障及检修

故障现象	原　因	措　施
转子不转动	1.过滤器堵塞; 2.杂质进入流量计,使转子卡死	1.清洗过滤器; 2.检查过滤网有无损坏和清洗流量计内部
转子转动正常而计数器不计数	1.变速齿轮啮合不良; 2.各连接部分脱铆或销子脱落	1.卸下计数器,检查各级变速器和计数器; 2.检查磁性联轴器,或机械密封联轴器传动情况(注意:不要使磁性联轴器承受过大的转矩,否则,会因产生错极而去磁)
机械密封联轴器泄漏	1.压盖过松; 2.填料磨损	1.拧紧压盖; 2.更换密封填料,加填密封油
误差变负(指示值小于实际值)	1.流量超出规定范围; 2.介质粘度偏小; 3.转子等转动部分不灵活	1.使流量在规定范围内运行或换流量计规格; 2.粘度偏小,可重新标定,更换调整齿轮对进行修正; 3.检查转子、轴承、驱动齿轮等,更换磨损零件
误差变正(指示值大于实际值)	1.流量有大的脉动; 2.介质内混入气体; 3.介质粘度偏大	1.减少管路中流量的脉动; 2.加装除气器; 3.重新标定,更换调整齿轮对进行修正

第二节　涡轮流量计

一、测量原理

涡轮流量计是一种典型的速度式流量计，它利用管道内安装的、带叶片的转子或叶轮（称之为涡轮）来测量流量。当流体通过管道流动时，冲击涡轮的叶片，使涡轮产生驱动力矩，克服涡轮的摩擦力矩和流体的阻力矩而产生旋转。在一定的流量范围内，对具有一定粘度的流体，涡轮旋转的角速度与流体的流速成正比。因为流动流体的流速可通过涡轮旋转的角速度求得，从而可计算出通过管道流动的流体的体积流量。涡轮流量计原理框图见图7-6。

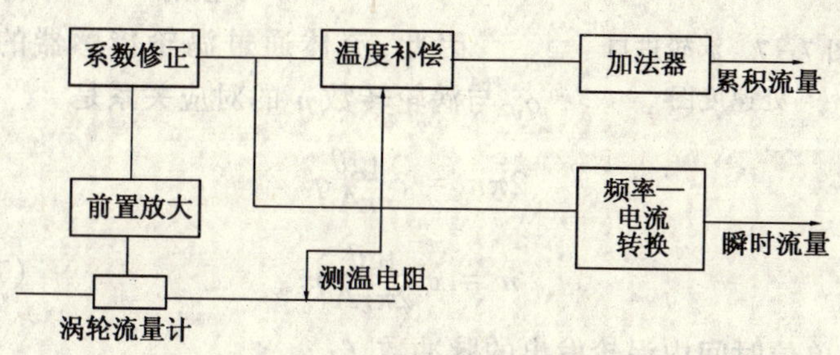

图7-6　涡轮流量计总体原理框图

下面利用涡轮的进口速度图（图7-7）说明计量的原理。

假定流体在稳定的状态下以流速 v 通过涡轮流量计。此时，涡轮处于匀速转动的平衡状态，如忽略涡轮上所受的阻力矩，可得到涡轮的角速度与流速 v 的关系式：

$$\omega = c\frac{\mathrm{tg}\theta}{r}v \tag{7-3}$$

$$v = q_v/A$$

流量与角速度有下面的关系：

$$\omega = c\frac{\mathrm{tg}\theta}{rA}q_v \tag{7-4}$$

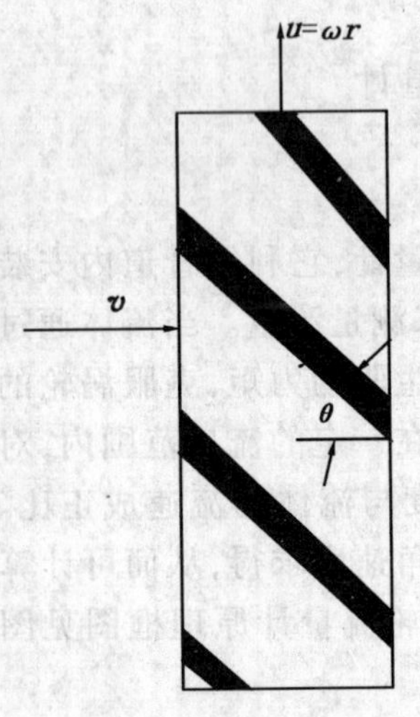

图 7-7　涡轮进口处速度图

式中　ω——涡轮转动的角速度；

θ——叶片半径处的螺旋角；

r——涡轮的半径；

A——涡轮传感器和流通面积；

q_v——流体流过涡轮传感器的流量；

c——与涡轮传感器结构尺寸、流动性质和流体运动状态有关的系数。

涡轮旋转的角速度和转数 n 有下面的关系：

$$\omega = 2\pi n \tag{7-5}$$

因此，流体通过涡轮传感器的流量 q_v 与涡轮转数 n 的对应关系是

$$2\pi n = c\frac{\mathrm{tg}\theta}{rA}q_v$$

$$n = c\frac{\mathrm{tg}\theta}{2\pi rA}q_v \tag{7-6}$$

单位时间内涡轮发出的脉冲数 f：

$$f = zn \tag{7-7}$$

式中　z——涡轮的叶片数。

将公式(7-6)代入公式(7-7)中，可得到被测流体体积流量 q_v 和脉冲数 f 的关系：

$$f = c\frac{2\mathrm{tg}\theta}{2\pi rA}q_v \tag{7-8}$$

从该式可以看出，电脉冲信号的频率，在被测流体一定的流量范围内和一定的粘度范围内与被测流体的体积流量成正比，即

$$f = Kq_v \tag{7-9}$$

式中　f——电脉中信号的频率，1/s；

q_v——被测流体的体积流量，m^3/s。

K 值是一个比例常数,称之为流量计系数。它所表示的物理意义是流过涡轮传感器单位体积流量所产生的电脉冲数,单位是个/m^3。K 值通常由校准给出。液体涡轮流量计制造厂给出的 K 值是以水为介质校准后给出的。若测量的流体与水的粘度相差较大时,K 值需要修正或重新用被测流体进行校准后给出。

流量换算公式是

$$q_v = f/K \tag{7-10}$$

某一时间间隔内流量计测量的流量为

$$Q = N/K \tag{7-11}$$

式中 Q——某一时间间隔内测得的累积体积量;

N——某一时间间隔内传感器输出的总脉冲数。

二、流量计的结构

涡轮流量计是由涡轮流量传感器和流量显示仪表两部分组成。

1.涡轮流量传感器

涡轮流量传感器是涡轮流量计测量流量的主体,主要由壳体、导流器、叶轮、轴与轴承、信号检测器和前置放大器组成,如图 7-8 所示。

(1)壳体。用非磁性材料制成,用来固定与保护流量计的其他部件,并与管道连接。

(2)导流器。它由导流叶片和支撑组成,用非磁性材料制造,安装在流量计进、出口两端。它的作用是:用来支撑叶轮,保证叶轮转动的中心和壳体的中心线相重合;还用作整流和稳流,让流体进入涡轮前被导直,使流束基本平行于轴线方向冲到涡轮的叶片上,避免因流体自旋而改变流体与涡轮叶片的作用角度,以确保测量的准确。

(3)叶轮。由导磁系数较高的材料制造。叶轮上装有数片螺旋形或直形的叶片,叶轮中心镶有轴承,该轴承固定安装在导流器上,用滑动或滚动方式配合,使叶轮轴不动。

(4)检测线圈。它由信号检出器和前置放大器组成。信号检

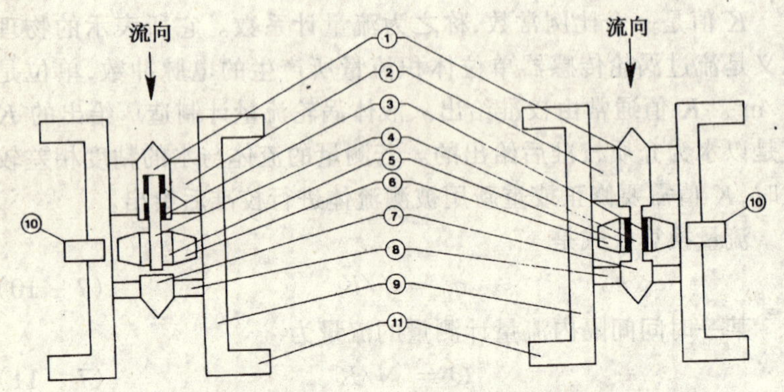

图 7-8 涡轮流量传感器部件组成示意图

1—进口导叶片；2—进口导叶片支撑；3—轴承；4—轴；
5—转子轴套；6—叶轮；7—出口导叶片；8—出口导叶片支撑；
9—壳体；10—检测线圈；11—连接端部

出器主要是将涡轮的转数转换成对应的电脉冲信号。因转换后的电脉冲信号较微弱，需经前置放大器放大后才可作为传感器的输出信号送给流量显示仪表。

2. 流量显示仪表

涡轮流量计的显示仪表是用来将涡轮传感器输出的脉冲数，转换成瞬时流量和累积流量，并显示出来。显示仪表的种类很多，具体线路和功能都有许多不同之处，但其测量原理大同小异。从线路的构成及功能来看，显示仪表一般都有放大整形，单位换算，频率—电流转换和瞬时流量指示，积算电路和累积流量显示，自检装置和电源部分组成。

(1)累积流量显示系统。累积流量显示部分由放大整形、单位换算和流量显示 3 部分组成。

(2)瞬时流量指示系统。瞬时流量指示系统由放大整形、频率—电流转换和瞬时流量指示 3 部分组成。

三、计量特性

1. 线性特性

线性特性表示流量计系数和流量 q_v 之间的关系，$K—q_v$ 的特性曲线如图 7-9 所示。

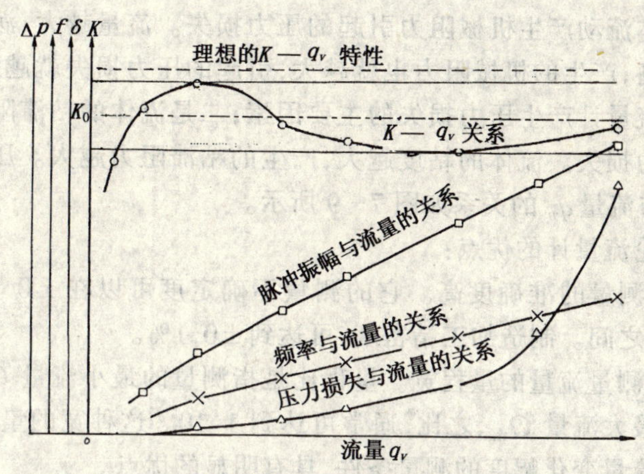

图 7－9　涡轮流量计的特性曲线

理想的线性特性是平行于 q_v 的直线。但由于流量计设计的机械容许间隙等级；磨损和损坏造成机械间隙、叶片的角度和长度变化；流动流体的粘度、温度、压力和通过流量计的压降；液体润滑的质量；检定设备的状态和准确度；外来物质在流量计或流量调节部件内的沉积；进口流体流线分布图的变化或涡流等都影响线性特性。正因为这些因素的影响，使实际的特性曲线具有高峰特征，高峰出现在涡轮传感器量程流量 20％～30％处。

为了得到高准确度的测量，流量计使用的流量范围应选择在特性曲线平直的线段内。

2. 频率特性

频率特性是表示输出脉冲的频率 f 与体积流量 q_v 之间的关系，如图 7－9 所示。

理想的 f—q_v 曲线应该是通过坐标原点的一条直线。但从线性特性的分析可知，在实际的流量测量中，流量计系数 K 随流量大小的变化而有所变化，故输出脉冲数 f 与流量大小的变化偏离理想的 f—q_v 曲线，形成如图所示的曲线。

3. 压力损失特性

流体通过涡轮流量计流动产生压力损失的原因：一是涡轮本

身对流体流动产生机械阻力引起的压力损失。流量越大,涡轮的转速越高,产生的机械阻力也就越大,引起的压力损失就越大,这是涡轮流量计产生压力损失的主要因素;二是流体的粘滞阻力引起的压力损失。流体的粘度越大,产生的粘滞阻力越大。压力损失 Δp 与流量 q_v 的关系如图 7-9 所示。

涡轮流量计的优点:

(1)测量的准确度高。它的测量不确定度可以在 ±0.5% ~ ±0.2%之间。制造加工精密度,可达到 ±0.1%。

(2)测量流量的量程宽。量程比是指测量的最小流量 Q_{min} 和测量的最大流量 Q_{max} 之比,通常可达到 1:10。这种宽的量程比,对测量流量变化幅度的测量条件,具有明显的优点。

(3)通过流量计的压力损失小。

(4)脉冲信号输出有利于显示。涡轮流量计输出的信号是与流量成正比的脉冲信号,通过传输线路不会降低它的精度,有利于进行流量的显示,流量计的检定,也适合作为计算机系统的输入信号,便于计算机进行处理、运算和控制。

(5)涡轮流量计的外壳是一管段,因此具有结构紧凑,体积小,重量轻,安装维修方便,占用的空间小的优点。

涡轮流量计的主要缺点是:计量性能和测量的准确度受被测流体粘度变化的影响,流体超过一定的粘度就无法用涡轮流量计测量。

四、选择、安装、使用和维护

有关涡轮流量计的选择、安装、使用和维护,应依据国家最新发布的标准 GB/T 17289《液态烃体积测量　涡轮流量计计量系统》进行。该标准在技术内容上是等同采用国际标准 ISO 2715《液态烃体积测量　涡轮流量计计量系统(Liquid Hydrocarbons - Volumetric Measurement by Turbine Meter Systems)》。

1.选择

在原油贸易交接计量中,选择涡轮流量计必须考虑以下的因素:

（1）被测原油的粘度。通过前面对涡轮流量计测量原理等的介绍，已经知道原油的粘度对涡轮流量计的计量性能有很大的影响。据有关资料介绍，消除这种影响的最好方法是对流量计进行实液检定。

但是，原油的粘度受温度的影响，温度变化时，粘度也发生变化。因此，选择流量计考虑粘度因素时，必须考虑两方面的问题：原油温度变化范围和频率的大小；粘度随温度变化的情况。

（2）流量计测量的准确度等级。原油贸易交接计量测量的油量，涉及贸易双方的经济利益，都希望将交接的真实油量测量出来。所以，在选择流量计时必须考虑它的测量准确度等级。

从我国商品原油贸易交接计量要求的准确等级为 0.2 级（测量不确定为 ±0.2%）来看，选择的涡轮流量计其准确度等级必须是 0.2 级或优于 0.2 级。

（3）流量计测量流量范围。要求流量计在使用的实际测量范围内，应确保测量不确定度不超过 ±0.2%。为确保流量计的使用寿命，实际使用的最大流量，可取制造厂给出的流量计最大流量的 90%～95%。最后，用确定出的实际使用的流量范围，与涡轮流量计的 K—q_v 曲线对比，应保证确定的流量范围在曲线较平的区间内。

2. 安装

涡轮流量计是一种速度式的流量计，它的安装情况对流量计的测量准确度有很大的影响，因此应特别注意。

1）配管的安装

（1）涡轮流量计的配管安装的方式应与容积式流量计的安装方式相同，见图 7－5。

（2）管道内流体流动的流速分布不均匀和二次流的存在，对涡轮流量计测量的准确度将产生大的影响。因此，涡轮流量计的上、下游必须有一定长度的直管段。上游直管段的长度可用公式（7－12）计算，下游直管段一般取 $5D$ 的长度。

$$L = (0.35D)K_s/\lambda \qquad (7-12)$$

式中　L——流量计上游直管段的长度，m；

D——流量计的内直径,m;

K_s——涡流流速比系数,无因次,该值查流量计安装的管道结构图(图 7-10);

λ——计量管的摩阻系数,无因次,该系数是雷诺数 Re 和管道内壁相对粗糙度的函数,求得 Re 和相对粗糙度后,可从图 7-11 查得 λ。

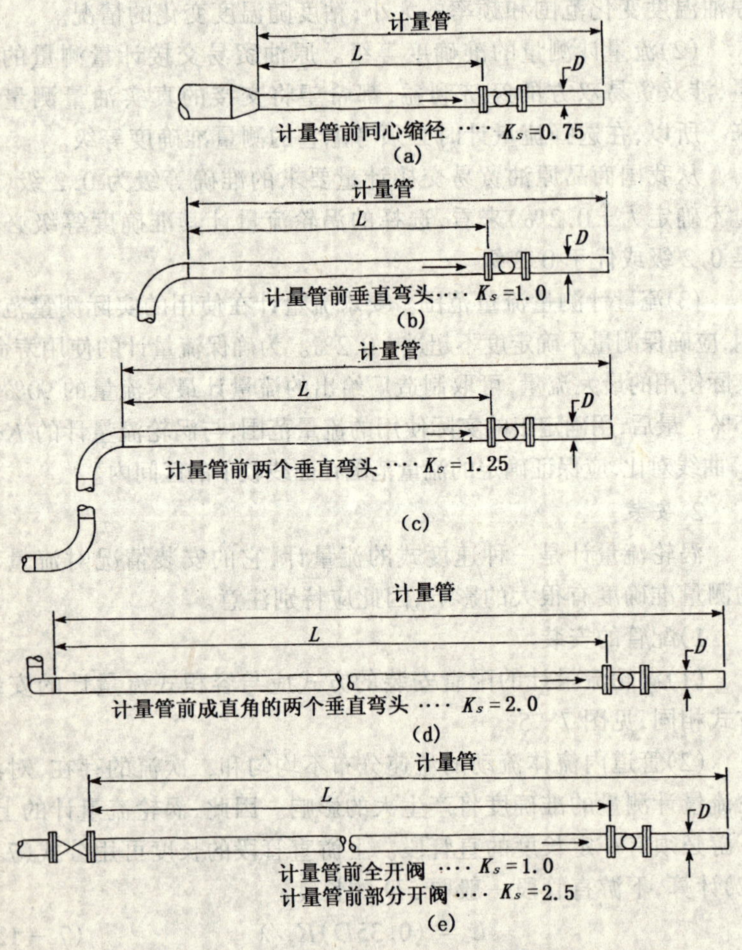

图 7-10 流量计安装不同管道结构的涡流流速比系数 K_s

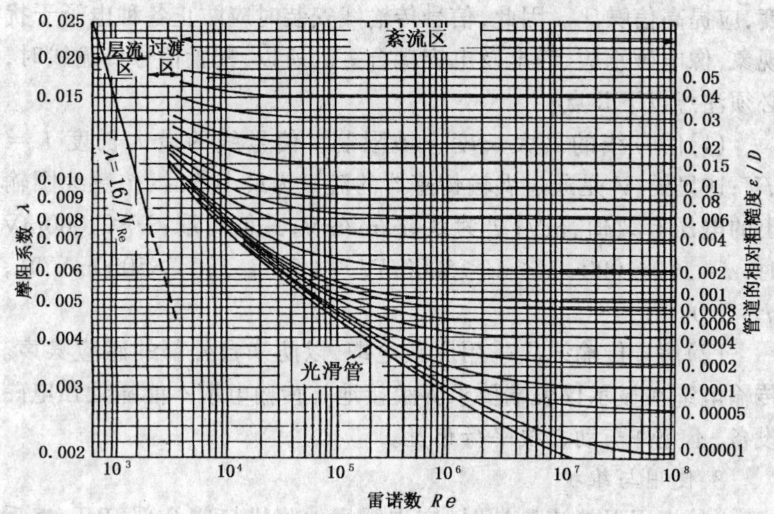

图 7－11 管道的摩阻系数 λ 的曲线图

雷诺数 Re 可用下式计算：

$$Re = 4Q\rho/\pi D\mu \tag{7-13}$$

式中 Q——原油的体积流量（该流量值最好取流量计测量的常用流量），m^3/s；

μ——原油的动力粘度，Pa·s；

D——管道的内直径，m；

ρ——原油的密度，kg/m^3。

(3)涡轮流量计对原油的清洁度有较高的要求，在流量计前必须安装过滤器，以防止杂质进入流量计。为保证过滤器真正起到防止杂质进入流量计的作用，在过滤器进、出口之间应安装差压仪表，观察过滤器被脏物阻塞的情况，以便及时地清洗过滤器。

(4)为保证通过流量计的原油不含自由气，即不让空气或蒸气进入流量计，在流量计的上游应安装消气器。

2)信号传输线的安装

为保证显示仪表对涡轮传感器输出的脉冲信号有足够的灵敏度,应提高信噪比。因此,信号传输线安装时应防止各种电子干扰现象,像电磁感应、静电及电容耦合等。所以,配置信号传输线时,必须注意以下几点:

(1)信号线的最大长度应被限制。信号线的最大长度 $L=dV$;这里的 V 是通过涡输传感器的流量为最小值时,传感线圈输出的电压有效值,mV;d 为系数,m/mV,其值可取:$V<1000$mV 时,$d=1.0$;1000mV$<V<$5000mV 时,$d=1.5$;$V>$5000mV 时,$d=2.0$。

(2)信号传输线应采用屏蔽电缆,以防来自外部的感应噪声。传输电缆在显示仪表端要求屏敝接地。传输电缆不能靠近强电磁设备,不允许与动力线平行布置。

3.使用与维护

(1)启用涡轮流量计时,应先缓慢地将进口阀全部打开,然后再缓慢地打开出口阀。打开出口阀时,应观看流量计的瞬时流量指示,当达到要求的流量时,停止开阀。关闭流量计时,则采用相反的步骤,先缓慢地关闭出口阀,再关进口阀。

(2)流量计在正常使用的过程中,应将流量计测量的流量值调节到测量准确度最高的范围内,保证流量计在高准确度下进行测量。

(3)过滤器使用一段时间以后,会被脏物堵塞,应根据过滤器进、出的压差变化,及时地进行清洗。

(4)流量计作为国家列入强制检定的计量器具,必须由国家授权的计量检定机构进行检定,并获得检定合格证书后方可使用。

(5)流量计如果在较长一段时间内停用,应将流量计、过滤器和消气器内的原油排放掉,以防止再次投用时因原油凝固在这些容器、管道内,而影响再次投用。

涡轮流量计在使用过程中,可能发生一些故障,需要进行维护和检修。表 7-2 给出一些供参考的情况。

表 7-2 涡轮流量计常见故障及排除方法

故障现象	原因	消除方法
显示仪表不工作	显示仪表完好 (1)信号检测器→前置放大器→显示仪表间断路或短路; (2)信号检测器断线,无脉冲输出; (3)传感器叶轮不旋转	检查线路,使之正常; 更换信号检测器(或信号检测放大器); 检修传感器
显示仪表工作不稳,计量不准确	(1)实际流量超出仪表的计算范围; (2)有较强的外磁场干扰; (3)叶轮上挂有脏物,或信号检测器下方壳体内壁处有铁磁物体等; (4)液体内含有气体; (5)轴承严重磨损,叶轮与壳体内壁相碰	调整流体流量; 采取屏蔽措施; 检修传感器、清洗干净; 消除气泡; 更换轴和轴承

第三节 质量流量计

质量流量计是直接测量流体的质量流量。根据测量原理,可分为科里奥里(Coriolis)质量流量计、差压式质量流量计、角动量式质量流量计、叶轮式(双涡轮式)质量流量计、陀螺式质量流量计等。但是,工业上应用的、切实可行的质量流量计,只有科里奥里质量流量计。

质量流量计直接测量流体的质量流量,流体的质量是不受温度和压力变化影响的。

质量流量计除能直接测量管道内流动流体的质量流量和密度值外,还具有准确度高(典型的,准确度可达±0.1%～±0.2%),稳定性能好,量程比比较大等优点。质量流量计具有这些优点,使科里奥里质量流量计 1980 年引入工业的流量测量以来,得到较快的发展,已在石油和石油化工的许多领域使用。

一、测量原理

科里奥里质量流量计主要由两个部件组成:测量管组件,称之为传感器;电子组件,称之为变送器。图7－12是典型的科里奥里质量流量计的传感器。

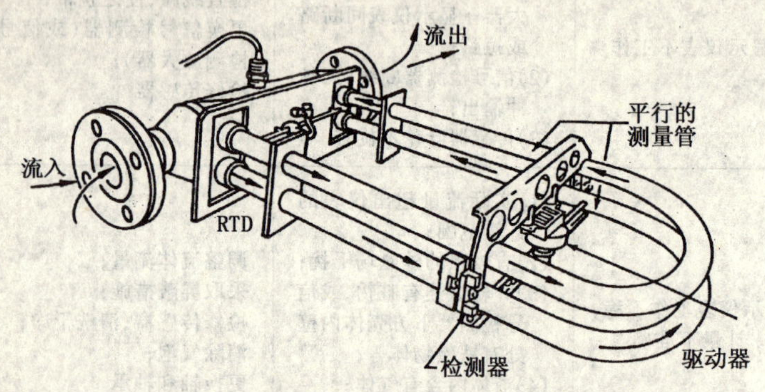

图7－12　典型的科里奥里质量流量计的传感器

传感器由两根测量管、测量管振动用的驱动器、驱动器两侧安装的检测器、测量测量管温度的电阻温度计(RTD)等组成。

测量管在它的自然频率下进行相对的振动。图7－13给出这种振动的形式,并说明测量原理。流体通过振动的测量管流动时,产生科里奥里力。该力导致测量管进、出口管在相对方向上的偏转。安装在测量管进、出口端的检测器测得由科里奥里力引起的、测量管的偏转,输出测量管以正弦波形式运动的信号。

测量管内没有流体流动时,科里奥里力为零,测量管进、出端运动的轨迹相同,检测器测得的信号相同,是单一的正弦曲线。流体流过测量管时,测量管受到科里奥里力的作用,在相对的方向上发生偏转。这种偏转使检测器测得两个信号之间产生的时间差Δt,出现两条正弦曲线。通过测量管的质量流量与偏转的程度成正比,也就是说,与时间差(Δt)成正比。因此,通过测量管的质量流量可用下式表示:

$$m = K\Delta t \tag{7-14}$$

式中　m——质量流量;

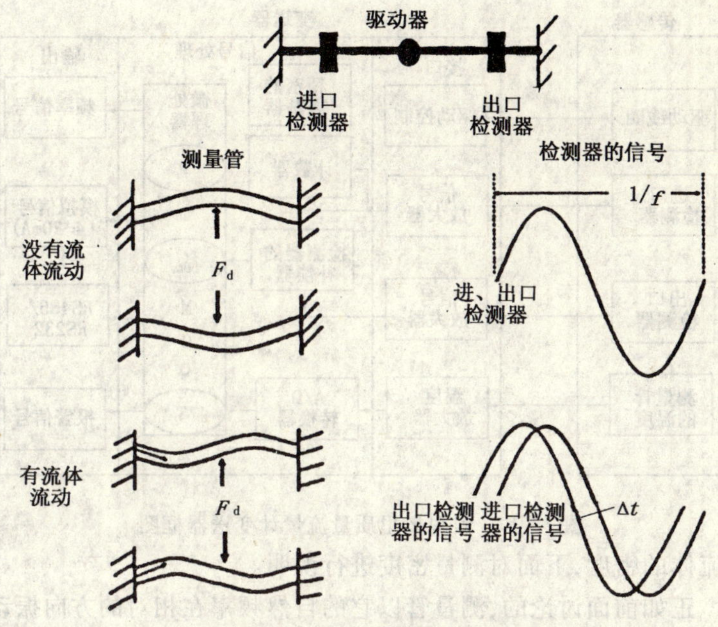

图 7-13　测量管振动的形式图

K——流量计系数，通过校准确定；

Δt——检测器测得的两根测量管信号之间的时间差。

对每一个传感器，流量计系数都是唯一的，它取决于测量管的几何形状和制造的材料。从目前来看，科里奥里流量计的传感器主要有 4 种类型，这些不同的类型都是各制造厂的专利，有不同的优点和缺点。但是，不论哪种结构类型，其工作原理都是相同的。增大单位质量流量测量量的信号 Δt，是设计不同结构类型的主要目的。

变送器是质量流量测量不可少的组成部分，它为测量管提供振动的能源，处理来自检测器的信号，产生代表测得质量流量的输出信号。变送器由 3 部分组成：与传感器进行信号连接的接口，信号处理部分和信号输出部分。它的方框图见图 7-14。

科氏质量流量计除测量流动流体的质量流量外，还可测量流

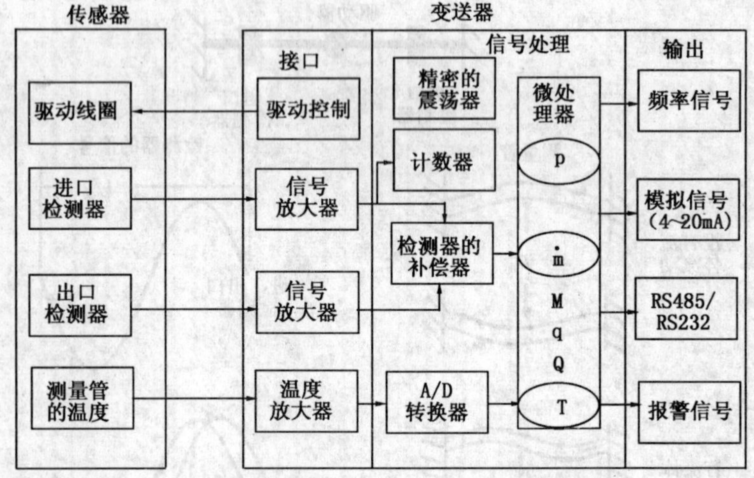

图 7-14 科里奥里质量流量计变送器框图

动流体的密度,下面对测量密度进行说明。

正如前面讨论的,测量管以它的自然频率在相对的方向振动。当通过测量管的流体密度发生变化时,引起测量管与流体系统质量的变化,并通过检测器电压信号频率的变化反映出来,测量检测器信号的频率,流体的密度值就可以确定。方程式(7-15)描述了科里奥里质量流量计测量的密度值:

$$\rho = K_1\left(\frac{1}{f}\right)^2 - K_2 \tag{7-15}$$

式中 ρ——流体的密度;

f——测量管的频率;

K_1, K_2——校准系数。

正如方框图 7-14 所示,检测器测量测量管的频率,确定流体的密度值。流量计测量密度与测量质量流量是完全无关的,与其他振动管密度计测量密度没有什么不同的地方。

质量流量计既测量出流体的质量流量,又测出流体的密度值,按公式(7-16)进行运算求得体积流量:

$$q_V = q_m / \rho \tag{7-16}$$

式中 q_V——体积流量；

q_m——测得的质量流量；

ρ——测得的密度值。

二、结构特征

科里奥里质量流量计的结构，目前有 4 种类型：弯曲的双管、弯曲的单管、直的双管和直的单管。

1. 弯曲的双管型

弯曲双管型的质量流量计大致有：S 形测量管质量流量计；U 形测量管质量流量计；B 型测量管质量流量计；Ω 型测量管质量流量计等。

1）S 型测量管质量流量计（图 7－15）

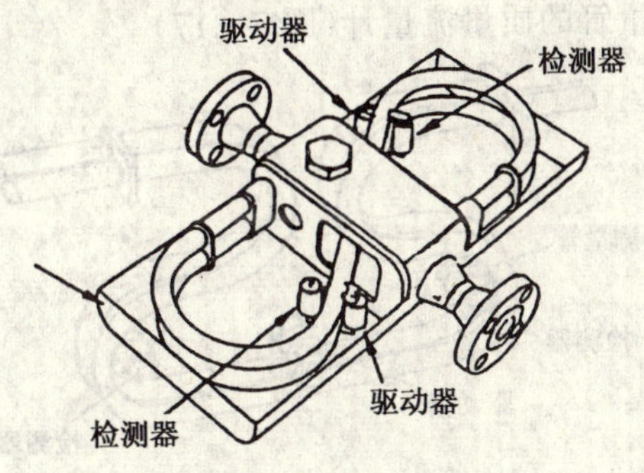

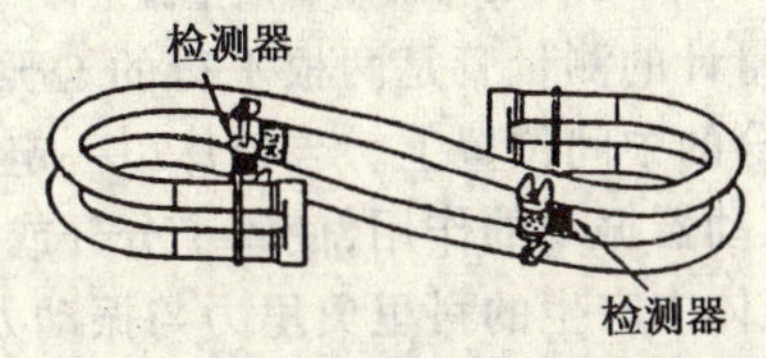

图 7－15 S 型测量管质量流量计

这种质量流量计的测量系统由两根平行的 S 形测量管、驱动器、检测器和 RTD 组成。管的两端固定，管的中心部位装有驱动器，在这两点测量测量管的时间差 Δt，确定出质量流量。

2）U 型测量管质量流量计（图 7－12）

这种质量流量计的结构形式如前面图 7－12 所示，这里不再重复。

3）B 型测量管质量流量计（图 7－16）

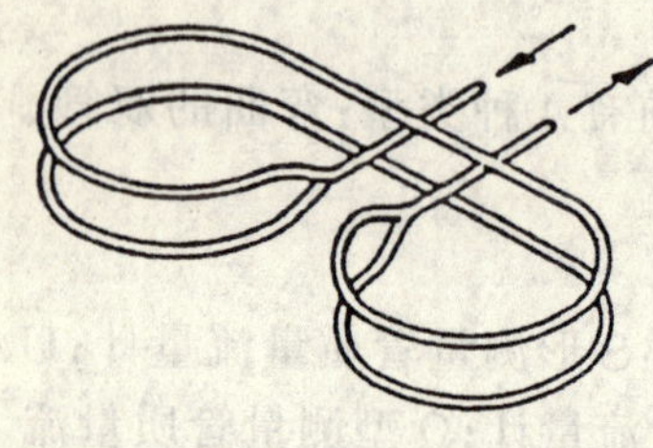

图 7－16　B 形管质量流量计结构

这种质量流量计的测量系统由两个相互平行的 B 形管组成。被测流体经过分流器被均匀送入两根 B 形测量管中，驱动器安装在两管之间的中心位置，以稳定的谐波频率驱动测量管。在端面两回路之间合理地安装检测器，就可准确地测量出 Δt，确定出质量流量。

4）Ω 形测量管的质量流量计（图 7－17）

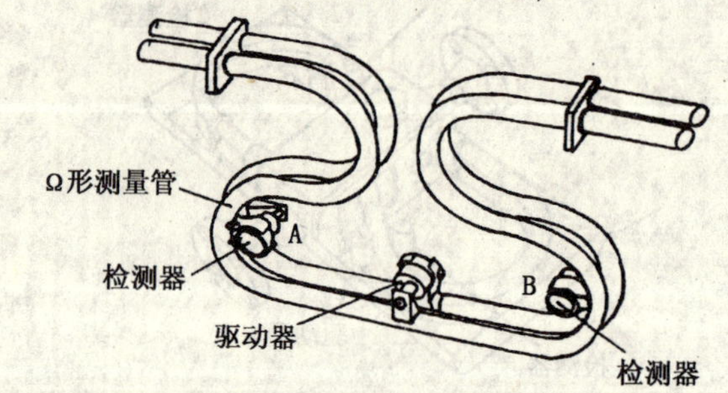

图 7－17　Ω 形测量管质量流量计

这种质量流量计的测量管是两根平行的 Ω 形状的管子，驱动器安装在直管部分的中间位置上。当流体以一定的流速通过测量管流动时，由于驱动器振动的作用，使管子分开或靠近。管子分开时，在振点前的流体中产生的科里奥里力与振动力方向相反，减慢管子的运动速度；在振点之后管中流体产生的科氏力与振动方向相同，加快管子的运动速度。当驱动器使管子靠近时，则产生相反的结果。在 A，B 两点的检测器测得测量管之间的 Δt，确定出流体的质量流量。

5）双环形测量管质量流量计（图 7－18）

这种质量流量计由一对平行的，带有短直管的螺旋管组成。

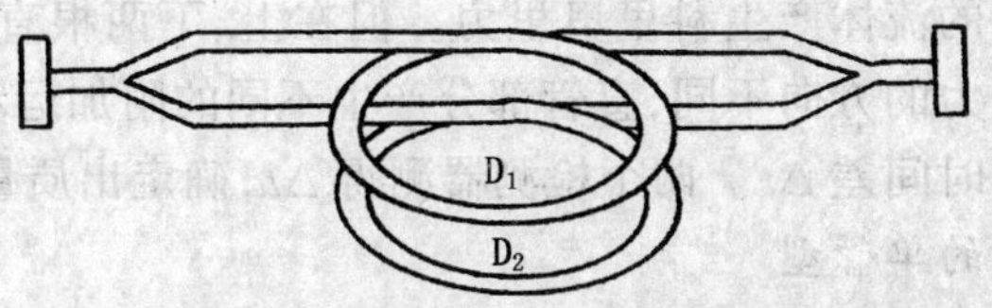

图 7－18　双环形测量管质量流量计

在管子的中间位置 D 处装有驱动器，使两根测量管受到周期性的相反振动。在椭圆螺旋管的两端，与中间点 D 等距离的位置上安装检测器，测量这两点管子间的相对运动速度，即这两个相对运动速度的时间差 Δt，确定出流体的质量流量。

6）双 J 形测量管的质量流量计（图 7－19）

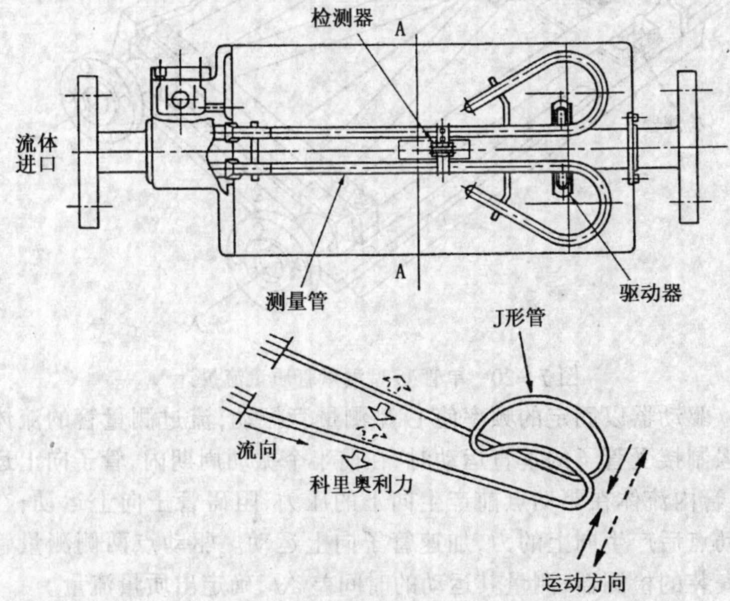

图 7－19　J 形测量管质量流量计

这种质量流量计有两根 J 形的测量管，两根 J 形管以进、出口管为中心对称分布。安装在 J 形部位的驱动器使管子以固定的频率振动。当测量管中的流体以一定速度流动时，由于振动的存在，使测量管中的流体产生科里奥里力。但在上、下两根直管内产生的科里奥里力的方向不同,直管部分产生不同的附加运动,即产生一个相对的时间差 Δt。两个检测器测得 Δt,确定出质量流量。

2. 弯曲的单管型

弯曲单管型的质量流量计有:U 形的测量管质量流量计。它的结构如图 7-20 所示。

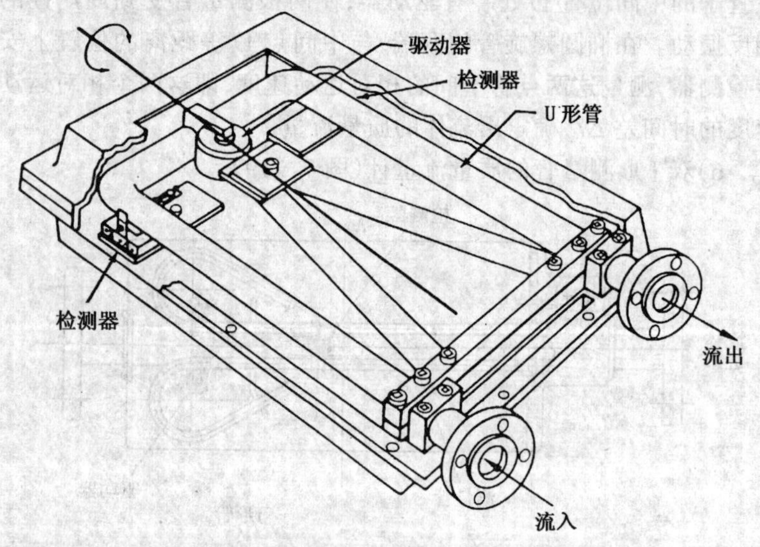

图 7-20 单管 U 型测量管质量流量计

驱动器以固定的频率使 U 型测量管振动,流过测量管的流体被强制接受管子的垂直运动时,在前半个振动周期内,管子向上运动,管内流体在驱动点前产生向下的压力,阻碍管子向上运动;在驱动点后产生向上的力,加速管子向上运动。驱动点两侧测量管上安装的检测器,测量其运动的时间差 Δt,确定出质量流量。

3. 单直管型测量管质量流量计(图 7-21)

单直管型测量管质量流量计,由两端固定(连接法兰)的直管、驱动器和检测器组成。测量管中没有流体流动时,驱动器使管子振动,但不产生科里奥里力,A,B 两点受力相同,速度变化相同没有时间差 Δt。测量管中有流体流动时,由于受驱动器振动力的影响，流体从A点运动到C点时被加速，产生反作用力，使管子向上的运动速度减慢；从C点运动到B点时，流体被减速，使管子向上运动的速度加快。C点两边两个方向相反的力使管子产生变形，测得变形的时间差 Δt，确定出质量流量。

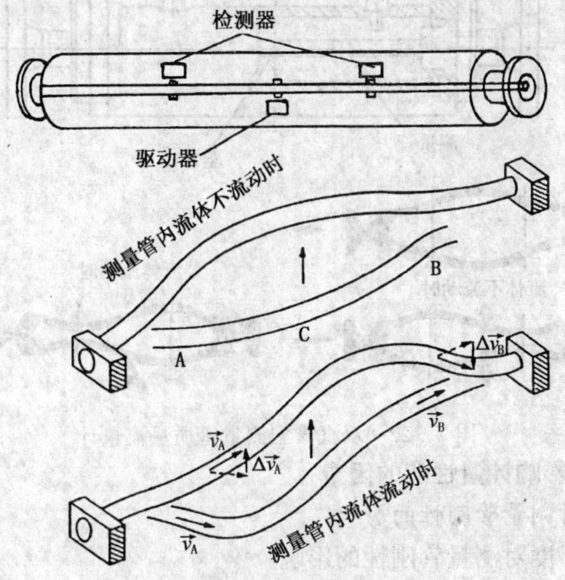

图7－21　单直管型测量质量流量计

4.双直管型测量管质量流量计(图7－22)

相对单直管型测量管质量流量计，双直管型质量流量计可减少压力损失。这种流量计的驱动器安装在中间位置，检测器位于中心两侧对称的位置上。

流体不通过测量管流动时，检测器测得管子位移的时间差 Δt 是相同的。流体通过测量管流动时，产生科里奥里力，使测量管振动点的两边发生相反位移。振动点前，测量管内的流体使管子振荡衰减，管子的位移速度减慢；振动点之后，测量管内的流体使管子振荡加强，管子位移的速度加快。检测器测得管子两端位移速度的时间差 Δt，确定出质量流量。

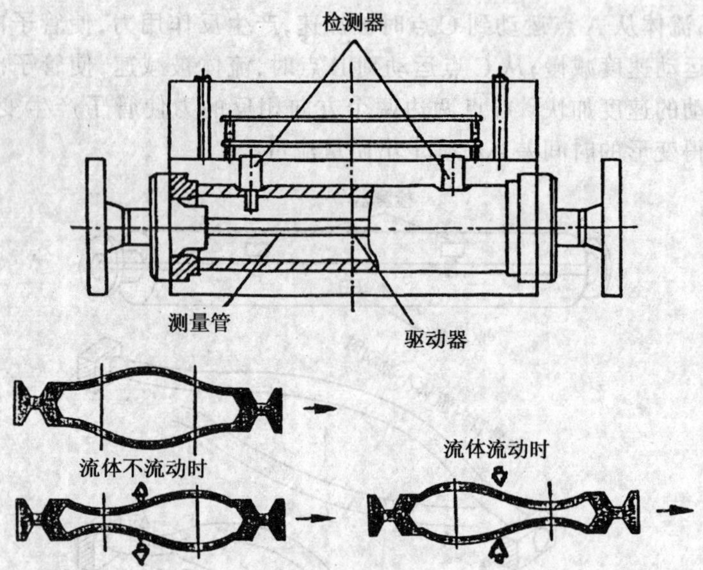

图 7－22　双直管型测量管质量流量计

三、影响计量性能的因素

1. 对测量管刚性的影响

1)温度对测量管刚性的影响

随着温度的增加，制造测量管的材料变得更加有弹性，随着温度的降低，制造测量管材料的弹性降低。在质量流量不变的条件下，如果温度增加，测量管更具有弹性，导致时间差 Δt 更大，说明质量流量增加，出现测量误差；与此同时，测量管的频率减少，导致密度值增加，也出现测量误差。为修正温度变化的影响，在测量管上安装 RTD，测量温度输送到变送器进行修正。所有的科里奥里流量计，对温度的影响都要进行补偿修正。

2)压力对测量管刚性的影响

随着压力的增加，测量管变得更加没有弹性，使它偏转更加困难。在质量流量不变的条件下，增加测量管内的压力，导致偏转小，时间差 Δt 小，使测得的质量流量值低于实际流量值；测量密度时，压力增加导致测量管的频率增加，使测的密度值小于实际的密度值。

压力对传感器的影响是几种因素的组合，测量管的壁厚、直径、几何形状和制造材料等决定压力影响的大小。设计时，利用平衡的几何形状，加大测量管的壁厚，基本上可消除压力的影响。

2. 对流量计基本位移或零点的影响

科里奥里质量流量计的测量管在加工制造和安装时，从一边到另一边不可能做到完全对称。由于存在不对称的因素，使测量管在没有流体流动时，两个检测器之间就存在一个基本的位移，测量时间差时就有一个很小的 Δt。因此，流量计在投入使用以前，必须确定出这个位移或很小的 Δt，这一过程称之为流量计调零点。为调准流量计的零点，必须注意以下几个方面：

(1)质量流量计的传感器必须正确地安装在管道上。

(2)质量流量计传感器下游的阀门必须关闭，在调零点的过程中，确保没有流体通过传感器。

(3)在典型的操作条件下，传感器必须被流体充满。

如有必要，质量流量计应同引起干扰的其他流动源隔离开。为实现这种要求，可将流量计上游的其他阀关闭，使传感器处于封闭的状态下。

质量流量计的调零是利用变送器内部的按钮来实现。通过调零后，在变送器的记数器中储存一个小的时间差或零值，即上面指出的值。在正常使用时，从所有测得的 Δt 中减去储存的值，实现对零点的修正。

有些条件的变化可能影响检测器相互之间的相对位置，使质量流量计的零点发生改变。这种零点的漂移使流量计的零点偏离变送器中“储存的零值”，使“储存零值”和流量计的“真正零值”之间存在偏差。下面介绍影响流量计零点漂移的因素。

1)管道应力与安装对零点的影响

质量流量计的传感器安装到管道上，如果管道不对中，安装时与使用时的温度变化很大，会导致管道对传感器产生压缩、拉伸、剪切的作用，使传感器受到管道应力的影响。管道应力影响传感器测量管相互之间的对准,造成检测器不对称。检测器相互之间位置的任何变化,都将引起零点的漂移。所以,无论是新安装的流量计,还是更换流量计的位置,为抵消这种影响,必须重新调零。

为减少管道应力对质量流量计的影响,安装流量计的管道应采用图 7-5 的结构,或遵循制造厂有关安装的建议。

2)温度对零点的影响

流量计在使用中,被测流体的温度可能发生变化。

温度对传感器的影响,通过广泛的加热试验可以测量出来。但是,对制造厂来说,要这样做是不实际的。如果测量管的温度不能保持不变,温度对流量计零点的影响,可采用下面 3 种方法中的一种进行调节。

(1)选用的质量流量计,应在它的上限流量范围内使用,使零点的漂移相对较小。

(2)按温度变化大于或等于 10℃来调流量计的零点。

(3)使用外部计算设备表示不同运行温度下零点的漂移值,并修正流量计显示的质量流量值。

3)流体密度对零点的影响

被测流体密度的变化导致流量测量系统质量的改变,这种变化可能改变传感器的质量平衡,引起不对称。不对称可能引起检测器之间基准位移的变化,从而影响零点。密度变化影响流量计的零点,可同温度一样,用下面 3 种方法中的一种方法处理:

(1)选用的质量流量计,应在它的上限流量范围内使用,使零点的漂移相对小。

(2)如果密度发生变化时,重新调整零点。

(3)使用外部的计算设备,按被测流体的不同密度表征零点的漂移值,并修正流量计显示的质量流量值。

3. 影响质量流量计计量性能的其他因素

1)外部振动的影响

通常认为,科里奥里质量流量计是一种以振动为工作原理的测量仪表,在振动的环境内就不能正常运行,这是不正确的。在管道上安装的流量计,遭受到外部振动的影响时,仍能表现出极好的性能。

但是,如果流量计遭受到振动频率与测量管振动的自然频率相同,或者近似测量管振动的影响,就可能产生测量误差。流量计对振动的敏感性,不同结构的流量计有不同的反映。采用柔性管可将振动源同流量计和流量计的支撑隔离开。

2)液流中夹带气或气塞的影响

科里奥里质量流量计的测量管内如果出现气液混合物,将会降低测量管的振动。要使测量管维持原有的振动,驱动电路必须输出更多的能量。为确保流量计传感器内部的安全,供给测量管振动的电能是被限的。因此,测量管内只要出现气液混合物,就会出现足够大的测量误差。

当测量管内的气体含量达到管子不再振动的点时,即使施加最大的能量给驱动器也不会产生振动,这种现象称之为驱动饱和状态。一旦出现驱动饱和状态,流量计再没有能力进行测量。

为估计科里奥里质量流量计测量气液混合物中含气量的能力,以水为介质完成的试验指出:在气体的体积含量达到5%时,开始有计量误差;当气体的体积含量达到12%~20%时,测量管将停止振动。

四、质量流量计的使用

质量流量计可以直接测量出流体的质量流量,对原油贸易交接计量来说是极好的方法。质量流量是不随条件变化的量,在计量条件下测得多少质量流量,在标准参比条件下也是多少质量流量。如果以体积流量进行贸易结算,只要将标准参比条件下的原油密度值除质量流量就得到体积流量。原油贸易计量采用质量流量计有如下的优点:

(1)测量原油质量流量的本身就将引起原油体积变化的温度、压力进行了修正,避免使用原油体积膨胀系数和压缩系数进行修正计算的过程。

(2)直接测量原油的质量流量,测量的准确度就是仪表本身的准确度。如果质量流量计的准确度能真正达到±0.1%～±0.2%的高度，比组合仪表（体积流量计和在线密度计）测质量流量的准确度±0.35%提高了很多。

（3）如果一定要以体积流量进行贸易结算，体积流量的准确度也能得到提高。质量流量计的准确度取平均值±0.15%，标准条件下测量的原油密度值的准确度可以做到高于±0.1%，假定是±0.1%，组合后的准确度是±0.18%。这个值比目前体积流量测量流量计的准确度±0.2%还高。如果使用原油的体积膨胀系数和压缩系数，将测量条件下的体积流量修正到标准条件下，考虑到系数的误差，温度和压力测量值的误差，质量流量计测量的准确度就会显得更高。

第四节　流量计的辅助设备

流量计的辅助设备是保证流量计正常运行，测量准确度和防止流量计损坏，延长流量计使用寿命需要配备的设备。从目前流量计使用的辅助设备来看，主要是过滤器和消气器，有的还安装专用的流量调节阀。

一、过滤器（图7－23）

过滤器的主要作用是防止被测量原油携带的铁屑、焊渣、石子、泥沙等杂质和脏物进入流量计，确保流量计正常运行，减少磨损和损坏，延长流量计的使用寿命。

二、消气器

原油沿管道流动时，不可避免地会遇到拐弯、爬高、节流、闪蒸等现象，油中溶解的气就会变成自由气从油中分离出来，聚积成一股一股的气体。另外，在阀门等连接处如果出现负压时，还可能从空气中吸入气体。为确保流量计在它所具有的计量准确度下正常运行，必须将这部分气体在进入流量计前就从油中排除掉。消气器就是起这个作用，完成排除气体的任务。因此，在原油贸易交接计量中，消气器是必不可少的辅助设备。

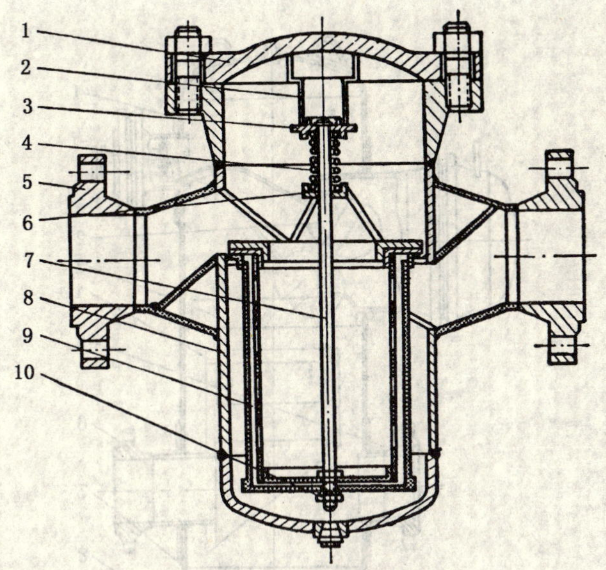

图 7-23 过滤器

1—头盖;2—支管;3—上弹簧座;4—弹簧;5—法兰;
6—下弹簧座;7—连接杆;8—壳体;9—过滤网;10—螺母

消气器有立式和卧式两种。立式消气器的结构如图 7-24 所示。卧式消气器的结构如图 7-25 所示。

三、流量调节阀

流量调节阀是调节通过流量计流量大小用的阀。手动操作时,一般是用流量计出口的截断阀兼做流量调节阀;自动控制操作时,应选用与自动控制操作相适应的气动调节阀、液压调节阀和电动调节阀作流量调节阀。

四、回压阀(背压阀)

回压阀的作用是使通过流量计的液体保持一定的压力,防止汽化,避免在流量计内出现气液两相,破坏流量计测量的准确度。如果被测量的原油具有较高的饱和蒸气压,或者在测量温度下,流量计内的压力可能出现低于原油饱和蒸气压,都应在流量计的出口端安装回压阀。回压阀的设定压力应大于 1.2 倍原油饱和蒸气压。

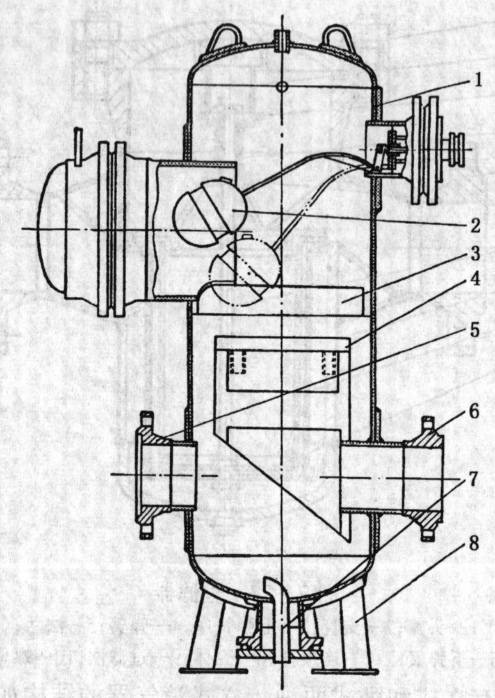

图 7－24　立式消气器

1—壳体；2—浮球阀；3—挡板；4—中间筒；5—凹面对焊法兰；6—凸面对焊法兰；7—排污管；8—支座

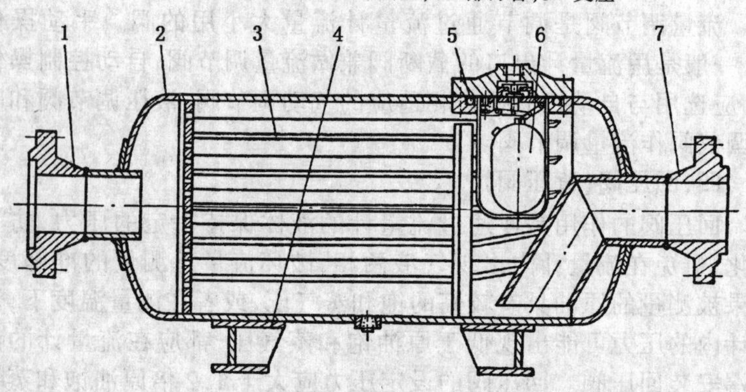

图 7－25　卧式消气器

1—进口法兰；2—壳体；3—隔板；4—支座；5—“O”形密封圈；6—浮球阀；7—出口法兰

第八章 计量标准器(标准装置)

原油贸易交接计量用的计量器具,是属于国家要求强制检定的计量器具。实际上,国家要通过强制检定,实施对原油贸易交接计量用的计量器具进行法制管理。也就是说,通过强制检定将国家的基准量值传递到原油贸易交接计量用的计量器具,确保量值的准确和统一。

在原油贸易交接计量现场使用的标准器大致有:标准容器、标准体积管和标准流量计。

第一节 标准体积管

因为我国的原油具有粘度高,含蜡和胶质多,易凝固的特点,贸易交接计量用的流量计,用标准容器做标准器检定流量计进行量值传递,是很难实现的检定方法。又因计量原油用的流量计要求高准确度,要求标准流量计的准确度更高。例如,商品原油计量用的流量计要求准确度等级为 0.2 级,标准流量计至少也应该要求准确度等级为 0.1 级。

标准体积管做标准器检定流量计是目前普遍采用的方法。标准体积管做标准器检定流量计,具有以下优点:

(1)在流量计正常运行的压力和温度条件下,用标准体积管对流量计进行实液检定。克服检定条件与使用条件不相同带来的误差。

(2)对流量计进行检定的整个过程中,不需要启、停流量计,消除了因启、停流量计带来的检定误差。

(3)体积管检定流量计是在密闭的管道内进行的,可减少检定过程中因原油蒸发损耗造成的误差。

(4)检定过程中，整个计量和计量检定系统是一个整体的完整统一的系统，可减少因温度场不同而造成的误差。

(5)标准体积管的重复性好(重复性优于0.02%)，准确度高(标准容积的不确定度可优于±0.032%)，可检定高准确度的原油流量计。

(6)标准体积管能对各种类型的容积式流量计、速度式流量计进行检定。配密度计后还可对质量流量计进行检定。

(7)标准体积管有严格的检定规程，不同的检定人员可取得相同的检定结果。检定流量计的操作程序固定，容易实现自动化。

一、标准体积管的工作原理

标准体积管作为检定流量计的标准器，必须具有由国家基准传递下来的标准容积。该容积的准确度(不确定度)必须符合计量检定系统表的规定。同时，该容积还必须能溯源到国家基准。为满足这种要求，标准体积管专门有一段称之为基准管的管段，该管段的容积是用国家基准准确地校准的，是用来检定流量计的标准容积。

检定流量计时，将原油流过基准管段的体积量，与同一时间内流量计测量的原油体积量进行比对。假如原油流过基准管段的时间是Δt，在Δt的时间内流量计测量的体积量是V，将V和基准管段的标准容积比对，就确定出流量计测量的体积量与真值的最好估计值——标准容积的偏差，即不确定度。

为更好地说明标准体积管检定流量计的工作原理，图8-1给出检定过程的示意图。从该图可以看出，检定时，将置换器放入到标准体积管内，随着原油的流动，将置换器推着顺油流的方向向前运动，到达基准管段的第一个检测开关时，使检测开关动作，向检定用的电子计数器发出信号，开始记录被检流量计传送来的脉冲信号。置换器随着油流继续向前运动，通过基准管段到达第二个检测开关时，使第二个检测开关动作，又向电子计数器发出信号，停止记录被检流量计传送来的脉冲信号，完成一次检定。

因为流量计发出的每一个脉冲信号都代表流量计测量的流量，记录下脉冲数就可知道置换器通过基准管段这一时间间隔内，

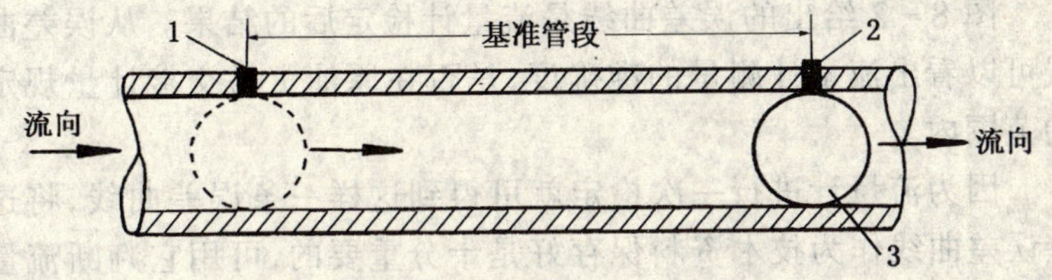

图 8－1 标准体积管工作原理图

1—第一个检测开关；2—第二个检测开关；3—置换器

流量计测量的体积流量。

标准体积管基准管段的标准容积是用二等标准量器准确地校准的实际值。该值满足规定的准确度，是可代替真值使用的量值。因此，将置换器通过基准管段时间间隔内流量计测量的流量，与该量值进行比较，就可确定出流量计的流量计系数或准确度（不确定度）。

如果要确定流量计测量的准确度（不确定度），可绘制误差曲线（图 8－2）。该曲线的横坐标是流量 Q，纵坐标是不确定度 δ。也就是说，在图 8－2 中的 0 线是流量计系数 $F=1$ 的线，$F>1$ 的值在零线以上，$F<1$ 的值在零线以下。如果图 8－2 的纵坐标改成用流量计系数表示，0 点相当于流量计系数等于 1.000；+0.2％ 的线相当于流量计系数等于 1.002 的线；－0.2％的线相当于流量计系数等于 0.998 的线。

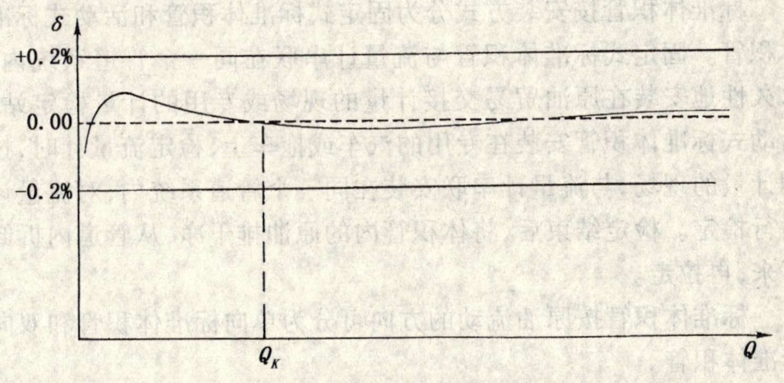

图 8－2 流量计的误差曲线

图 8－2 给出的误差曲线是流量计检定后的结果。从误差曲线可以看出流量计测量的准确度，是否在原油贸易交接计量规定的范围内。

因为流量计进行一次检定就可得到这样一条误差曲线，将这些误差曲线作为技术资料保存好是十分重要的，可用它判断流量计运行情况的好坏，决定流量计是否要进行维护、检修，甚至更换。例如，每两次检定的误差曲线基本一致，说明流量计运行时的计量性能稳定，流量计的运行状况很好；如果每两次检定的误差曲线比较，相对于前一次来说，后一次的误差曲线总是向负的方向移动，则说明流量计的渗漏量加大，可根据影响渗漏量的因素，分析渗漏量加大的原因。如果这种偏差逐次加大，甚至超过原油贸易交接计量规定的准确度范围，说明流量计需要维修。维修后检定很快又出现上述情况，说明可能需要更换流量计。

上述的情况是维修和更换流量计的理由之一，如果检定后的误差曲线没有变化规律，正、负方向变化很大，甚至超过规定的准确度范围。遇到这种情况，说明流量计的某些部件磨损很严重，根本无法正常运行，流量计必须进行大的修理或更换流量计。

二、结构特征

为了叙述标准体积管的结构特征，首先对体积管命名分类的情况做简要介绍。

标准体积管按安装方式分为固定式标准体积管和活动式标准体积管。固定式标准体积管与流量计串联在同一个管道系统内，永久性地安装在原油贸易交接计量的现场或专用的计量检定站；活动式标准体积管安装在专用的汽车或拖车上，检定流量计时，拉到计量的现场，与流量计串联安装在同一个管道系统内，对流量计进行检定。检定结束后，将体积管内的原油排干净，从管道内拆卸下来，再拉走。

标准体积管按原油流动的方向可分为单向标准体积管和双向标准体积管。

上述命名分类没有涉及体积管的结构。为满足各种应用，体积管的结构在不断改进和发展。按体积管结构的改进和发展,将体积管分成常规体积管和紧凑式小容积体积管。

1. 常规体积管

常规体积管是指最早研制的三球无阀式、一球一阀式的体积管,以及后来发展改进的双向式体积管。

1)三球无阀式单向标准体积管(图 8-3)

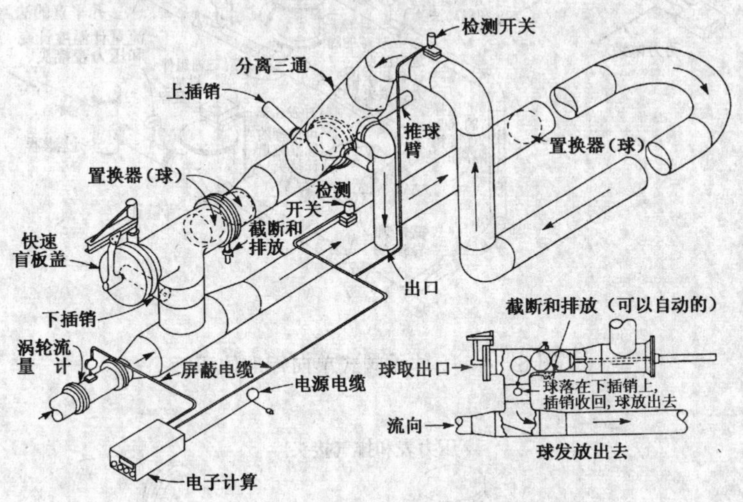

图 8-3 三球无阀式单向标准体积管

这种结构的体积管由基准管段、置换器(一种橡胶球)、检测开关、置换器分离体、推球器、上下插销、快速盲板等组成。

这种体积管是最早的一种结构,除占地面积较大外,其他各方面都能很好地满足计量检定的要求。

2)一球无阀式单向标准体积管(图 8-4)

这种结构的标准体积管与前面介绍的、三球无阀式单向标准体积管是相同的,也有分离体(分离三通组件),置换器(球)的收发机构(控制球的阀和发射三通组件),液压系统,电气控制系统等。不同的是这种标准体积管的推球器除推球外,还要代替阀或球起密封作用;在两个检测开关前、后要有足够的换向长度。

3)一球一阀式双向 U 型管式标准体积管(图 8-5)

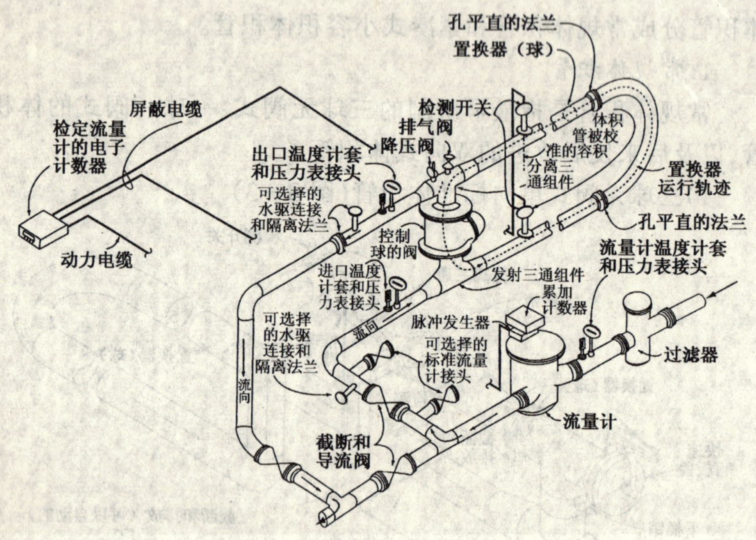

图 8-4　一球无阀式单向标准体积管

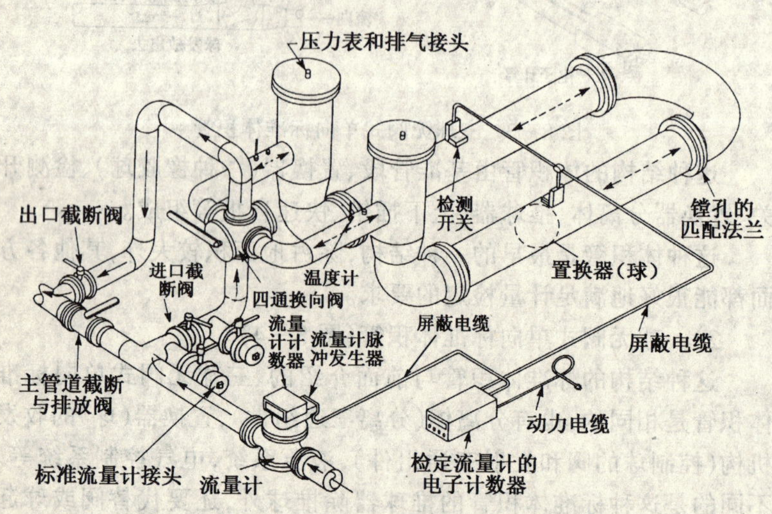

图 8-5　双向 U 型管式标准体积管

从图 8－5 可以看出，这种体积管不同的结构是四通换向阀。由于采用四通换向阀，标准体积管运行时，原油从一个方向将置换器(球)推着通过基段管段到达另一端；利用四通阀换向，改变油流的方向，又从相反的方向将球推着通过基准管段，到达开始端，这样完成一次检定运行。这种结构的标准体积管，关键的设备是四通换向阀。

这种结构的体积管与三球无阀式单向标准体积管比较，结构简单，可以安装在汽车上，做成活动式的标准体积管(图 8－6)。

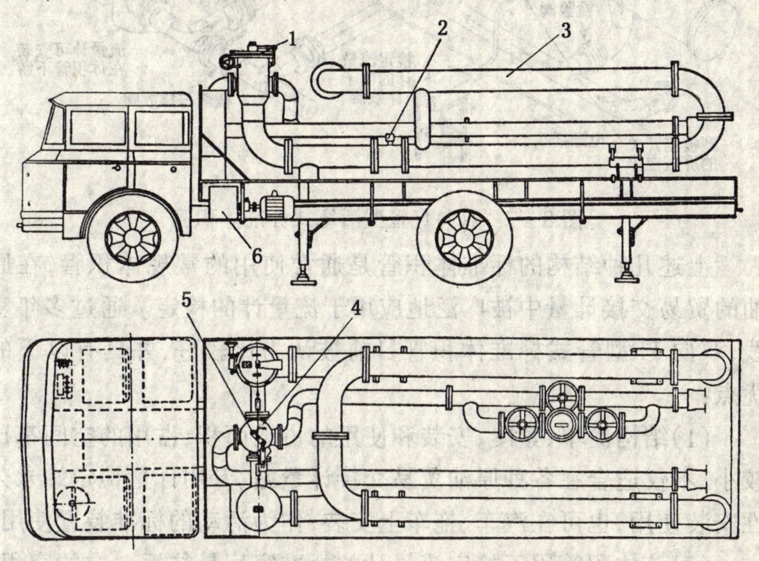

图 8－6　一球一阀式双向标准体积管

1—快速盲板；2—检测开关；3—基准管；4—四通阀；
5—四通阀换向机构；6—控制机构

4)双向直管型活塞式标准体积管(图 8－7)

这种结构的标准体积管，基准管段是一段直管段，置换器改成活塞，也是利用四通换向阀转换原油的流向。也就是说，原油从一端将置换器活塞推着通过基准管段到另一端，四通换向阀换向，将原油改成从另一端推着活塞反向返回到出发的一端，完成一次检定运行。

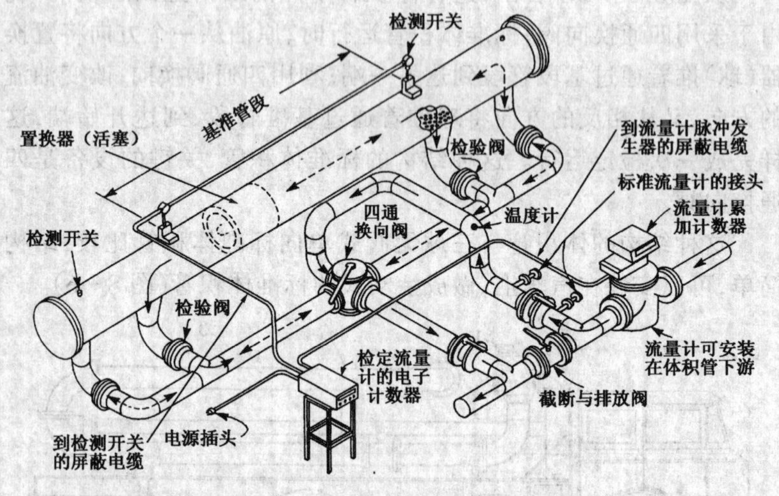

图 8－7　双向直管型活塞式标准体积管

上述几种结构的标准体积管是通常使用的常规体积管，在原油的贸易交接计量中被广泛地应用于流量计的检定。通过多年实践，双向 U 型管式标准体积管目前被认为比较好，并具有以下的优点：

(1)结构简单、紧凑，安装和使用的占地面积，占用的空间都比较小，不仅适合在各种原油贸易交接计量站、专用计量检定站永久性安装使用，也可在汽车、拖车上安装，作为活动的标准装置使用。

(2)该体积管用于检定流量计的标准容积是往返一次的容积，相对于单向标准体积管来说标准容积增加一倍，有利于提高流量计检定的准确度。检定时，还可利用往返容积的相互比较，发现检定运行中出现的问题。

体积管制造厂近几年对体积管的结构又做了改进，在基准管的两端各增加一个检测开关，使每端的检测开关成为两个，标准体积管的检测开关变成四个。这样，标准容积可变成四个。

(3)体积管的密封可靠。该体积管利用四通阀导向和密封，由于四通阀有检漏措施，可确保密封。

2. 紧凑式小容积标准体积管

为适应海上油田计量利用的空间小，油品的计量仪表又必须采用在线实液检定的要求。20 世纪 80 年代末期，总结常规体积管多年使用的经验，利用不断发展的电子技术，研制出紧凑式小容积标准体积管。

1)小容积标准体积管的组成

小容积标准体积管主要由以下部分组成：

(1)精密加工制造的圆筒。该圆筒是体积管标准容积的部分，与常规体积管的基准管段相同，只有直管没有弯头。

(2)置换器。置换器有活塞式的和球形的。活塞式的置换器有一种是带密封垫，并连接到中心杆上；另一种是利用活塞和圆筒壁之间密封的自由活塞。置换球与常规体积管用的球相同，是用具有弹性的橡胶或塑料制造的空心球。

因为小容积体积管的基准容积小，如果置换器和圆筒壁之间，或者开启阀发生小的渗漏都可影响检定的准确度。在设计和操作中，必须考虑检验和监视置换器密封稳定性的方法。置换器的密封稳定性是在与正常运行一致的低压差条件下，用静态或动态的方法检验。

(3)检测开关。检测开关指示出置换器位置的误差应在±0.01%的范围内。为满足这种要求，采用光的检测开关。检测开关指示置换器位置的重复性，是控制标准容积筒体长度的因素，必须尽可能地准确确定。

(4)脉冲插入器。因为小容积体积管两个检测开关之间的容积小，在置换器置换出该容积的时间内，流量计不可能达到要求发出的脉冲数。因此，小容积体积管需要使用脉冲插入技术和脉冲插入器，以提高收集脉冲的分辨力。

(5)控制器。使用控制器处理来往体积管的所有信号；接收检测开关来的启、停信号，开启记时器；接收被检流量计来的脉冲信号，完成计算和显示所有的数据。

2)小容积体积管的结构

(1)外部有阀的小容积体积管。

这种体积管的结构如图 8－8 所示。它的活塞连接到中心杆上。检定时，液压系统将活塞推向开始检定的位置。液压系统推动活塞时，外阀打开，液流通过外阀流动。开始检定时将外阀关闭，液流推动活塞沿液流方向移动，完成检定的运行。图 8－9 是该体积管的系统示意图。

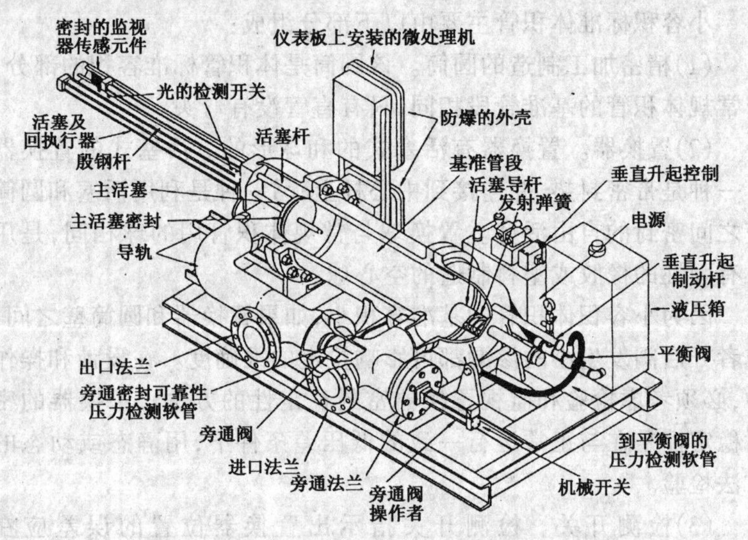

图 8－8　外部有阀的小容积体积管结构图

(2)内部有阀液压系统驱动的小容积体积管。

这种体积管的结构如图 8－10 所示。它的活塞上有一个开启阀，液压系统将活塞推向开始检定的位置时，开启阀打开，让液体通过活塞流动。开始检定时，开启阀关闭，液流推动活塞沿液流方向运动，完成检定的运行。图 8－11 是该体积管的系统示意图。

(3)内部有阀链条驱动的小容积体积管。

这种体积管的结构如图 8－12 所示。它与液压驱动体积管的差别是用链条驱动取代液压驱动，其优点是：链条驱动系统在外部，直观，比液压系统简单，维修方便。检定时，链条驱动系统将活塞拉到检定的位置，然后液流将活塞推着顺液流的方向移动，完成

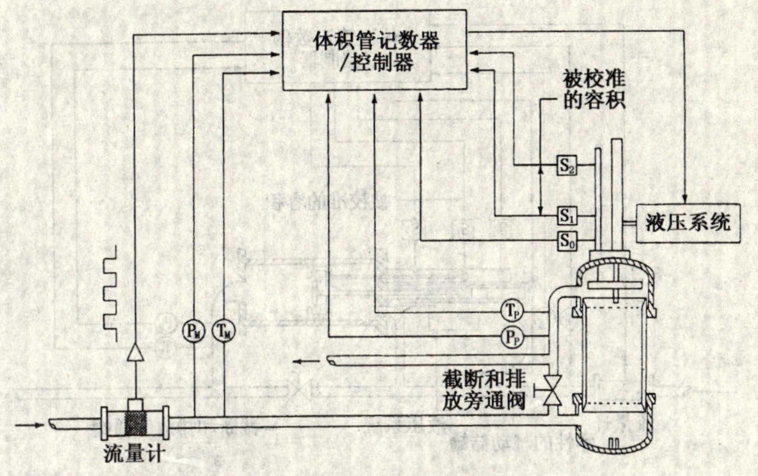

图 8－9　外部有阀的小容积体积管系统示意图

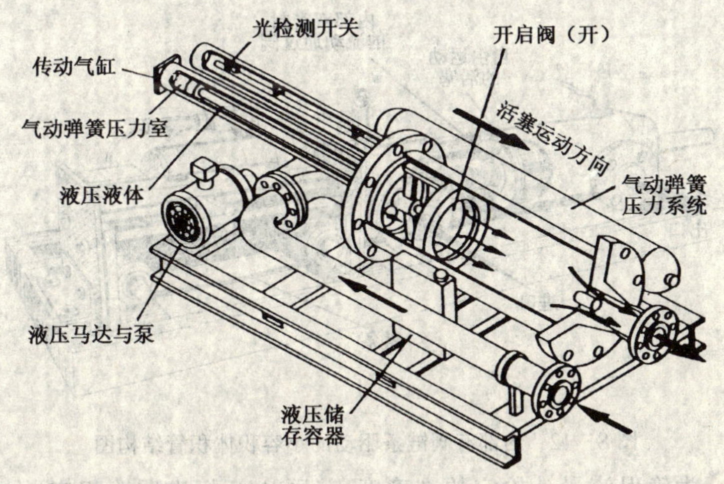

图 8－10　内部有阀液压系统驱动的小容积体积管结构图

检定运行。系统与前给出的图基本上是相同的。

3)脉冲插入技术

脉冲插入技术是研制小容积体积管的关键技术,可以说,没有脉冲插入技术,就研制不出小容积标准体积管。

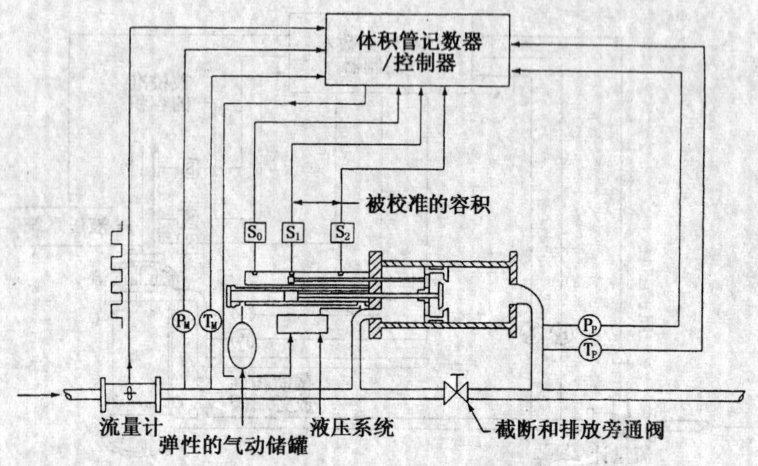

图 8－11　内部有阀液压系统驱动小容积体积管系统示意图

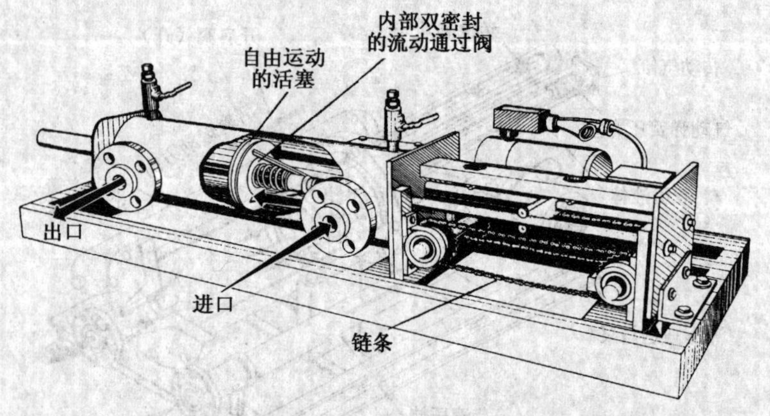

图 8－12　内部有阀链条驱动的小容积体积管结构图

为确保流量计检定的准确度，美国 API 标准明确规定，在检定过程中，被检流量计在两个检测开关之间必须发出 10000 个脉冲。

小容积标准体积管使用脉冲插入技术，主要是解决不丢掉脉冲的问题。也就是说，用小容积体积管检定流量计时，流量计测量的体积流量是没有任何脉冲损失的真实量。这样，流量计测量的真实量与相应的一个标准的容积量比较，自然可准确地确定出流量计的流量计系数，或者是流量计测量的不确定度(准确度)。

如果不使用脉冲插入技术，流量计测量的体积流量会因丢失脉冲而失去真实性。

三、体积管的选择、安装、使用和维护

我国最近发布的国家标准 GB/T 17286.1《液态烃动态测量体积计量流量计检定系统第 1 部分：一般原则》，GB/T 17286.2《液体动态测量体积计量流量计检定系统第 2 部分：体积管》，对标准体积管的选择、安装、使用和维护，做了明确的规定和说明。这两个国家标准是等同采用国际标准 ISO 7278.1《Liquid Hydrocarbons－Dynamic Measurement－Proving System for Volumetric Meters－Part 1:General Principles》，ISO 7278.2《Liquid Hydrocarbons－Dynamic Measurement－Proving System for Volumetric Meters－Part 2:Pipeprovers》。

1.选择

选择标准体积管主要是确定使用什么样的结构型式，即选择常规体积管(固定式与活动式)，还是紧凑式小容积体积管(固定式与活动式)；体积管使用的有关参数等。

1)结构型式的确定

(1)结构的确定。

首先，因为任何一种结构的标准体积管都有它的优点和缺点，都有它的使用要求和使用条件。确定选择体积管的结构时，必须将体积管的要求和条件与被检流量计、被测介质和环境条件(包括公用工程)相比较。如果它们之间能相互适应，互相满足要求，就能较好地完成检定任务，这种结构的体积管就可选用。

其次，确定体积管的结构时，还应考虑该种结构的体积管在本部门、本系统是否已经使用。

譬如，从检定流量计来看，常规体积管和小容积体积管都能满足要求。但对小容积体积管来说，就必须考虑以下的问题：

①小容积体积管检定流量计必须采用脉冲插入技术。如果流

量计满足不了这种要求,就保证不了检定的准确度。

②使用介质含杂质和腐蚀性的情况。小容积标准体积基准管段的标准容积很小,一般是几十升至几百升,基准管段的内部又是经过精细加工的。因此,检定用的介质如果含杂质多,而且有腐蚀作用,小容积体积管使用很短的时间基准管段就有可能被磨损和腐蚀坏,影响标准容积值。由于小容积体积管的标准容积很小,尽管这种影响也很小,仍会给检定结果带来大的误差。

③体积管使用的频率和流量的变化。如果标准体积使用的频率很高,流量的变化范围很宽,常规体积管可能比小容积体积管好,常规体积管相对来说结构比较简单,耐用,流量变化对性能的影响相对来说小一些。

④投资和费用。从目前来看,小容积体积管国内还没有定型产品,主要是从国外购买,尽管它的安装费用少,但购买的费用比较高。

⑤使用情况的了解和分析。如初步决定选用小容积的体积管,首先要了解国内石油系统已经使用过的体积管,以便确定选用体积管的类型。

(2)型式的确定。

确定采用固定的还是活动的标准体积管型式,主要是根据使用的需要。对大型的原油贸易交接计量站,应设置固定式的标准体积管。对小型的原油贸易交接计量站,可用活动式的标准体积管。选用活动式的标准体积管后,原油贸易交接计量站使用流量计的安装设计,必须考虑将活动式标准体积管串联安装到流量计的下游,保证流量计检定时,体积管能与流量计进行串联连接。

2)确定标准体积管的参数

标准体积管的参数有重复性、基准容积、使用的流量范围、适用的介质,使用的温度和压力,基准管段的材质等。这些参数必须同被检流体的性质和流量相适应,才能保证实施对流量计的检定。

原油贸易交接计量检定流量计用的标准体积管,其重复性必须优于0.02%。

体积管的基准容积与使用的流量范围是相互关联的两个参数。一般来说,使用的流量范围宽,相应的标准容积就大。选用时,首先要根据被检流量计测量使用的流量范围,确定体积管使用的流量范围。

标准体积管还应满足适用的介质、温度和压力条件。

基准管段的材料必须确定。因为校准基准管段的标准容积时,要计算温度和压力对基准管段标准容积的影响,必定涉及到材质的线膨胀系数等参数。不同的材质有不同的系数,所以必须确定材质。

表8-1和表8-2给出常规体积管和紧凑式小容积体积管的有关参数。

表8-1 常规标准体积管的性能参数

<table>
<tr><th>公称直径
mm</th><th>基准容积
L</th><th>流量范围
m^3/h</th><th>重复性
%</th><th>工作压力
kPa</th><th>工作温度
℃</th><th>适用介质</th><th>基准管
材质</th></tr>
<tr><td>100</td><td>400</td><td>3~80</td><td rowspan="14">≤0.02</td><td>2500</td><td>10~85</td><td rowspan="14">原油或
其他液体</td><td rowspan="14">碳钢</td></tr>
<tr><td>150</td><td>750</td><td>5~150</td><td>2500</td><td>10~85</td></tr>
<tr><td>200</td><td>1000</td><td>7~300</td><td>2500</td><td>10~85</td></tr>
<tr><td>250</td><td>2500</td><td>10~450</td><td>2500</td><td>10~85</td></tr>
<tr><td>300</td><td>4000</td><td>20~700</td><td>2500</td><td>10~85</td></tr>
<tr><td rowspan="2">350</td><td rowspan="2">5500</td><td rowspan="2">30~1000</td><td>2500</td><td rowspan="2">10~85</td></tr>
<tr><td>6400</td></tr>
<tr><td rowspan="2">400</td><td rowspan="2">8000</td><td rowspan="2">50~1500</td><td>2500</td><td rowspan="2">10~85</td></tr>
<tr><td>6400</td></tr>
<tr><td rowspan="2">500</td><td rowspan="2">10000</td><td rowspan="2">80~2000</td><td>2500</td><td rowspan="2">10~85</td></tr>
<tr><td>6400</td></tr>
</table>

表 8－2 紧凑式小容积标准体积管的性能参数

公称直径 mm	基准容积 L	流量范围 m^3/h	重复性 %	工作压力 kPa	工作温度 ℃	适用介质	基准管材质
150	57	0.397～397	<0.02	1960	－31～94		
200	159	0.794～794		5100	－31～94		
	20	0.057～57					
250	159	1.19～1191		10200	－31～94		
300	40	0.227～227		15300	－31～94		
	60	0.397～397					
	318	1.985～1985					
450	120	0.794～794					
600	250	1.589～1589					
1000	650	3.972～3972					

说明:表中的数摘自几家制造公司的样本,只供选用时参考。

2.标准体积管的安装

标准体积管的安装是指固定式标准体积管的安装。

固定式标准体积管系统一般有两个分系统:一个分系统是检定流量计的系统,该系统通常称之为主系统;另一个分系统是校准标准体积管标准容积的系统,该系统通常称之为辅助系统。

流量计的检定系统。标准体积管通常串联安装在流量计的下游。为保证准确地检定流量计,通过流量计测量的原油必须全部通过标准体积管;为保证通过流量计的原油所具有的温度,在到达基准管段后的温降不会太大,体积管应尽可能地与流量计靠近。如果达不到这种要求,体积管与流量计之间的管道应加保温,防止散热,造成过大的热量损失。

为确保基准管段在连接时不受外力的影响,应先将基准管段连接好,再将相关的组成部件、有关管道连接好,然后再连接进、出体积管的管道。

标准体积管基准容积校准系统。标准体积管的基准容积校准，从目前来看有水驱法和标准流量计法。水驱法校准体积管基准容积的工艺流程示意图在图 8－13 和图 8－14 中给出；标准流量计法校准体积管基准容积的工艺流程示意图在图 8－15 中给出。安装设计首先应根据计量采用的校准方法，校准的要求，校准的操作和注意事项等内容，确定出校准的工艺流程(这里给出的工艺流程可供参考)，选用所需要的设备。

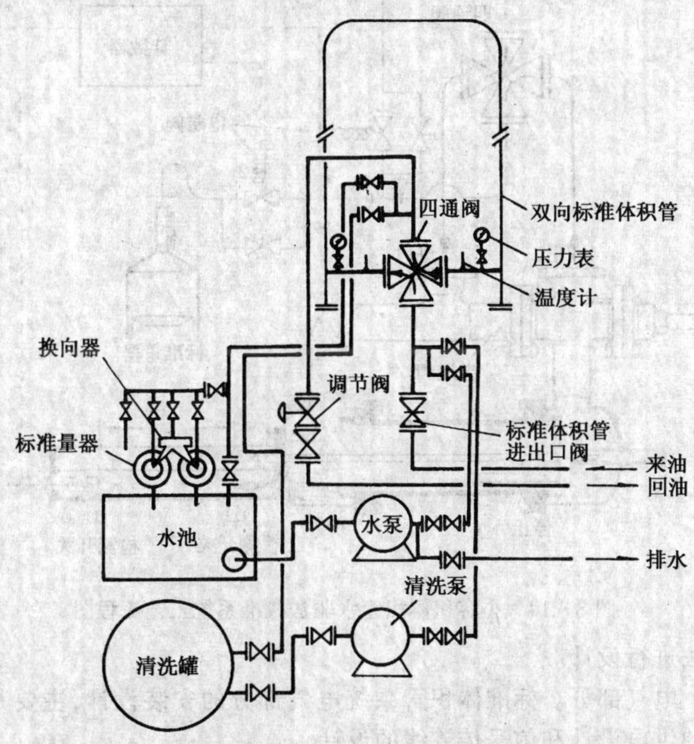

图 8－13　双向标准体积管水驱法检定系统工艺流程示意图

从给出的示意流程可以看出，采用标准流量计法校准标准体积管的基准容积，如果使用原油为介质进行校准，校准系统的安装设计主要是预留与标准流量计连接的接头和管线，以及相应的阀门；如果以水为介质进行校准，只是用标准体积管和标准流量计取代标准量器及有关的换向器，其他的设备与水驱法类似，可参照水

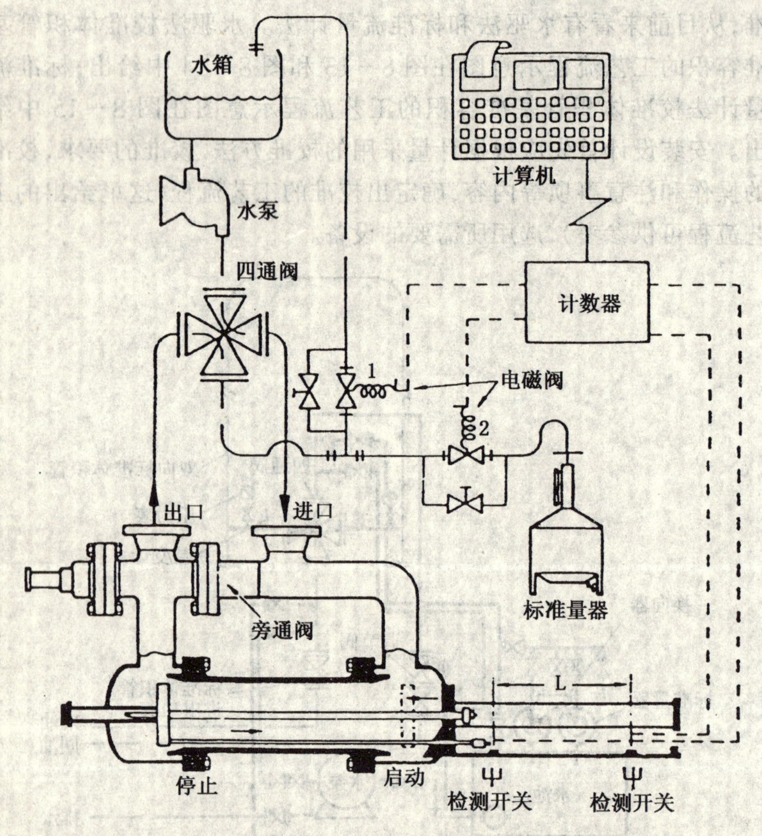

图 8－14　小容积体积管水驱法校准系统工艺流程图

驱法进行设计。

电气部分。标准体积管系统电气部分的安装设计，主要是电源的供电设计和信号传输线的设计。

在安装设计时，标准体积管、校准标准体积管的标准器，应尽可能设置在室内，防止阳光直射和风雨的浸蚀，避免温度发生较大的或快速的变化。为使设备和校准液体能达到相当稳定的平衡温度，可简化校准过程中的操作，减少操作复杂带来的误差。为保证施工安装的质量，施工安装单位必须做好施工前的准备工作，施工过程中的质量监督与检查工作，以及施工完成后，使用、设计和施

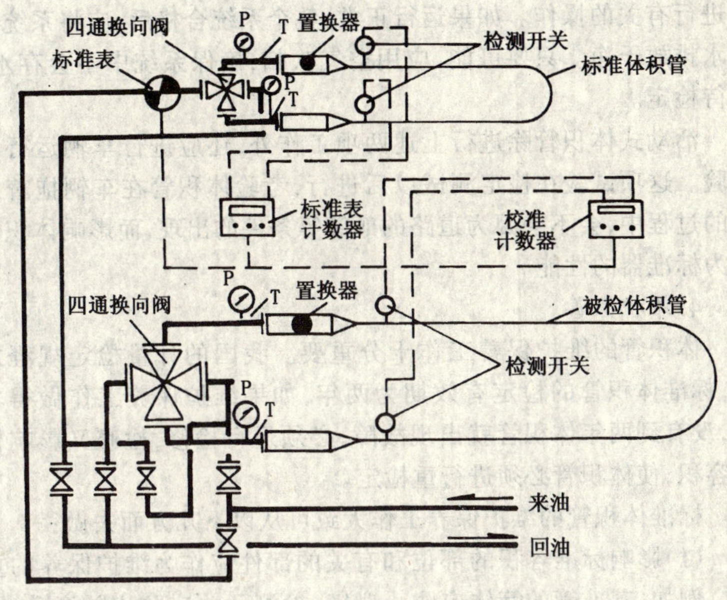

图 8－15　标准流量计法校准体积管的工艺流程图

工三方的验收工作。

3.建标与使用

标准体积管是检定流量计的标准器，使用前必须经过检定，并取得检定合格证书。然后，向国家计量行政部门申请建立检定流量计的标准。经建标考核合格的标准体积管将作为社会公用计量标准对流量计进行检定。下面对标准体积管建成后，交付使用以前的工作进行说明：

(1)对标准体积管的整个系统(包括电气和信号系统)应进行全面检查。检查将以上面安装中提出的要求和注意的事项，以及设计的规定为依据，逐项进行。

(2)对与标准体积管有关的整个管路系统应进行严密性试验(气压试验)、水压试验(强度试验)。严密性试验应在设计规定的压力下进行。

水压试验合格后，再用检定的水泵使水在整个系统循环，并再次进行有关的操作。如果运行正常,整个系统合格后,应将系统中的水排放干净。只要可能,应用空气吹扫,确保系统中不会存水,等待检定。

活动式体积管除进行上述两项工作外,还应进行车辆运行的试验。这项试验在检定测试以后进行,考验体积管在车辆拖着运行的过程中,会不会因为道路的颠簸等条件的出现,而影响体积管作为标准器的性能。

4.维护保善

体积管的维护保善工作十分重要。我国的计量检定规程规定,标准体积管的检定有效期为两年,如果维护保养工作做得不好,没有到两年体积管就出现故障,必须进行检修,检修又影响标准容积,使体积管必须进行重检定。

标准体积管的维护保养工作大致可从以下几方面去做:

(1)影响标准容积的部位和有关的部件应作为维护保养的重点。例如,基准管的管体应防止碰撞,检测开关应防止随意乱动,并注意维护和保管。

(2)对检定流量计涉及的管道、有关的设备、部件和配件,应维护保管好,防止检定流量计时出故障。

(3)对电气和信号系统应经常检查,对检定用的控制台(箱)应注意保管,防止人为的故障。

第二节　标准罐——标准金属容器

在原油计量中,以水为介质校准标准体积管的标准容积时,要用二等标准罐做标准容器。总不确定度为$\pm 2.5\times 10^{-4}$的二等标准罐通常是用总不确定度为$\pm 5\times 10^{-5}$的一等标准罐来校准。

一、工作原理

用二等标准罐检定标准体积管,就是用已经准确地确定出标准容积,校准体积管基准管的标准容积。也就是说,用标准罐的标准容积测量出体积管的标准容积。

这种测量一般都是在常压下进行，因此影响测量的因素只有温度，有关温度影响的修正将在体积管检定中详细叙述。

二、结构特征

图 8－16 给出常用的开式固定标准罐的结构图。从该图可以看出，罐顶部的中心有一个装有液位计的圆柱体，圆柱体与罐是同心的，一般称之为上颈部。上颈部圆柱体的最小内直径不应小于 10cm，上颈部安装玻璃液位计的长度所具有的容积，至少是标准罐容积的 1%。罐的底部有与罐同心的连接短管，短管上安装有阀，阀的下部连接进、出的管子。罐的底部也可装有液位计的圆柱体（见图 8－16 中详图），一般称之为下颈部。下颈部安装玻璃液位计的长度所有的容积，至少是标准罐容积的 0.5%。

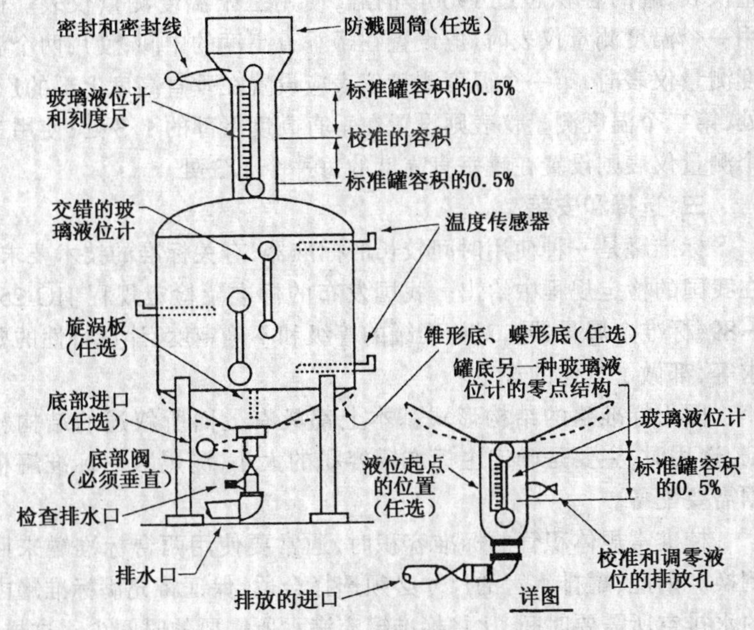

图 8－16　开式固定的标准罐

为观察罐内液位的变化和任一液位的高度，在罐的壳体上也要装置玻璃液位计。为减少玻璃液位计和罐内液体温度差引起的读数误差，通常建议罐壳体上的单个玻璃液位计的长度不应超过60cm。当罐的高度大于60cm时，可采用交错安装的方式安装液位计，以保证液位计能复盖所有的液位。罐上安装的玻璃液位计，最小的内直径不应小于16mm。

用一等标准罐校准二等标准罐，用二等标准罐校准标准体积管的标准容积，都必须考虑温度的影响。对温度测量仪表有如下的要求：

(1)温度测量仪表的读数应准确到0.25℃或更准确。

(2)温度测量仪表设置的位置对准确地测得温度是十分重要的。一般是这样规定：罐的容积为380L(100gal)设一个温度测量仪表；罐的容积大于380L不超过1900L(500gal)使用两个温度测量仪表；罐的容积超过1900L的罐，使用三个温度测量仪表。使用一个温度测量仪表时，应设置在罐垂直高度的中间；使用两个温度测量仪表时，第一个温度测量仪表应设置在垂直高度上部的1/3处，第二个温度测量仪表则设置在垂直高度下部的1/3处；使用三个测量仪表则设置在罐垂直高度的每一个1/3处。

三、选择和安装

标准罐是一种使用时间较长的标准器，有关标准的技术要求，在我国的检定规程中给出。我国发布的标准罐检定规程JJG 259－89《标准金属量器》，对标准罐的等级和不确定度，计量特性的要求等，都做了具体的规定。

因为标准罐的结构形式基本上都具有上面所叙述的结构特征，选用时，主要是确定主标准罐容积的大小，测尾数的标准罐根据需要配备。

校准常规体积管的标准容积时，通常要使用两台标准罐来回倒换。因此，罐排水管的尺寸必须选择合适，保证将充满标准罐内的水排空所需要时间，比将标准罐充满水所需要的时间少。这样，才能满足倒换标准罐的要求。

标准罐作为原油贸易交接计量中使用的标准容器，是属于国家列入强制检定范畴内的计量器具。

第三节　标准流量计

标准流量计用作校准流量计和其他计量器具的标准器，在我国 1997 年发布的检定规程 JJG 667《液体容积式流量计》。1994 年发布的检定规程 JJG 209《体积管》中，都有规定。但没有专用的标准说明标准流量计。

美国石油学会的 API 石油计量标准手册的第四章《检定系统(Proving Systems)》第五节《标准流量计——标准器(Master－Meter Provers)》，对标准流量计的流量计系统，配套的设备，连接和使用的要求，对容积式流量计和涡轮流量计用作标准流量计的规定等都有说明。

标准流量计是用作检定其流量计的标准器，按标准器的用途对标准流量计有如下的要求：

(1)标准流量计的流量计系数，在被检流量预期的流量范围内，随流量的变化应成线性关系，并且具有较好的稳定性。

(2)标准流量计的流量计系数，应在被检流量计的运行条件下，用被检流量计测量的介质进行检定来确定。每个流量点的流量计系数至少应检定两次，用两次检定得到的流量计系数求平均值作为标准流量计的流量系数。两次检定得到的、流量计系数的重复性应在 ±0.02% 的范围内，平均流量计系数的重复性则在 ±0.01% 的范围内。

(3)标准流量计不得有温度修正机构、器差调整机构式校准器。从标准流量计和被检流量计得到输出脉冲信号至少有万分之一的分辨力。

选用的流量计除上述要求外，还有以下的注意事项和要求：

(1)容积式流量计。

选用容积式流量计做标准流量计时，得到万分之一的分辨力，下面两个任选项目是可利用的：

①如果流量计的记数器可以准确地记录近似于 $0.1m^3$ 的流

量，检定运行的最小流量应该是 1000m^3；如果流量计的记数器可以准确地记录近似于 0.01m^3 的流量，检定运行的最小流量应该是 100m^3。由于传动齿轮组的松弛度或视差等原因，用这种方法检定不可能是可重复的，因此要用大的流量进行检定，并且要改正不能出现重复性的原因。

②为得到所要求的分辨力，标准流量计和被检的流量计可能要装备高分辨力的脉冲信号发生器或类似的设备。

(2)涡轮流量计。

涡轮流量计每单位体积能产生大量的脉冲，通常还安装有快速的记数器，所以很容易连续地产生 10000 个分散的单位体积。当涡轮流量计用作标准流量计时，必须采取下列特殊的预防措施：

①用做标准流量计的涡轮流量计，必须是由整流器和流量计组成的完整机组，在运输和操作运行期间，机组必须保持它的完整性。

②如果标准流量计和被检流量计都是涡轮流量计，它们都应该有自己的整流设备，以防止一个流量计对另一个流量计产生有害的不利影响。

③标准流量计和被检流量计的记数器，应用同一个信号启动和停止，建议使用门电路。

第九章　标准体积管和流量计的检定

第一节　标准体积管的检定

标准体积管的检定应依据国家发布的检定规程 JJG 209《体积管》,以及 GB/T 17286.2《液态烃动态测量　体积计量流量计检定系统第 2 部分:体积管》进行。

通过前面对标准器的介绍已经知道,在原油计量中,检定标准体积管的标准容器——标准罐,是送到有关部门检定,在计量现场检定的只有标准体积管和标准流量计。标准流量计的检定与工作计量器具——流量计的检定方法是相同的,只是要求不一样,在流量计检定一节中说明。

标准体积管必须由国家计量行政部门,或者由国家计量行政部门授权的计量检定机构进行校准。校准合格后发给计量检定合格证书,再经国家计量行政部门按对计量标准考核的要求进行考核合格后,批准作为社会公用计量标准方可使用。

一、水驱法校准标准容积

1.方法概述

水驱法校准标准体积管的基准容积是以水为介质,将介质用泵加压从体积管的进口输入体积管内,推动置换器通过第一个检测开关进入基准管内,通过基准管段从第二个检测开关出来。对单向标准体积管运行一次则完成一次校准;对双向标准体积管,往返运行一次才算完成一次校准,两个基准容积之和作为校准的容积。

从体积管出来的水进入经校准并取得证书的标准量器内,用标准量器测量出基准管段的基准容积。

按规程的规定，每校准一次至少要检定测量3次（国际标准和国外先进标准规定是5次），3次检定测得数据的重复性要达到±0.02%，再以这3次测量数据的平均值作为基准容积。

2.校准的工艺流程和设备仪表

1)工艺流程

水驱法校准常规体积管的标准容积，使用的工艺流程有两种：一种是标准罐从顶部进水的工艺流程（图8-13），另一种是标准罐从底部进水的工艺流程（图9-1）。水驱法校准小容积标准体积管的标准容积，标准罐通常都是从顶部进水，工艺流程如图8-14所示。

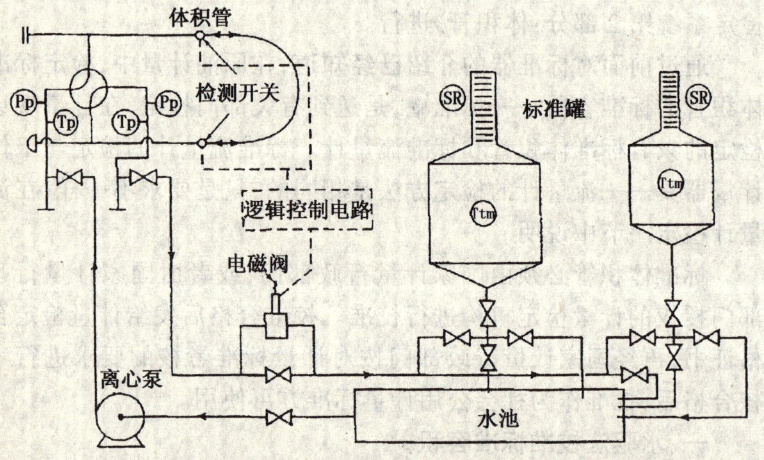

图9-1 标准罐从底部进水校准体积管标准容积的工艺流程

校准的工艺流程一般包括两部分内容：一是满足用水校准体积管基准容积的工艺流程，二是清洗复检体积管的工艺流程，这两部分流程缺一不可。特别应该指出，设计清洗复检体积管的流程时，必须考虑将各种清洗液（柴油或汽油、碱水、清水等）回收，以防止污染环境和造成危害，防止着火爆炸等。

水驱法校准小容积体积管的标准容积，其内容与常规体积管相同。

2)设备和仪表

(1)校准标准容积用的设备和仪表：

①标准罐。

任何一台标准体积管的标准容积，设计时就可根据几何尺寸计算出来，考虑到制造时可能产生的误差，体积管的实际标准容积一定会大于或小于计算的容积。因此，根据前面介绍的方法选择主要的标准罐外，还应配备不确定度优于±0.1%的小容积标准罐或标准量器，对新检的体积管，小容积标准罐或标准量器可适当地多配几个，以满足检定时的需要。

②换向设备。

校准常规标准体积管的标准容积时，必然会有倒换标准罐的操作。为满足倒换标准罐操作的要求，必须有换向设备。常用的换向设备有换向器和快速开关阀。

小容积标准体积管因标准容积小，校准时，一般都选用标准容积稍大于体积管标准容积的标准罐，进行校准运行时通常都不需要倒换标准罐，不考虑换向设备。

③温度计和压力表。

标准体积管的基准容积校准时，需要测量校准液的温度和压力，为基准容积的计算和修正提供温度及压力参数。温度计一般采用标准的棒式玻璃温度计，分度值为0.1℃，使用的温度范围0～50℃。压力表采用0.2或0.35级的标准压力表，量程范围0～0.6MPa。如有相同准确度的温度传感器和压力传感器，也可采用。

④水池(水箱)。

水池(水箱)用于储存校准基准容积的水，它不仅要有一定的容积，还要有一定的深度，确保泵从水池(水箱)吸水时，吸水口上部有一定的水位高度，下部也有一定的高度，以防止泵抽空。

⑤水泵。

选用的水泵其排量不应小于标准体积管的最小流量，扬程不应小于推置换器使用的最大压差，再加上管道的摩阻损失。

(2)清洗体积管用的设备：

①清洗罐。

清洗罐是用于储存清洗液，为满足清洗的要求应具有一定的容积。

②清洗泵。

清洗泵的选用参照前面的说明进行。

3.校准操作

被校准的体积管具备校准的条件后可进行校准，校准操作的步骤如下。

1)外观检查

用目测法检查体积管的外观和有关部件，检测的结果应符合有关标准的要求。

2)密封性试验

密封性试验是对体积管的关键部件进行密封性能的测试，不同类型的体积管将有不同的测试部件，下面分别介绍。

(1)三球无阀式单向标准体积管。

对该种类型的体积管进行密封性试验，主要是测试球在体积管内起阀作用时的密封性能。如果球起阀作用的密封性能不好，就可能造成液体从出口渗漏回来，影响校准的准确度。因此，球的密封是这种类型体积管的关键部件。

(2)双向一球一阀式标准体积管。

该种类型的体积管关键部件是四通阀，密封性试验是对四通阀的密封性能进行测试。

(3)小容积(活塞式)体积管。

该种类型的体积管主要是运行过程中旁通阀的密封性能。密封性试验是利用体积管的检漏设备，随时观察该设备的密封状态，如无泄漏，则密封性能合格。

(4)单向一球一阀式标准体积管。

这种体积管的密封性试验主要是测试收发球机构的密封性能。

3)漏失量的试验

漏失量的试验是检查置换器在置换液体过程中，与基准管管壁之间的密封性。试验的方法如下：

(1)球做置换器的试验方法。

在校准的流量下，检查球在基准管段内运行时，球与管壁的密封性。具体做法是：拆下分离体或带检测开关的短节，在体积管的末端接上挡球网，将体积管内的存水排尽，并吹干。在确认无存水的条件下进行试验。当积存水量不超过体积管基准容积的0.006%，则认为试验合格，漏失量可忽略不计。

(2)活塞做置换器的试验方法。

在校准的流量下，检查活塞在基准管段内运行时，活塞与管壁的密封性。具体做法是：对有检漏设备的活塞，监视活塞的检漏设备，如无渗漏，活塞与管壁之间的密封性能合格；对无检漏设备的活塞，进行漏失量试验时，如果渗出的水量小于体积管基准容积的0.006%，则漏失量试验合格。

4)基准容积校准操作

基准容积的校准操作按下列步骤进行：

(1)将标准体积管与校准用的标准量器连接好，选用计量尾数的量器也应摆放到测量的位置上。

(2)启动水泵向体积管内注水。与此同时打开体积管的排气阀，使水经体积管、换向器、标准量器流回水池。进行一段时间的循环后，确认排气阀已无气排出时，关闭排气阀。

在水进行循环的过程中，应不断地测量体积管入口、出口、标准器内和水池内的水温，确认整个系统中的水温达到恒定时，方可进行校准。

(3)调节流量确定置换器通过体积管检测开关时的流量。为保证置换器能以相同的速度通过基准管段的两个检测开关，在一次检定过程中，调节阀的开启度应保持不变。调节流量的大小应以标准量器能连续倒换，换向器或阀的行程差引起的误差可以忽略不计为原则。

(4)进入校准。

让换向器或阀工作，使置换器开始运行，并让换向器或阀将水流导向旁通侧，进入校准。

置换器在调节好的流量下向前移动，达到基准管段的第一个检测开关时，使检测开关发出信号，操纵换向器或阀将水流导入进标准量器，开始测量。测量时，检定人员在标准量器处操作，第一个量器装满后快速切换到第二个量器，并将第一个量器内的水排放掉，为再次进水做好准备。这样来回切换标准量器直至置换器到达基准管段的第二个检测开关，检测开关动作发出信号，再次操纵换向器将水流导入旁通侧。

最后进水的标准量器在水流切断后，可能出现两种情况：第一种情况是标准量器只剩下很少的水量就达到计量的液位高度；第二种情况是只进少量的水。如果是第一种情况，用测尾数的标准量器向该标准量器内加水，使标准量器内的水位达到计量的液位高度。然后从测得的水量中减去加入的水量，则得到测量的值；如果遇到第二种情况，则用测尾数的量器测出量器内少量的水量。

按规程的规定，基准容积的校准至少要进行3次，每次校准水温的变化应不超过1℃。然后，用每次校准的数据计算，求出标准体积管在标准参比条件下的基准容积 Vpsi。校准给出的基准容积是每次校准求得的基准容积的算术平均值。

4.标准容积的计算

1)标准量器测量容积的修正计算

通过校准操作，以水为介质用标准量器测得体积管在校准参比条件下的基准容积。由于标准量器的容积显示值是标准参比条件($p_s=101.325$kPa, $T_s=20$℃)下的容积值。校准时，标准量器是在大气压和温度为 t 的工作条件下，标准量器在这种条件下的容积值与标准参比条件下的容积值，显然有差别。造成这种差别的因素是温度由20℃变化到 t℃的影响。因此，对标准量器的示值容积(即校准时的测量值)用下式修正

$$V_{\mathrm{m\cdot t\cdot}p_s} = V_{\mathrm{m\cdot ts\cdot}p_s} C_{\mathrm{tsm}} \tag{9-1}$$

式中 $V_{m \cdot t \cdot p_s}$——标准量器在校准参比条件下的实际容积，该容积即测量的真正水容积，L；

$V_{m \cdot ts \cdot p_s}$——标准量器在标准参比条件下的示值容积，L；

C_{tsm}——温度变化对标准量器容积影响的修正系数，无量纲。

C_{tsm}可用下式计算：

$$C_{tsm} = 1 + \beta_{sm}(t - 20) \tag{9-2}$$

式中 β_{sm}——量器制造材料的体积膨胀系数，中碳钢 $\beta_s = 3.35 \times 10^{-5}$ 1/℃，304 不锈钢 $\beta_s = 5.18 \times 10^{-5}$1/℃，316 不锈钢 $\beta_s = 4.77 \times 10^{-5}$1/℃，17－4PH 不锈钢 $\beta_s = 3.24 \times 10^{-5}$1/℃；

t——量器的水温，即量器壁的温度，℃。

表 9－1、表 9－2、表 9－3 和表 9－4 给出不同材料的温度修正系数 C_{ts}. 这几个表是摘自 API《石油测量手册》第十二章（1995 年版），表中的标准温度是 15℃而不是 20℃，参考使用时应注意。

表 9－1 中碳钢的温度修正系数

测量温度 ℃	C_{ts}	测量温度 ℃	C_{ts}
-5.00	0.999330	40.00	1.000838
-4.00	0.999364	41.00	1.000871
-3.00	0.999397	42.00	1.000905
-2.00	0.999431	43.00	1.000938
-1.00	0.999464	44.00	1.000972
0.00	0.999498	45.00	1.001005
1.00	0.999531	46.00	1.001039
2.00	0.999565	47.00	1.001072
3.00	0.999598	48.00	1.001106

续表

测量温度 ℃	C_{ts}	测量温度 ℃	C_{ts}
4.00	0.999632	49.00	1.001139
5.00	0.999665	50.00	1.001173
15.00	1.000000	60.00	1.001508
16.00	1.000034	61.00	1.001541
17.00	1.000067	62.00	1.001575
18.00	1.000101	63.00	1.001608
19.00	1.000134	64.00	1.001642
20.00	1.000168	65.00	1.001675
21.00	1.000201	66.00	1.001709
22.00	1.000235	67.00	1.001742
23.00	1.000268	68.00	1.001776
24.00	1.000302	69.00	1.001809
25.00	1.000335	70.00	1.001843

表 9-2　304 不锈钢的温度修正系数

测量温度 ℃	C_{ts}	测量温度 ℃	C_{ts}
-5.00	0.998964	40.00	1.001295
-4.00	0.999016	41.00	1.001347
-3.00	0.999068	42.00	1.001399
-2.00	0.999119	43.00	1.001450
-1.00	0.999171	44.00	1.001502
0.00	0.999223	45.00	1.001554
1.00	0.999275	46.00	1.001606
2.00	0.999327	47.00	1.001658
3.00	0.999378	48.00	1.001709
4.00	0.999430	49.00	1.001761

续表

测量温度 ℃	C_{ts}	测量温度 ℃	C_{ts}
5.00	0.999482	50.00	1.001813
15.00	1.000000	60.00	1.002331
16.00	1.000052	61.00	1.002383
17.00	1.000104	62.00	1.002435
18.00	1.000155	63.00	1.002486
19.00	1.000207	64.00	1.002538
20.00	1.000259	65.00	1.002590
21.00	1.000311	66.00	1.002642
22.00	1.000363	67.00	1.002694
23.00	1.000414	68.00	1.002745
24.00	1.000466	69.00	1.002797
25.00	1.000518	70.00	1.002849

表 9-3　316 不锈钢的温度修正系数

测量温度 ℃	C_{ts}	测量温度 ℃	C_{ts}
-5.00	0.999046	40.00	1.001193
-4.00	0.999094	41.00	1.001240
-3.00	0.999141	42.00	1.001288
-2.00	0.999189	43.00	1.001336
-1.00	0.999237	44.00	1.001383
0.00	0.999285	45.00	1.001431
1.00	0.999332	46.00	1.001479
2.00	0.999380	47.00	1.001526
3.00	0.999428	48.00	1.001574
4.00	0.999475	49.00	1.001622
5.00	0.999523	50.00	1.001670

续表

测量温度 ℃	C_{ts}	测量温度 ℃	C_{ts}
15.00	1.000000	60.00	1.002147
16.00	1.000048	61.00	1.002194
17.00	1.000095	62.00	1.002242
18.00	1.000143	63.00	1.002290
19.00	1.000191	64.00	1.002337
20.00	1.000239	65.00	1.002385
21.00	1.000286	66.00	1.002433
22.00	1.000334	67.00	1.002480
23.00	1.000382	68.00	1.002528
24.00	1.000429	69.00	1.002576
25.00	1.000477	70.00	1.002624

表 9-4　17-4PH 不锈钢的温度修正系数

测量温度 ℃	C_{ts}	测量温度 ℃	C_{ts}
-5.00	0.999352	40.00	1.000810
-4.00	0.999384	41.00	1.000842
-3.00	0.999417	42.00	1.000875
-2.00	0.999449	43.00	1.000907
-1.00	0.999482	44.00	1.000940
0.00	0.999514	45.00	1.000972
1.00	0.999546	46.00	1.001004
2.00	0.999579	47.00	1.001037
3.00	0.999611	48.00	1.001069
4.00	0.999644	49.00	1.001102
5.00	0.999676	50.00	1.001134
15.00	1.000000	60.00	1.001458

续表

测量温度 ℃	C_{ts}	测量温度 ℃	C_{ts}
16.00	1.000032	61.00	1.001490
17.00	1.000065	62.00	1.001523
18.00	1.000097	63.00	1.001555
19.00	1.000130	64.00	1.001588
20.00	1.000162	65.00	1.001620
21.00	1.000194	66.00	1.001652
22.00	1.000227	67.00	1.001685
23.00	1.000259	68.00	1.001717
24.00	1.000292	69.00	1.001750
25.00	1.000324	70.00	1.001782

2)水容积的修正计算

由于标准体积管所承受的温度和压力与标准量器内的温度、压力不同,使标准量器测得的水容积与标准体积管内的实际水容积有差别,必须使用下面的公式将标准量器测得的水容积($V_{l\cdot t\cdot p_s}=V_{m\cdot t\cdot p_s}$)进行修正,得到体积管基准管内的实际水容积,也就是说基准管在校准参比条件下的基准容积:

$$V_{l\cdot p_t\cdot p_p}=V_{m\cdot t\cdot p_s}\cdot C_{lt}\cdot C_{lp} \quad (9-3)$$

式中 $V_{l\cdot p_t\cdot p_p}$——校准参比条件下,水在标准体积管基准管内的实际容积,也就是基准管在校准参比条件下的基准容积,L;

$V_{m\cdot t\cdot p_s}$——标准量器测得的水容积,L;

C_{lt}——温度对水容积影响的修正系数,$C_{lt}=1+\beta_l(t_p-t)$;

β_l——水的膨胀系数,1/℃;

t_p——体积管测得温度的平均值,℃;

t——标准量器测得水温的平均值,℃;

C_{lp}——压力对水容积影响的修正系数,$C_{lp}=\frac{1}{1-(p_s-p_p)F}$;

p_s——标准量器内的水压力,大气压;

p_p——标准体积测量值的平均值,kPa;

F——水的压缩系数,$(kPa)^{-1}$,一般取 $F=45.54\times10^{-8}$ $(kPa)^{-1}$。

β_l 可从表 9－5 查得;如果要更准确的值可用下面的公式进行计算:

$$\beta_l = \rho_{t_1}/\rho_{t_2} \tag{9-4}$$

式中 ρ_{t_1}——水在温度 t_1 下的密度值,kg/m^3;

ρ_{t_2}——水在温度 t_2 下的密度值,kg/m^3;

表 9－5 水的热膨胀系数

温度,℃	10～20	20～30	30～40	40～60	60～80	80～100
β_l,1/℃	0.00015	0.00025	0.00035	0.00040	0.00059	0.00070

当水的温度在 0.05～45℃之间时,水的密度值可用公式(9－5)计算。对体积管以水为介质进行校准,该温度范围完全满足要求。

$$\rho_t = a_0 + a_1t + a_2t^2 + a_3t^3 + a_4t^4 + a_5t^5 \tag{9-5}$$

式中 ρ_t——水在 t 温度下的密度值,kg/m^3;

公式中的常数 a 如下:

a_0 = 999. 8395639; a_1 = + 0. 06798299989; a_2 = －0.009106025564; a_3 = + 0. 0001005272999; a_4 = －0.000001126713526; a_5 = +0.0000000006591795606。

3)体积管标准参比条件下标准容积的计算

标准体积管校准参比条件下的标准容积已由公式(9－3)给出。由于受温度和压力的影响,体积管的管体本身要发生胀缩的变化,因此公式(9－3)给出的容积与标准参比条件下的标准容积是有差别的。为确定标准体积管标准参比条件的标准容积,必须修正温度和压力对体积管管体的影响,即对校准条件下的标准容积 $V_{1p_tp_p}$ 进行温度和压力影响的修正,修正的公式如下:

$$V_{ps} = V_{1p_tp_p} \cdot C_{tsp} \cdot C_{psp} \tag{9-6}$$

式中 V_{ps}——体积管标准参比条件下的标准容积,L;

$V_{1p_tp_p}$——体积管校准条件下的标准容积,L;

C_{tsp}——温度对体积管管体影响的修正系数,无量纲,用下式计算:

$$C_{tsp} = 1 - \beta_{sm}(t_p - 20) \tag{9-7}$$

t_p——体积管温度测量值的平均值,℃;

β_{sm}——体积管管体材料的膨胀系数,见公式(9－2)给出的值;

C_{psp}——压力对体积管管体影响的修正系数,无量纲,用下式计算:

$$C_{psp} = 1 + \frac{pD}{EW} \tag{9-8}$$

p——体积管承受的压力,kPa;

D——基准管的内直径,mm;

E——基准管制造材料的弹性模量,对于钢材,一般取 $E = 2.63 \times 10^8$kPa;

W——基准管管壁的厚度,mm。

表 9－6、表 9－7、表 9－8 给出不同材料的压力修正系数 C_{ps}(上面给出的 C_{psp}中的脚注加 p 表示体积管)。这几个表摘自美国石油学会 API《石油测量手册》第十二章(1995 年版),表中的压力是表压力,单位是巴(bar),1 巴约等于 101kPa,参考使用时应注意。

表 9-6 中碳钢的压力修正系数

测量压力(表压) bar	C_{ps}	测量压力(表压) bar	C_{ps}
0.00	1.000000	40.00	1.000515
1.00	1.000013	41.00	1.000528
2.00	1.000026	42.00	1.000541
3.00	1.000039	43.00	1.000554
4.00	1.000052	44.00	1.000567
5.00	1.000064	45.00	1.000580
6.00	1.000077	46.00	1.000593
7.00	1.000090	47.00	1.000605
8.00	1.000103	48.00	1.000618
9.00	1.000116	49.00	1.000631
10.00	1.000129	50.00	1.000644
20.00	1.000258	60.00	1.000773
21.00	1.000271	61.00	1.000786
22.00	1.000283	62.00	1.000799
23.00	1.000296	63.00	1.000812
24.00	1.000309	64.00	1.000824
25.00	1.000322	65.00	1.000837
26.00	1.000335	66.00	1.000850
27.00	1.000348	67.00	1.000863
28.00	1.000361	68.00	1.000876
29.00	1.000374	69.00	1.000889
30.00	1.000386	70.00	1.000902

表 9-7　316 不锈钢的压力修正系数

测量压力(表压) bar	C_{ps}	测量压力(表压) bar	C_{ps}
0.00	1.000000	40.00	1.000553
1.00	1.000014	41.00	1.000566
2.00	1.000028	42.00	1.000580
3.00	1.000041	43.00	1.000594
4.00	1.000055	44.00	1.000608
5.00	1.000069	45.00	1.000622
6.00	1.000083	46.00	1.000636
7.00	1.000097	47.00	1.000649
8.00	1.000111	48.00	1.000663
9.00	1.000124	49.00	1.000677
10.00	1.000138	50.00	1.000691
20.00	1.000276	60.00	1.000829
21.00	1.000290	61.00	1.000843
22.00	1.000304	62.00	1.000857
23.00	1.000318	63.00	1.000870
24.00	1.000332	64.00	1.000884
25.00	1.000345	65.00	1.000898
26.00	1.000359	66.00	1.000912
27.00	1.000373	67.00	1.000926
28.00	1.000387	68.00	1.000940
29.00	1.000401	69.00	1.000953
30.00	1.000415	70.00	1.000967

表 9-8 17-4PH 不锈钢压力修正系数

测量压力(表压) bar	C_{ps}	测量压力(表压) bar	C_{ps}
0.00	1.000000	40.00	1.000541
1.00	1.000014	41.00	1.000555
2.00	1.000027	42.00	1.000569
3.00	1.000041	43.00	1.000582
4.00	1.000054	44.00	1.000596
5.00	1.000068	45.00	1.000609
6.00	1.000081	46.00	1.000623
7.00	1.000095	47.00	1.000636
8.00	1.000108	48.00	1.000650
9.00	1.000122	49.00	1.000663
10.00	1.000135	50.00	1.000677
20.00	1.000271	60.00	1.000812
21.00	1.000284	61.00	1.000826
22.00	1.000298	62.00	1.000839
23.00	1.000311	63.00	1.000853
24.00	1.000325	64.00	1.000866
25.00	1.000338	65.00	1.000880
26.00	1.000352	66.00	1.000893
27.00	1.000365	67.00	1.000907
28.00	1.000379	68.00	1.000920
29.00	1.000393	69.00	1.000934
30.00	1.000406	70.00	1.000948

5. 校准不确定度的估计

由于系统误差和随机误差的存在，通过校准确定的、标准体积管的标准容积，必然会偏离标准容积的真值。确定标准容积偏离真值的程度，就是它的不确定度。为说明确定的标准容积的可信度和可靠性，必然要估计出它的不确定度。

1)系统误差引起的不确定度

(1)标准罐的不确定度。

在正确使用标准罐的条件下，标准罐的不确定度将以系统误差的形式，传递给校准的标准容积，标准罐的不确定度通常是在它的检定合格证书中给出。因此，估计标准容积的不确定度时，可从检定证书中查得标准罐的不确定度。

(2)换向器或阀引起的不确定度。

用换向器或阀倒换标准罐时，检测开关发出信号到换向器或阀动作，总存在一个滞后的时间差。该时间差产生的误差属于系统误差，可用下式表示：

$$\Delta S = \frac{\Delta t}{t} \tag{9-9}$$

式中 Δt——换向器或电磁阀动作滞后的时间差，s；

t——置换器在两个检测开关之间实际运行的时间，s。

2)随机误差引起的不确定度

在校准操作过程中，因操作、测温、测压等引起的误差；检测开关动作不重复引起的误差；体积管管壁与置换器之间渗漏引起的误差等，都是随时间变化、无法估计的误差，属于随机误差，这些随机误差都以测得标准容积的重复性反映出来。对测得的标准容积进行修正后得到的一组测量值，标准偏差最近似的估计值可用下式表示：

$$S(y) = \left\{\frac{1}{n-1}\sum_{i=1}^{n}(V_{\mathrm{psi}} - V_{\mathrm{psv}})^2\right\}^{1/2} \tag{9-10}$$

式中 V_{psi}——任意一次校准测得的标准容积，经温度和压力影响

的修正后得到的、标准参比条件下的标准容积,L;

V_{psv}——校准时进行 n 次校准测量,各次校准测得的标准容积,经温度和压力影响的修正后得到标准参比条件的标准容积,求它们算术平均值得到的标准容积,L。

随机误差引起的不确定度可用下式计算:

$$a(y) = (t_{95,n-1})S(\overline{y}) \quad (9-11)$$

用百分数表示则

$$a(\overline{y}) = \frac{a(y)}{\overline{V}_{psv}} \times 100\%$$

3)估计标准容积的不确定度

标准容积的不确定度是系统误差和随机误差引起的,将两个不确定度组合计算出标准容积的不确定度,即

$$C(y) = \sqrt{a^2(\overline{y}) + b^2(\overline{y})} \quad (9-12)$$

式中 $b(\overline{y})$——是标准罐的不确定度,可从标准罐的检定证书中查得。

6.计算举例

校准一台计算标准容积为 5470L 的常规体积管。选用两台容积为 500L 的标准罐,配备 10L、5L 和 1L 测尾数的标准量器,用水为介质进行校准。下面用一次校准时测得的数据说明计算标准条件下的标准容积。校准测得的数据在表 9-9 中给出,并按前面给出的步骤进行计算。

1)标准罐测量容积的修正

因为标准罐的示值容积是标准参比条件下的容积,进入标准罐内水的温度不同于标准参比条件下的温度 20℃,示值容积要发生变化。这种变化使测得的水容积并不是实际的值,要求得实际的值必须用公式(9-1)进行温度影响的修正。修正计算时,应根

据标准罐制造用的材料确定出C_{tsm}。假设标准罐是用中碳钢制造的，C_{tsm}用公式(9－2)计算：

表 9－9 标准体积管校准时测得的数据

标准量器				标准体积管			
测量容积，L		水温，℃		压力，kPa		温度，℃	
1#	2#	1#	2#	进口	出口	进口	出口
499.441	498.623	12.5	12.5	336.33	309.06	12.4	12.4
499.296	498.566	12.4	12.4	333.30	316.13	12.4	12.4
499.360	498.431	12.4	12.5	326.23	317.14	12.3	12.4
499.263	498.456	12.4	12.5	333.30	313.10	12.3	12.4
499.535	498.389	12.5	12.5	326.23	317.14	12.3	12.4
499.615	余量 17.473	12.5		333.30	309.06	12.4	12.4
5471.502		12.45		322.19		12.37	

$$\begin{aligned} C_{tsm} &= 1 + \beta_{sm}(t - 20) \\ &= 1 + 3.35 \times 10^{-5}(12.45 - 20) \\ &= 0.999749 \end{aligned}$$

$$\begin{aligned} V_{m \cdot t \cdot ps} &= V_{m \cdot tsps} C_{tsm} \\ &= 5471.502 \times 0.999749 \\ &= 5470.128653 \end{aligned}$$

2）水容积的修正计算

因为标准罐内水的温度和压力不同于体积管内水的温度和压力，标准罐测量的水容积必须修正到体积管的温度和压力条件下。从表 9－9 给出测量数来看，温度之差只有 0.08℃，温度修正系数C_{lt}可取 1.0000；压力修正系数

$$C_{lp} = \frac{1}{1 - (p_s - p_p)F}$$

$$= \frac{1}{1-(0-322.19)\times 45.54\times 10^{-8}}$$

$$= 0.999853$$

$$V_{1p_tp_p} = V_{m\cdot t\cdot ps}\cdot C_{lt}\cdot C_{lp}$$

$$= 5470.128653\times 1.0000\times 0.999853$$

$$= 5469.324544$$

3)标准容积的计算

使用公式(9－6)计算标准容积。公式中的 C_{tsp}、C_{psp} 可根据被校体积管制造的材料为中碳钢,内直径为 358mm,管壁的壁厚为 9.5mm 等已知数据,用公式(9－7)和公式(9－8)计算:

$$C_{tsp} = 1+\beta_{sm}(t_p-20)$$

$$= 1+3.35\times 10^{-5}(12.37-20)$$

$$= 0.999966$$

$$C_{psp} = 1+\frac{pD}{EW}$$

$$= 1+\frac{322.19\times 358}{2.63\times 10^{8}\times 9.5}$$

$$= 1.000046$$

将已确定的参数代入公式(9－6)计算标准容积,即

$$V_{sp} = V_{1\cdot p_t\cdot p_p}\times C_{tsp}\times C_{psp}$$

$$= 5469.324544\times 0.999966\times 1.000046$$

$$= 5469.390167\text{L}$$

根据有关标准的规定,中间计算取 6 位有效数字,最后结果的标准容积取 5 位有效数字的要求,故取 $V_{sp}=5469.39017$L。校准的标准容积取 n 次校准测量的平均值。本例中 $n=5$,其他 4 次的 V_{sp} 分别为 5469.6099L,5469.24306L,5469.05313L,5469.68589L,则校准的标准容积为 5469.39643L。

4)估计标准容积的不确定度

校准选用两台 500L 的二等标准罐,从检定证书上查得的不

确定度为±0.025%。

根据前面介绍的内容可知：

(1)系统误差引起的不确定度。

系统误差引起的不确定度就是标准罐传递下来的不确定度，即

$$b(y)=\pm 0.025\%$$

(2)随机误差引起的不确定度。

利用上面给出的数据，用公式(9－10)计算标准偏差最近似的估计值，即

$$
\begin{aligned}
S(y)&=\left\{\frac{1}{n-1}\sum_{i=1}^{n}(V_{psi}-V_{psv})^2\right\}^{1/2}\\
&=\left\{\frac{1}{5-1}\left[(5469.39017-5469.39643)^2+(5469.60992-\right.\right.\\
&\quad 5469.39643)^2+(5469.24306-5469.39643)^2+(5469.05313-\\
&\quad \left.\left.5469.39643)^2+(5469.68589-5469.39643)^2\right]\right\}^{1/2}\\
&=\pm 0.25875
\end{aligned}
$$

再用下列计算不确定度：

$$
\begin{aligned}
a(y)&=(t_{95,n-1})S(y)\\
&=2.571\times 0.25875\\
&=\pm 0.66536\ L
\end{aligned}
$$

用百分数表示

$$a(\overline{y})=\frac{0.66536}{5469.39643}=\pm 0.0122\%$$

(3)标准容积的不确定度。

标准容积的不确定度是系统不确定度和随机不确定度组合的不确定度，即

$$c(y)=\sqrt{0.0122^2+0.025^2}=\pm 0.0278\%$$

二、标准流量计法校准标准容积

1.方法概述

标准流量计法校准标准体积管的标准容积，事实上是在被校的标准体积管和已校准的标准量器之间加一个中间标准器——标准流量计，利用作为中间标准器的标准流量计校准标准体积管的标准容积。已校准的标准量器可以是金属标准量器——标准罐，也可以是标准体积管。

为确保校准的准确，作为中间标准器的标准流量计，必须通过校准认可可作为中间标准器使用时，才能用标准流量计校准体积管。为防止标准流量计的计量性能在校准过程中发生变化，影响校准的准确度，体积管校准运行完成后，应再次对标准流量计进行校准。再次校准标准流量计的数据与开始校准标准流量计的数据，必须在允许的偏差范围内，校准标准体积管才是有效的。如果两次校准数据之差超过允许偏差的范围，校准标准体积是无效的，需要接规定的程序重新进行校准。

2.校准的工艺流程和设备仪表

1)工艺流程

标准流量计法校准体积管的标准容积，可以用水做介质，也可用原油做介质。校准用的介质不同所用的工艺流程也有所不同，下面分别进行介绍。

(1)用水做介质进行校准。

以水为介质对标准体积管的标准容积进行校准，标准器可选用标准罐，也可选用标准体积管。为满足校准的要求，还必须有储水箱和循环水泵。如果是复检的标准体积管，还要有清洗标准体积管内原油的设备，以及相应的清洗流程。

图 9－2 是用标准流量计以水为介质对标准体积管的标准容积，进行校准的示意流程图。

标准体积管的标准容积初次校准时，用循环水泵将水箱内的水泵送到标准流量计，经标准流量计进入标准罐或标准体积管，对标准流量计进行校准。标准流量计校准合格后，截断标准器的管

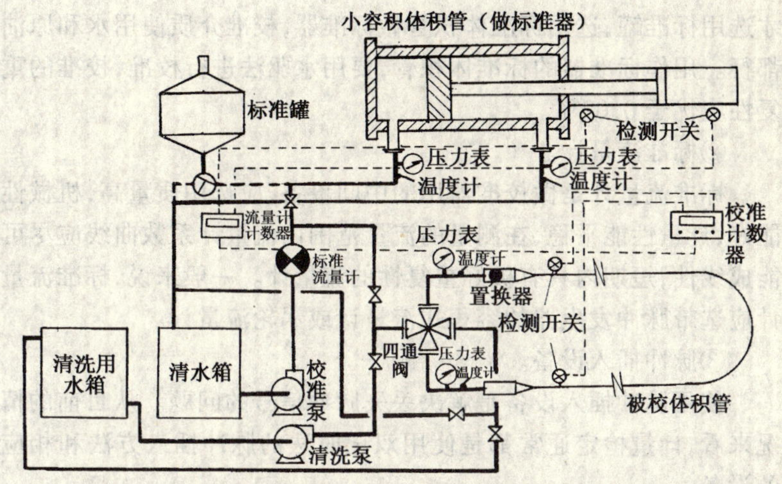

图 9－2　以水为介质用标准流量计校准体积管流程示意图

注：图中标准器有标准量器和标准体积管，实际使用中只要一种标准器。用标准体积管做标准器，虚线部分的标准器可不要，反之则体积管不要。

道，用标准流量计校准体积管的标准容积。标准体积管校准合格后，截断体积管校准的管道，打开标准器的管道，再次用标准器校准标准流量计，以判断标准流量计在校准的过程中，计量性能有没有发生变化。

(2)用油做介质进行校准。

以油为介质用标准流量计对体积管的标准容积进行校准，其工艺流程如图 8－15 所示。因为用做校准介质的原油一般都具有通过标准流量计、标准体积管的压力，所以不要设储油罐和循环油的泵。

采用这种方法校准标准体积管的标准容积，对复检的体积管来说可以不清洗，可省去清洗的工作，节省清洗的费用。

2)设备和仪表

(1)校准用的设备和仪表。

①标准器。

标准流量计法校准标准体积标准容积使用的标准器，可以是标准罐，也可以是标准体积管。一般来说，只有用水做介质校准时才选用标准罐，选用标准体积管做标准器，校准介质使用水和原油都行。用作标准器的标准体积管，要用水驱法进行校准，校准的重复性应优于0.02%。

②标准流量计。

标准流量计是做校准器用的中间设备，应选用质量高，机械性能好，计量性能平稳，在测量的流量范围内流量计系数曲线应尽可能成线性，短期内具有极好重复性的流量计。一般来说，标准流量计应选带脉冲发生器的容积式流量计或涡轮流量计。

③脉冲插入设备。

使用脉冲插入设备是解决丢失脉冲信号的问题。从目前的情况来看，计量检定通常都是使用双记时法的脉冲插入方法和相应的设备。

④测温、测压的仪表。

标准流量计法校准标准体积管的标准容积，校准过程中用于测温和测压的仪表，与水驱法校准标准体积管的标准容积的有关规定、要求相同。

⑤储水箱和循环水泵。

对储水箱和循环水泵的规定和要求，与水驱法相同。

(2)清洗体积管用的设备。

清洗体积管的方法和要求，与水驱法清洗体积管完全一致。

3.校准操作

标准流量计法校准标准体积管的标准容积，因为使用中间计量器具——标准流量计，在校准操作之前，必须对作为标准器的标准罐或标准体积管、标准流量计和被校的体积管进行全面的检查。下面对校准体积管基准容积的操作进行说明。

(1)缓慢地将用作校准的液体输入校准系统。随着液体通过系统开始流动，应从每台设备和管道中排放出空气或气体。在调节流量时，应考虑标准流量计的流量特性，当改变流量(增加或减少25%流量)时，仍能保证流量计的计量性能在好的线性下。

(2)让液体连续不断地沿系统流动，使系统中的温度达到稳定。当系统的温度达到稳定可进行校准时,可用标准器多次校准标准流量计,看是否能获得一致的测量结果。当某一时刻达到5次连续校准的标准流量计,流量计系数在0.02%的范围内时,证明标准流量计的校准系统能进行正常的校准运行。

对标准流量计校准体积管的系统也要进行上述的类似检查。

当两个系统连续5次校准的结果达到0.02%以下的范围内时,证明整个校准系统已达到稳定运行的状态,可以开始正式校准运行的操作。

(3)正式校准运行。

①用标准器校准标准流量计;

②用校准的标准流量计校准被校标准体积管;

③改变校准被校体积管的流量(比原校准流量高或低25%的流量),再次校准被校体积管;

④再用标准器校准标准流量计。

上述几项操作至少有两项将在一天内完成,最好都在同一天内完成。

最后,对5次连续运行合格的结果,按有关标准规定的方法计算流量计系数。再对5次有效校准的流量计系数求算术平均值,得到的流量计系数称之为“初始流量计系数”,将用来计算标准体积管的标准容积。

标准流量计校准合格后,用标准流量计校准被校的标准体积管。

为防止可能存在的不变渗漏量的影响,应在比上述校准使用的流量大或小25%的流量下,再重复进行一次校准。如果这次校准获得的结果与前次校准获得的结果相比不大于0.02%,则认为没有不变的渗漏量,校准的结果满足要求。校准的次数应不小于5次。

用标准器再次校准标准流量计,检查流量计系数在运行期间是否发生明显的变化。再次校准也要进行5次连续的运行,5次连续运行校准的结果都在0.02%的范围以内。5次校准的流量计系数求平均值,得到“最终的流量计系数”。

“初始”和“最终”流量计系数平均值之差不得超过 0.02%,如果它们之间的差超过了 0.02%,应重复正式校准时的操作步骤,再次进行校准。如果它们之间的差不超过 0.02%,用“初始”和“最终”流量计系数的平均值计算被校体积管的标准容积。

在每次校准的过程中,还必须测量与校准有关的温度和压力参数。为保证校准的准确,校准时的流量应尽可能地保持不变。如果不可避免地要发生变化,应将流量的变化控制在 2% 的范围内,不得超过 2%。

4. 确定被校体积管的标准容积

1)确定标准流量计的流量计系数

标准流量计的流量计系数(MF)用下面的公式计算:

$$MF = V_{psa}/V_{ms} \tag{9-13}$$

式中 MF——标准流量计的流量计系数,无量纲;

V_{psa}——校准标准流量计用标准器测得容积修正到标准参比条件下的容积值,L;

V_{ms}——校准时标准流量计测得的体积流量修正到标准参比条件下的体积量,L。

(1)标准器测量容积的修正。

①标准罐做标准器。

正如前面已经指出的,标准量器的示值容积是在标准参比条件($p_s = 101.325\text{kPa}$, $t_s = 20℃$)下给出的容积值。用水做介质校准标准流量计时,水进入标准量器后,压力是大气压 p,可认为 $p \approx p_s$;水的温度不一定等于 20℃,是测得的温度值。因此,示值测得的水容积不等于标准参比条件下的标准容积,要用公式(9-1)进行修正,求得标准参比条件下的标准容积 $V_{m \cdot t_s \cdot p_s}$。

②标准体积管做标准器。

标准体积管的标准容积值也是标准参比条件下的容积值。校准标准流量计时,基准管段承受的温度和压力,可能与标准参比条

件的温度 T_s 和压力 p_s 不同。因此，校准温度和压力下测得的标准容积，与体积管在标准参比条件下的容积是不同的，它们之间的关系可用下式表示：

$$V_{pps} = V_{ps} \cdot C_{tsp} \cdot C_{psp} \tag{9-14}$$

式中 V_{pps}——标准体积管在校准条件下的基准容积，也就是校准介质在基准管段的容积值，L；

V_{ps}——标准体积管在标准参比条件下的基准容积，L；

C_{tsp}——温度对基准容积影响的修正系数，用公式(9-7)进行计算，无量纲；

C_{spp}——压力对基准容积影响的修正系数，用公式(9-8)进行计算，无量纲。

标准体积管在标准参比条件下的实际基准容积值，应该是将校准介质在基准管段内的容积值 V_{pps} 修正到标准参比条件下，即

$$V_{psa} = V_{pps} \cdot C_{lt} \cdot C_{lp} \tag{9-15}$$

式中 V_{psa}——修正到标准参比条件下的实际基准容积值，也就是计算流量计系数的分母，该值与 V_{ps} 是有差别的，L；

C_{lt}——校准介质的温度修正系数，无量纲；

C_{lp}——校准介质的压力修正系数，无量纲。

水做校准介质时，β_l 可用前面介绍的方法计算；原油做校准介质时，β_l 可根据原油的密度值从表 9-10 中查得。如果要求得更准确的原油 β_l 值，可查有关的标准。

表 9-10 原油的体积膨胀系数 β_l

标准条件下的相对密度 ρ_{20}	α	β_l	标准条件下的相对密度 ρ_{20}	α	β_l
0.7301	-0.000882	0.001167	0.87	-0.000643	0.000739
0.735	-0.000842	0.001146	0.88	-0.000634	0.000721

续表

标准条件下的相对密度 ρ_{20}	α	β_l	标准条件下的相对密度 ρ_{20}	α	β_l
0.74	−0.000832	0.001125	0.89	−0.000626	0.000703
0.75	−0.000813	0.001084	0.90	−0.000618	0.000687
0.76	−0.000795	0.001046	0.91	−0.000612	0.000672
0.77	−0.000777	0.001009	0.92	−0.000606	0.000658
0.78	−0.000760	0.000975	0.93	−0.000600	0.000646
0.79	−0.000744	0.000942	0.94	−0.000596	0.000634
0.80	−0.000729	0.000911	0.95	−0.000592	0.000624
0.81	−0.000714	0.000881	0.96	−0.000590	0.000614
0.82	−0.000700	0.000854	0.97	−0.000588	0.000606
0.83	−0.000687	0.000828	0.98	−0.000586	0.000598
0.84	−0.000675	0.000804	0.99	−0.000586	0.000592
0.85	−0.000664	0.000781	1.00	−0.000586	0.000586
0.86	−0.000653	0.000759			

$$C_{lt} = 1 - \beta_l(t_p - 20) \qquad (9-16)$$

C_{lp}可用下面的公式进行计算：

$$C_{lp} = \frac{1}{[1-(p-p_s)F]} \qquad (9-17)$$

公式(9－17)中的压力值用表压力表示时，式中的 $p_s=0$，该式可简化成下面的形式：

$$C_{lp} = \frac{1}{(1-Fp)} \qquad (9-18)$$

式中　p——体积管或者标准流量计内液体所承受的压力，kPa；

F——校准介质的压缩系数，1/kPa。

以水为介质校准标准流量计时，水的压缩系数 F 可用前面介绍的方法求得；以原油为介质校准标准流量计时，原油的压缩系数 F 可用下面的公式计算求得：

$$F = e^{x} \times 10^{-6} \tag{9-19}$$

$$x = -1.62080 + 0.00021592t + \frac{0.87096}{\rho_{15}^{2}} + \frac{0.0042092t}{\rho_{15}^{2}} \tag{9-20}$$

式中　t——校准标准流量计时，标准体积管内原油的温度，℃；

ρ_{15}——原油在温度为 15℃时的密度值，g/cm^3。

公式(9－19)和(9－20)是国际标准给出的经验公式。国际标准用的标准温度是 15℃，与我国目前的标准温度 20℃相差 5℃。因为这两个公式都是试验数据回归导出的经验公式，尽管知道标准温度不同，也只能用 15℃下的原油密度值。用 ρ_{15}和用 ρ_{20}计算求得压缩系数 F 肯定有差别，目前采用的方法是根据密度值随温度的变化，将 ρ_{20}换算成 ρ_{15}，再将 ρ_{15}代入公式(9－19)和(9－20)计算压缩系数 F。

(2)标准流量计测量容积的修正。

标准流量计测量的容积是由流量计的显示仪表给出，或者用脉冲数的形式给出。如果用显示仪表给出测量容积，置换器通过基准管段这一时间间隔内流量计测量的流量是

$$V_{pm} = V_{pm2} - V_{pm1} \tag{9-21}$$

式中　V_{pm}——置换器通过体积管基准管段这一时间间隔内流量计测量的流量，L；

V_{pm2}——第二个检测开关动作，结束校准时流量计显示仪表读出的流量，L；

V_{pm1}——第一个检测开关动作，开始校准时流量计显示仪

表读出的流量,L。

如果流量计是以脉冲数给出流量:

$$V_{pm} = K \cdot N \tag{9-22}$$

式中 K——标准流量计的仪表常数。它表示1L容积有多少个脉冲,或者一个脉冲代表多少升。该常数是通过校准给出的,每台流量计在投入使用前都被确定,并给出常数K;

N——置换器通过体积管基准管段这一时间间隔内记录的脉冲数。

同样,V_{pm}也要修正到标准参比条件下,修正公式如下:

$$V_{ms} = V_{pm} \cdot C_{lt} \cdot C_{lp} \tag{9-23}$$

(3)计算标准流量计的流量计系数。

通过上面的介绍已经知道,公式(9-13)中的参数V_{psa}和V_{ms}可以确定,将计算确定的V_{psa}和V_{ms}代入公式(9-13)中,求得MF。

2)确定被校标准体积管的基准容积

从公式(9-13)可以看出,$V_{ms} \cdot MF = V_{psa}$。也就是说,用标准流量计校准标准体积管的基准容积,事实上是用标准流量计做中间设备,用它复现标准器的标准容积,再用复现的标准容积校准标准体积管的基准容积。

由标准流量计的流量计系数计算公式,可导出标准体积管标准容积的计算公式如下:

$$标准容积 = \frac{流量计测得的容积 \times MF \times C_{ltm} \times C_{lpm}}{C_{stp} \times C_{psp} \times C_{ltp} \times C_{lpp}} \tag{9-24}$$

将测得的值和计算的修正系数代入上面的公式,确定标准体积管的标准容积。上式中修正系数C_{lt}、C_{lp}的角注分别加p与m,

是为了将体积管和流量计区分开,体积管的角注加 p,流量计的角注加 m。

5. 校准不确定度的估计

由于系统误差和随机误差的存在,用标准流量计法校准的标准体积管的标准容积,与标准容积的真值肯定存在偏差。确定校准容积与真值偏差的程度,就是估计它的不确定度。

1)系统误差引起的不确定度

(1)标准器的不确定度。

标准流量计法校准体积管的标准容积,与水驱法校准体积管的标准容积相比,只是多了一个中间计量器具——标准流量计。从量值的传递来看,标准流量计并不起量值传递的作用,它只是将标准器的标准容积复现出来,再用它能复现的量值与被校的标准容积比对,确定出被校准的标准容积的量值。因此,标准器传递给被校准容积的不确定度,仍是标准器的不确定度。

(2)标准流量计的不确定度。

标准流量计复现标准器的标准容积,主要是用流量计系数表示。由于随机误差和系统误差的存在,标准流量计复现标准容积的量值可能出现小的偏差,该偏差的大小反映出流量计系数的分散性,即流量计系数的随机不确定度。

2)随机误差引起的不确定度

在校准操作过程中,因操作、测温、测压等引起的误差;流量波动、检测开关动作不重复,渗漏等多种因素引起的误差,都是随时变化、无法估计的微小误差,称之为随机误差。估计随机误差引起的不确定度,可参照水驱法中叙述的方法计算。

3)估计标准容积的不确定度

标准容积的不确定度可用公式(1-34)进行计算。式中的系统不确定度 $b(y)$是由标准器的不确定度和标准流量计流量计系数的随机不确定度,用公式(1-33)计算求得。

6. 计算举例

用一台基准容积为 56.99191L 的小容积标准体积管做标准

器;用一台容积式流量计做标准流量计,流量计的仪表常数 $K=52.8344$ 个脉/L;校准一台基准管内直径为 358mm、管壁壁厚为 9.5mm 的常规标准体积管。校准使用的介质是原油,该原油在 15℃温度下的密度值是 851 kg/m^3。

在本例题中,只用一次校准测得的数据为例说明标准容积的计算。一次校准测得的数据在表 9-11 中给出。

表 9-11　标准流量计法校准一次测量的数据

序　号	设 备 名 称	收集的脉冲数	测量的温度,℃	测量的压力,kPa
1	小容积体积管		44.20	150
2(初始)	标准流量计	3013.249	44.25	150
3	标准流量计	300940	44.15	150
4	被校体积管		44.05	150
5(最终)	标准流量计	3011.367	44.25	150

1)确定标准流量计的流量计系数

(1)确定小容积标准体积管的基准容积:

$$V_{pps}=V_{ps}\times C_{ts}\times C_{ps}$$

已确定出 $C_{tsp}=1.000744$, $C_{psp}=1.000021$

$$V_{pps}=56.99191\times1.000744\times1.000021=57.035510\ \mathrm{L}$$

$$V_{psa}=V_{pps}\times C_{ltp}\times C_{lpp}$$

已确定出 $C_{ltp}=0.981100$　$C_{lpp}=1.000129$

$$V_{psa}=57.037737\times0.981100\times1.000129$$

$$=55.966931\mathrm{L}$$

(2)确定标准流量计标准参比条件下的容积:

$$V_{m}=N/K$$

①"初始"容积。

$$V_m = 3013.249/52.8344 = 57.031953 \text{ L}$$

$$V_{ms} = V_m \times C_{ltm} \times C_{lpm}$$

已确定出 $C_{ltm}=0.981061$，$C_{lpm}=1.000129$

$$V_{ms} = 57.031953 \times 0.981061 \times 1.000129$$
$$= 55.959043 \text{ L}$$

②"最终"容积。

$$V_m = 3011.367/52.8344 = 56.997368 \text{ L}$$

$$V_{ms} = 56.997368 \times 0.981061 \times 1.000129$$
$$= 55.925108 \text{ L}$$

(3)计算标准流量计的流量计系数：

$$MF = \frac{V_{psa}}{V_{ms}}$$

①"初始"流量计系数。

$$MF_s = \frac{55.966931}{55.959043} = 1.000141$$

②"最终"流量计系数。

$$MF_N = \frac{55.966931}{55.925108} = 1.000747$$

③求平均流量计系数。

$$MF = \frac{MF_s + MF_N}{2} = \frac{1.000141 + 1.000747}{2} = 1.000444$$

2)确定被校体积管的标准容积

使用公式(9－24)计算被校体积管的标准容积，可利用前面给出的系数：$C_{stp}=1.000747$，$C_{psp}=1.000021$，$C_{ltp}=0.981100$，$C_{lpp}=1.000129$，$C_{ltm}=0.981061$，$C_{lpm}=1.000129$，$MF=1.000444$。流量计测得的容积用公式(9－22)计算。将上述参数和测得的流量代入公式(9－24)中，可计算出被校标准体积管在标准条件下的标准容积 V_{ps}，即

$$V_{ps}=\frac{(300940\div52.8344)\times1.000444\times0.981061\times1.000129}{1.000747\times1.000021\times0.981100\times1.000129}$$

$$=5693.83975\ \text{L}$$

3)估算标准容积的不确定度

标准容积的不确定度的估算，与水驱法相比，除多一项标准流量计流量计系数的随机不确定度外，其他基本上都是相同的。流量计系数的随机不确定度，可利用 n 次测量得到的平均流量计系数，用公式(9－10)和公式(9－15)计算求得。其他的计算可参照前面介绍的方法进行，这里不做相应的运算例题。

校准合格的体积管，对可能影响标准容积的检测开关应加铅封，防止乱动检测开关影响标准容积。

第二节　流量计的检定

原油贸易交接计量使用的流量计属于国家规定的、强制性检定的计量器具。必须由持有检定员证的人员，按流量计检定规程的规定进行检定。

我国目前发布的流量计检定规程 JJG 667《液体容积式流量计》代替以前的 JJG 634《刮板式流量计》、JJG 232《腰轮流量计》等检定规程。从新规程叙述的内容来看，它适用于所有的液体，具有普遍性。但对原油这种具有特殊性质、具有十分高的经济价值的液体，并未做出特殊的规定和要求。这与国际标准化组织和美国石油学会制订的、专门适用于石油和石油产品的标准相比，有一定的差距。因此，检定商品原油贸易计量的流量计，应执行 GB

9109.4《用标准体积管检定容积式流量计的操作规程》。

一、检定流量计的方法

原油贸易交接计量使用的流量计，根据检定的场所不同可分为在线检定和离线检定；根据检定使用的标准器不同可分为标准体积管法和标准流量计法。下面分别说明。

1.在线检定流量计的方法

在流量计的使用场所，用流量计测量的介质做检定介质，在流量计正常运行的条件下，对流量计进行检定称之为在线检定，或称之为实液（流）检定。为实现用这种方法对流量计进行检定，流量计的使用现场要有固定的标准装置，或者有随时可到使用现场的活动式标准装置。采用这种检定方法有如下的优点：

（1）流量计测量的介质与检定用的介质是同一种介质，消除了计量与检定所用介质不同给流量计计量带来的误差。

（2）在流量计实际测量的流量、温度和压力条件下进行检定，消除了因计量与检定的工作条件不同给流量计计量带来的误差。

（3）流量计使用现场有固定的标准装置，或者有随时可到使用现场的活动式标准装置，计量人员可用标准装置对流量计运行过程中的准确度进行监测。如发现流量计的计量准确度发生变化，可随时向检定机构申请检定，防止流量计在准确度不合格的条件下长期运行，避免产生不必要的油量损失。

由于这种检定方法具有上述优点，在原油贸易交接计量中，一般都推荐采用这种检定方法。

当然，这种检定方法也存在要投入一定的资金建标准装置和要增加计量人员等不足。特别是油量少、流量计不多的使用现场，从经济上来讲是否合算应给予考虑。

为了解决这一矛盾，将计量检定站与原油贸易交接计量站（点）相结合设置将是一种好方法。也就是说，在原油贸易交接计量站（点）设固定式的标准装置及相应的检定系统，标准装置可在线检定原油贸易交接计量的流量计，也可检定非贸易交接计量的流量计,以充分发挥投资建标准装置的作用。

2. 离线检定流量计的方法

将流量计从使用现场拆卸下来,送到有标准装置的检定站进行检定,用这种方法检定流量计称之为离线检定。采用这种检定方法存在以下缺点:

(1)检定用的介质与流量测量的介质不会完全相同,存在介质性能的差别,可能给流量计测量的原油体积量带来误差。

(2)检定流量计的条件与流量计测量原油体积流量的条件不可能完全相同,条件的差异也可能给测量的体积量带来误差。

(3)流量计被检定后,要运回到使用的现场并安装在原来的位置上,流量计在运输和安装过程中可能会受到振动,外部施加的各种力的影响,这些因素都可能使流量计测量的准确度偏离检定确定的准确度,给测量的原油量带来误差。

由于这种检定方法存在的上述不足,要求准确测量原油量的原油贸易交接计量,只要有可能,都避免使用这种检定方法。

这是一种集中检定的方法,相对来说具有可节省投资,标准装置的利用率高,有利于集中管理等优点。对检定测量准确度要求稍低或非贸易交接用流量计,是完全满足要求的。因此,检定油田内部计量使用的流量计,炼油厂和石油化工厂生产过程控制、调节流量用的流量计,基本上都是采用这种检定方法进行检定。

为解决离线检定存在的某些缺点,有关的标准和规程对离线检定用的介质、检定的条件等都提出具体的要求和规定。从保证计量检定的准确来看,这些要求和规定十分必要。但是,在实际工作中,要使计量检定站使用的介质和计量检定的条件与计量现场流量计测量的介质和测量的条件相同十分困难。

3. 用标准体积管检定流量计的方法

标准体积管检定流量计的方法是指检定流量计的标准器为标准体积管。正是由于研制出标准体积管,使原油贸易交接计量的准确度有了很大的提高。这一方法已在原油贸易交接计量中得到广泛地应用。

4. 用标准流量计检定工作流量计的方法

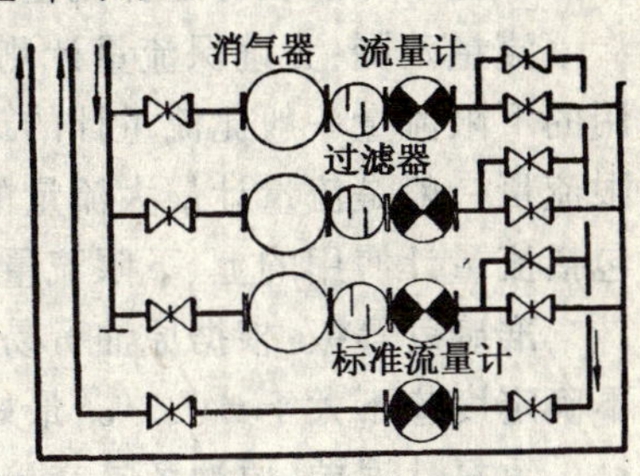

图 9－3 标准流量计检定流量计原理流程

这种检定方法是用标准流量计做标准器，检定计量原油的流量计。为区别这两种流量计，这里将被检的流量计称为工作流量计。检定时，将准确度高的标准流量计（准确度通常是 0.1 级或优于 0.1 级）与被检的流量计串联安装在一条管道上（图 9－3），原油同时流过被检的工作流量计和标准流量计。然后，将同一时间内两台流量计测量的体积流量进行比对，计算出被检的工作流量计的流量计系数或计量的准确度。

二、容积式流量计的检定

我国目前用于原油贸易计量的容积式流量计，主要有腰轮和刮板两种流量计。这两种流量计使用的检定规程是 JJG 667《液体容积式流量计》。因该规程是适合各种液体的通用规程，原油贸易计量的容积式流量计，还应参照国标 GB 9109.4 进行检定。

原油贸易交接计量使用的流量计，涉及贸易双方的经济利益，测量的不确定度要求在 ±0.2% 的范围内。

1. 检定的技术要求

容积式流量计的检定规程有关检定的技术要求，主要是对被检流量计、检定系统、检定介质等满足检定要求的技术条件做出规定。下面将参照规程并结合原油贸易交接计量的具体要求，对这些技术条件进行介绍和说明。

1）流量计的技术要求

检定规程有关流量计的外观、检定证书和使用说明书、防爆等技术要求是通用的内容。原油贸易交接计量用的流量计，除这些通用的要求外，还有以下的具体要求：

（1）流量计测量的流量范围、准确度等级和重复性误差。

流量计测量的流量范围、准确度等级和重复性范围，原油贸易交接计量站(点)设计选择流量计时就确定。

流量范围:为确保流量计测量的准确度和使用寿命,流量计使用的下限流量一般比流量计的最低流量大30%,流量计使用的上限流量一般是流量计最大流量的80%~85%,检定时的流量必须包括流量计使用的上、下限流量。

准确度等级:根据原油贸易交接计量的要求,计量用流量计的不确定度应不大于±0.2%,最好是优于±0.2%。

重复性误差:原油贸易交接计量用的流量计,检定时计算流量计系数的随机不确定度要达到±0.1%。

(2)流量计检定用的脉冲发生器。

为满足被检流量计准确度和重复性误差的要求,国际和国外先进标准都规定:采用常规体积管检定流量计时,单向体积管检定运行一次流量计至少要发 10^4 个脉冲,双向体积管检定运行一次流量计至少要 2×10^4 个脉冲;采用小容积体积管检定流量计时,检定运行一次流量计发出 10^4 个脉冲是不可能的。因此,用小容积体积管做标准器时,为保证流量计检定的准确度,必须采用脉冲插入技术,配备脉冲插入设备。

2)计量检定系统安装的技术要求

原油计量检定系统是指将流量计和体积管连接起来,从原油进入流量计,直至通过流量计和体积管,从体积管出来的完整系统。我国的检定规程对计量检定系统的安装提出一些技术要求,但从原油的性质、计量条件和计量的准确度来看,这些规定是不完全的,还要补充以下内容:

(1)容积式流量计和标准体积管的安装除参照前面给出的检定规程外,还应按照国标 GB 9109.2《容积式流量计安装的技术规定》,GB 9109.3《固定式标准体积管安装的技术规定》。

(2)计量检定系统的最高点或可能聚积气体的地方,必须设排气阀,以便排放出系统中的气体。

(3)计量检定系统中不应有缩径、扩径、大于90°的弯头等管道配件,以防止出现明显的降压,造成原油中溶解气逸出。

(4)计量系统中设的排污、扫线等连接管道，应确保检定时不会从这些开口管道渗漏油，同时，应有能检测渗漏的措施。

(5)检定流量计时，进行有关的修正计算要使用温度和压力参数。因此，在紧靠近流量计和体积管的进、出口处，必须安装测温和测压的仪表。

3)检定用介质的技术要求

容积式流量计的转子和壳体之间有一定间隙。流量计测量流过它的原油量时，有些原油会从间隙漏流通过流量计，而不被测量。漏流量的大小与原油的粘度，通过流量计的压力损失，测量流量的多少和间隙的尺寸等许多因素有关。

对测量准确度要求在±0.2%范围内的原油流量计，必须考虑这种影响。

2.检定条件和检定设备

检定条件是检定规程对检定所用的计量标准、检定设备和环境条件所作的规定。确定检定条件既要保证计量器具检定的准确度，又要做到经济合理、切合实际。

在线检定原油贸易交接计量的流量计，如果是首次检定，对检定条件有如下要求。

1)环境条件

原油贸易交接计量站投入使用时，为确保流量计不会被输送管道内的杂物损坏，通常都是让原油先从流量计的旁通管道流过，待管道内的杂物被冲洗干净后，再将原油改进流量计。因此，被检的流量计在进行检定以前，至少应正常运行72h。

2)检定设备

(1)标准装置。

作为标准装置的标准体积管，已由计量行政部门或授权的计量检定机构进行检定，并得到《检定证书》。同时，向国家计量行政部门申请建立计量标准，并经考核合格，发给《计量标准证书》和《社会公用计量标准证书》。

(2)辅助设备。

①测温、测压仪表。

检定流量计时,温度和压力要参予检定结果的计算。因此,要求测温、测压的仪表应满足有关标准和规程、规范的规定。目前我国有关标准和规程、规范的规定是:测温度的温度计分度值为0.1℃;测压力的压力表为0.4级(或0.4级以上)。

②脉冲记数器。

常规体积管检定流量计使用的脉冲记数器,要求记录流量计发来的脉冲数产生的最大误差只能是±1个脉冲。记数器内部的晶体振荡器的稳定性要求达到10^{-5}~10^{-6}。

小容积体积管检定流量计要使用脉冲插入技术。

3.检定的项目和检定的方法

1)检定的项目

检定流量计的目的是通过检定对流量计的计量性能进行评定。因此,容积式流量计检定规程规定的检定项目有:外观检查、耐压强度试验、示值检定和电气性能检定。对电气性能的检定还注明:仅在必要时,对带电气的流量计进行这种检定。如果是对容积式流量计进行复检,外观检查和耐压强度的试验,只是很简单地进行检查和试验,主要是示值检定。

2)检定的方法

按检定规程的规定,容积式流量计的检定方法是依据上面给出的检定项目逐项进行,前一项检定合格后再进行下一项的检定。检定过程中,如果被检定的项目出现问题或检定不合格,要求受检部门立即进行处理改正。处理改正后再进行检定,直至检定合格。如有一时难以解决的问题,应限期改正,改正后再检。

在检定操作过程中值得注意的是:在开始正式检定以前,应让原油通过检定系统进行较长时间地运行,直至流量计出口的油温与体积管进、出口的油温达到稳定,变化在要求的范围内,才具备开始检定的条件。进行正式检定前应进行试检定,即在流量计常用流量的最大值和最小值下,各进行一次检定。如果两次检定的数据变化较大,可参考表9-12、表9-13查找原因。

表 9-12 寻找常规体积管检定流量计故障原因

故障迹象	位置和可能的原因	检查或试验	改正的措施
重复性差	1.液体夹带空气或蒸汽	随着置换球的运行,打开排气阀,检查有没有空气或蒸汽(因空气或蒸汽可能形成气袋,这样做可能给出不可靠的回答)	a.检查进入体积管的流体中是否含气,其方法是将所有最高点的排气阀打开,让体积管运行几次,排放气体; b.增加流量计的回压
	2.四通换向阀或操纵球的阀内出现液体闪蒸	在最大的流量下,测量阀内的压力,看是否符合技术规范的规定	使用回压阀增加压力
	3.隔离阀渗漏	检查双截断和检漏阀的渗漏情况	a.用操纵机构或手柄加力拧紧阀座; b.维修阀; c.使阀循环液体,消除阀内的杂质
	4.四通换向阀或操纵球的阀渗漏	检查双截断和检漏阀的渗漏情况	a.用操纵机构或手柄加力拧紧阀座; b.维修阀; c.使阀循环液体消除阀内的杂质
	5.四通换向阀或操纵球的阀循环时间	在置换球到达第一个检测开关前,检查双截断和检漏阀的关闭情况	增加阀的运行速度或降低通过体积管的流速
	6.检测开关	使外部信号源检查检测开关,用欧姆计检查检测开关闭合的连续性,检查端点的腐蚀情况,检查检测开关的机械部件	如检测开关被调整或改变可能需要重新检定;清洗端点;按要求进行清洗和维修
	7.温度变化	检验温度的测量	稳定流量计和体积管的温度

续表

故障迹象	位置和可能的原因	检查或试验	改正的措施
	8. 球	取出，检查是否有损伤，局部隆起、磨损和(或)变坏。测量椭圆度和尺寸大小	是否需要充液使膨胀大或卸压缩小。如果损坏更换球
	9. 活塞	应用检漏试验，检查渗漏，检查密封是否损伤、磨损或变坏	如果需要，更换密封件
	10. 流量计轴承磨损	拆开检查。用示波器分析流量计发送出的脉冲串	按需要更换或维修
	11. 流量计的辅助齿轮磨损	用示波器分析流量计发送出的脉冲串	按要求进行维修或清洗
	12. 涡轮流量计的整流管段	取出检查，看是否损坏和被杂质阻塞	按需要维修或清洗
	13. 电的随机影响	识别影响源。用示波器分析流量计发送出的脉冲串	改变敷设的电缆，使用屏蔽电缆。检查电缆接地的连接
	14. 流量计内发生汽蚀	a. 在大气压下抽取样品观察稳定性； b. 如果不稳定，测量液体的平衡蒸汽压； c. 测量流量计下游的压力； d. 计算回压	增加压力
	15. 流量计脉冲发生器故障	在不变的流量下，检查脉冲的频率是不是常数，检查脉冲的完整性，用示波器分析脉冲串	按需要维修或更换

续表

故障迹象	位置和可能的原因	检查或试验	改正的措施
	16. 有故障的标准器	用示波器分析流量计发出的脉冲串，进行向上或向下的调整，估计流量计系数的变化	按需要进行维修或更换
线性差	1. 四通换向阀或操纵球的阀，循环时间长短引起	估计流量计系数的变化，见上面的5	按需要维修或更换，见上面的5
	2. 温度变化	检验温度测量	稳定流量计和体积管的温度
	3. 流量计的轴承磨损	拆下来检查	按需要维修或更换
	4. 容积式流量计转子损坏，涡轮流量计损坏	拆下来检查，用示波器分析流量计发出的脉冲串	按需要维修或更换
	5. 齿轮组或联接器等摩擦或磨损	检查表头，或让表头连续运行检查	按需要重新对中或更换

表 9－13　寻找小容积体积管检定流量计故障原因

故障迹象	位置和可能的原因		检查或试验	改正的措施
重复性差	体积管	1. 体积管内的液体夹带空气或蒸汽	打开体积管的排气阀看是否有空气或蒸汽	打开排气阀，使置换器运行，直至消除空气或蒸汽

续表

<table>
<tr><th>故障迹象</th><th colspan="2">位置和可能的原因</th><th>检查或试验</th><th>改正的措施</th></tr>
<tr><td rowspan="10">重复性差</td><td rowspan="6">体积管</td><td>2. 隔离阀渗漏</td><td>检查双截断阀或检漏阀</td><td>a. 打开阀重新关阀;
b. 用力拧紧阀;
c. 更换阀座</td></tr>
<tr><td>3. 变通阀或换向阀渗漏</td><td>检查双截断阀或检漏阀</td><td>a. 用力拧紧阀;
b. 更换阀座</td></tr>
<tr><td>4. 置换器渗漏</td><td>按制造厂推荐的方法检查渗漏</td><td>更换密封件</td></tr>
<tr><td>5. 检定系统内发生汽蚀</td><td>测量整个检定系统与计量系统的压力损失,看是否在技术规范规定的范围内</td><td>a. 降低流量;
b. 增加检定系统的回压</td></tr>
<tr><td>6. 检测开关的故障</td><td>检查检测开关是否正常运行</td><td>如果有故障更换检测开关。保护光检测开关不受周围光的影响</td></tr>
<tr><td>7. 气动压力不正常</td><td>按制造厂的技术条件检查气动压力</td><td>按需要调整</td></tr>
<tr><td rowspan="4">流量计</td><td>1. 内部磨损</td><td>拆开检查</td><td>按需要维修或更换</td></tr>
<tr><td>2. 电气的随机影响</td><td>跟踪检查原因</td><td>消除原因或调换</td></tr>
<tr><td>3. 流量计内发生汽蚀</td><td>在最大流量下,测量流量计下游几个小直径管道的压力,看是否在技术规范规定的范围内</td><td>用回压阀增加压力</td></tr>
<tr><td>4. 脉冲发生器故障</td><td>在均匀的流量下,检查脉冲频率是不是常数</td><td>a. 检查齿轮组;
b. 按需要维修或更换</td></tr>
</table>

续表

故障迹象	位置和可能的原因		检查或试验	改正的措施
重复性差	流量计	5.涡轮流量计的整流器	取出检查,看是否被损坏或被杂物阻塞	按需要维修或更换,清除杂物
线性差	体积管	1.通过旁管或换向阀渗漏	同上面体积管的3	同上面体积管的3
		2.温度变化	准确地测量温度	按温度的影响,对流量计和体积管进行温度修正
		3.轴承磨损	拆下检查	按需要维修或更换
		4.汽蚀	检查整个检定系统的压力损失	增加回压和(或)降低流量
	流量计	1.脉冲发生器故障	在不变的流量下检查脉冲频率是不是常数	a.检查齿轮组; b.按需要维修或更换
		2.转子损坏	拆下检查	按需要维修或更换

4.检定数据的处理

对容积式流量计进行检定,主要的检定目的是确定出流量计的流量计系数。

容积式流量计的检定规程规定,检定流量计只要对3个不同的流量点进行检定,每个流量点重复检定3次。这种规定对原油贸易交接计量用的容积式流量计是不合适的。对原油贸易交接计量的容积式流量计,至少应检定5个流量点,每个流量点应重复检定3~5次。因为对原油贸易交接计量用的流量计进行统计控制管理时,必须作出流量计系数随流量变化的曲线图,如图8-2所示。美国的API标准和国际标准,都要求检定5个流量点,每个流量点重复检定3~5次。

检定数据的处理是利用每次检定测得的数据,按前面介绍的方法计算出流量计系数,再确定出3~5个流量计系数的随机不确定度。如果该随机不确定度在±0.2%的范围内,则求它们的平均值,求得的平均流量计系数就是该流量点的流量计系数。如果流量计检定5个流量点,可得到5个平均流量计系数。然后再用前面介绍的方法,求5个平均流量计系数的随机不确定度,该随机不确定度应在±0.2%的范围内。

三、涡轮流量计的检定

我国目前生产的原油,绝大部分都具有含蜡、含胶质多,粘度和凝点高的物理性质。大概是考虑原油的这种性质,在我国原油的贸易交接计量中,基本上没有使用涡轮流量计。但由于涡轮流量计测量流量所具有的优点,在欧洲等一些地区,被广泛地用于原油的贸易交接计量。

涡轮流量计要求被测量介质的粘度不能太高。我国目前生产的绝大多数原油具有前面所说的物理性质,但在输送的温度(一般是40～50℃)条件下,粘度并不是太高,完全可用涡轮流量计进行测量。考虑到在我国的原油贸易交接计量中,可能也会使用涡轮流量计。所以,对涡轮流量计的检定也做一些介绍。

我国新发布的、等同采用国际标准ISO 2715的国家标准GB/T 17289,对涡轮流量计的使用和检定,做出规定并提出有关的技术要求。

为符合原油贸易交接计量和计量检定的规定,用于原油贸易交接计量的涡轮流量计,必须满足以下的要求。

1.涡轮流量计应满足的技术要求

(1)用于原油贸易交接计量的涡轮流量计,测量的准确度等级和测量的流量范围,必须满足流量计选择提出的要求。

(2)涡轮流量计用常规体积管检定时,单向标准体积管检定运行一次,至少应从流量计累计接收10000个脉冲;双向标准体积管检定运行一次(正、反两个行程),至少应从流量计累计接收20000个脉冲,流量计必须满足这种要求。如果使用小容积体积管检定流量计,流量计发出的脉冲信号应与选用的脉冲插入设备相适应。

(3)流量计变送器输出的频率应不低于20Hz,输出的电压应不低于 10mV,变送器信号检测器感应线圈的电阻值应不超过 3000Ω。

2. 对流量计安装和检定介质的要求

液体漩涡和不均匀分布的速度剖面,将影响涡轮流量计的计量性能。在受影响的计量性能下对涡轮流量计进行检定,检定肯定是不合格的。液体漩涡和不均匀分布的速度剖面是由流量计上、下游的管道形状、阀门、泵及连接不对中出现的偏差,凸出管内壁的垫片,焊接的凸出物或其他的阻碍物引起产生的。为消除液体漩涡和不均匀分布的速度剖面,在流量计的上、下游应安装流动状态调节的管段,如图 9－4 所示。

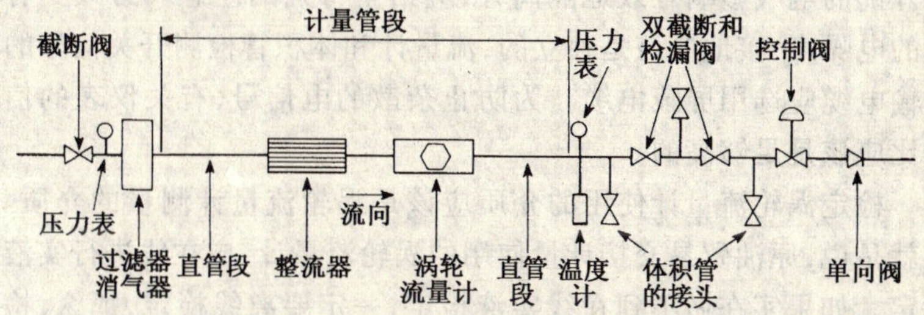

图 9－4　涡轮流量计系统安装示意图

进行流动状态的调节,可以采用的具体做法是:在流量计的上、下游加足够长的直管段,或直管段与整流器相结合。如果涡轮流量计采用离线检定,要将调节流动状态的直管段,或直管段与整流器一起拆下来,作为涡轮流量计的一个整体送出检定。

计量和检定系统中,影响流量计测量和检定准确度的阀门,应选用能快速、平稳开关,不渗漏的阀门。

从流量计到体积管的连接管道,不应有便于空气或蒸汽聚积的高点或形成“气袋”的管段,应尽可能减少空气或蒸汽的聚积,该连接管道只要可能,应短一些;在检定期间为防止到体积管的流速明显降低,连接管道的直径不得比流量计直径大很多。

为确保原油通过流量计不会产生汽蚀,在流量计的下游应安装回压阀。回压阀的设定压力可用下式计算:

$$p_0 = 2\Delta p + 1.25 p_v \qquad (9-25)$$

式中 p_0——回压阀设定的压力,kPa;

Δp——以最大流量通过流量计产生的压力损失,kPa;

p_v——原油在最大运行温度下的饱和蒸汽压,kPa。

涡轮流量计的输出信号是属于低能级的,电噪声可能是最容易产生故障的根源。消除电噪声和杂散的电信号,即使输出信号是属于高能级的,也是必要的。噪声信号通过电磁感应、静电或电容耦合、电传导,叠加到流量计输出的信号上,影响检定的准确度。所以,在安装电信号仪表和传输信号的电缆时,将检定和计量系统同外部的电气影响有效地隔离开,应给予特别的注意。为减少有害的电噪声,接地应该是独立的,流量计和体积管检测开关信号的传输电缆应选用屏蔽电缆。为防止杂散的电信号,有关仪表的信噪比应该是足够高的。

检定涡轮流量计使用的介质应该是涡轮流量计测量的介质。也就是说,原油贸易交接计量使用的涡轮流量计,应在线进行实液检定。如果实在做不到在线实液检定,一定要离线检定,那么,检定用的介质必须与涡轮流量计测量原油的性质十分接近,甚至是相同的。

四、质量流量计的检定

关于质量流量计的检定,通过近几年的研究,可用体积管在线进行实液检定。由于这种检定方法在实际中使用的时间不长,还未见到相应的标准与规程,下面将根据试验研究的成果进行介绍。

1.检定的原理

在线检定质量流量计的试验研究,采用标准体积管配密度计,或者配取样测密度值的方法,确定出质量的标准量值,再用该标准量值与质量流量计测得的质量流量进行比对。用公式表示如下:

$$Q_m = V_{psc} \cdot \rho_{t \cdot p}/t \qquad (9-26)$$

式中 Q_m——标准体积管测得的质量流量;

V_{psc}——标准体积管在校准条件下的标准容积;

$\rho_{t\cdot p}$——校准条件下测得的原油密度；

t——从体积管的第一个检测开关到第二检测开关置换器运行的时间。

$$MF_{m}=\frac{Q_{m}}{q_{m}} \tag{9-27}$$

式中 MF_{m}——质量流量的流量计系数；

q_{m}——质量流量计测得的质量流量。

通过检定确定出质量流量计在不同流量点下的流量计系数，并绘制出流量计系数随流量变化的曲线，则可评定流量计计量性能的好坏。图9-5是试验研究得到的多台质量流量计的流量计系数随流量变化的曲线。

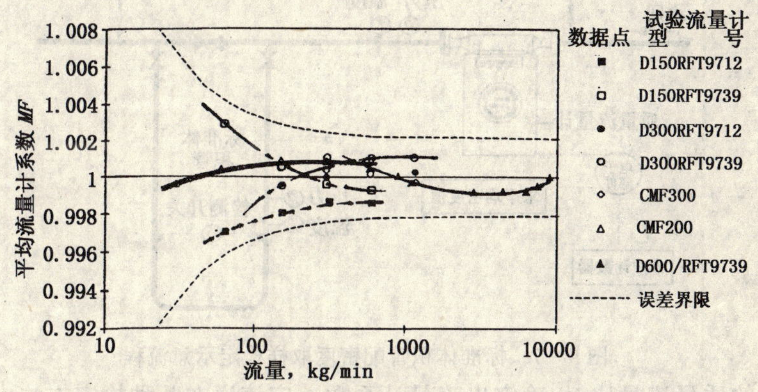

图9-5 平均流量计系数与流量的关系曲线

2.检定的方法和流程

图9-6和图9-7绘出两种检定方法的示意流程图。图9-6表示用标准体积管配密度计的检定方法；图9-7表示用标准体积管配取样测密度值的方法。对密度值变化不大的原油，可在检定数据处理的计算程序中，将原油的密度看作常数输入，计算出流量计系数。

图9-6所示的检定方法是在质量流量计的测量条件下，用标准体积管和密度计测得标准的质量流量，然后同质量流量计测得

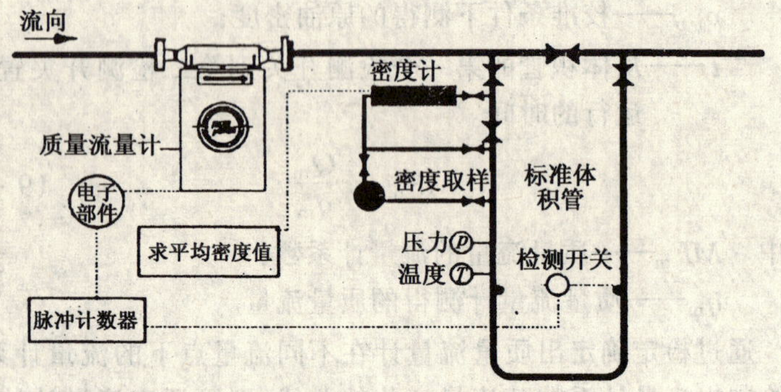

图 9－6 标准体积管配密度计检定示意流程

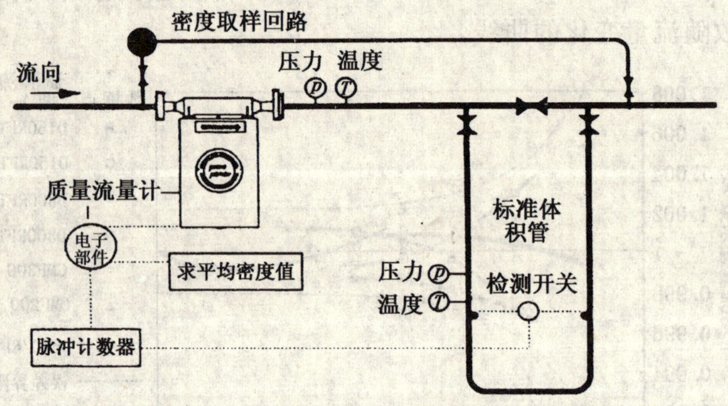

图 9－7 标准体积管配密度取样检定示意流程

的质量流量比对，确定出流量计系数。应该说在几种检定方法中，这是最好的一种方法。

3. 检定中有关参数的计算

1）流量计系数 MF_m 的计算

从公式(9－27)可以看出，计算流量计系数必须先确定出 Q_m 和 q_m。Q_m 可用下式计算：

$$Q_m = V_{ps} \cdot C_{tsp} \cdot C_{psp} \cdot \rho_{t \cdot p} / t \qquad (9-28)$$

式中 V_{ps}——标准体积管在标准参比条件下的标准容积；

C_{tsp}——校准条件下温度对体积管标准容积影响的修正系数，可利用前面介绍的方法求得；

C_{psp}——校准条件下压力对体积管标准容积影响的修正系数,可利用前面介绍的方法求得。

q_m 同容积式流量计和涡轮流量计一样,可用质量流量计输出的脉冲数来确定。也就是说,q_m 可用下式进行计算:

$$q_m = N/K \tag{9-29}$$

式中 K——质量流量计的仪表常数,用下面的公式表示:

$$K\left(\frac{\text{脉冲数}}{\text{kg}}\right)=\frac{\text{频率}\left(\dfrac{\text{脉冲数}}{\text{s}}\right)}{\text{质量流量}\left(\dfrac{\text{kg}}{\text{min}}\right)}\cdot\frac{60\text{s}}{1\ \text{min}}$$

N——检定运行一次累计质量流量计发出的脉冲总数。

将计算求得的 Q_m 和 q_m 代入公式(9-27),可计算求得质量流量计的流量计系数 MF_m。

2)流量计系数的随机不确定度计算

质量流量计流量计系数的随机不确定度,按下式进行计算:

$$a(y)=\pm\frac{MF_{mstd}\cdot t}{MF_{mavg}}\times 100 \tag{9-30}$$

式中 $a(y)$——流量计系数的随机不确定度;

MF_{mstd}——检定时,一组(n 次)测量数据确定的、流量计系数的标准偏差;

t——置信度为95%,自由度为($n-1$)的学生 t 分布系数,可从表1-8查得;

MF_{mavg}——检定时确定的平均流量计系数。

如果质量流量计用于原油的贸易交接计量,对流量计系数随机不确定度的要求,与对容积式流量计的要求是相同的,可参考容积式流量计检定的有关说明。

第十章　原油的自动取样

原油的贸易交接计量,需要确定原油的密度值,原油中水与杂质的含量等参数。无论是实验室用分析的方法测量这些参数,还是用仪表在线测量这些参数,都是在输送原油的主管道上,从管内流动的原油中抽取少部分的原油进行测量,确定出原油贸易交接计量所需要的参数。要确保所取油样与主管道内输送原油所具有的参数完全相同,必须使从管道内流动原油中抽取的少部分原油,与管道内流动的原油具有完全相同的组成。抽取出的、具有这种特征的少部分原油,被称之为有代表性的样品。

为取得有代表性的原油样品,一些国家进行了大量的研究,并确定出管道自动取样的方法。国际标准是 ISO 3171《液体石油管道自动取样》,美国石油学会的标准是:API MPMS 第 8 章第 2 部分《液体石油和石油产品自动取样的标准作法》,我国参照国际标准编制了行业标准:SY 5317《原油管线自动取样法》。

第一节　自动取样的一般原则

一、有代表性的样品

取得怎样的样品叫有代表性的样品?国际标准 ISO 3171 明确地指出:有代表性的样品应具备 4 个条件,缺少任何一条都可能影响最后的结果。这 4 个条件是:

(1)在取样位置和取样时间内,从管道输送的原油中抽取的样品,应与管道整个横截面上的原油平均组成相同。在管道的横截面上可能存在变化的浓度梯度,要满足这种要求是很不容易的。因此,在取样点要求做到:

①在管道横截面上,水在原油中的分布或者浓度,在允许的界

限内是不变化的。

②取样头入口开孔的直径,不应小于6mm。

(2)从取样开始到取样结束的取样周期内,不管输送原油的组成是否变化,取得有代表性的样品应能代表原油的组成。不管是采用连续取样的方法还是采用间歇取样的方法,取样量应与管道内输送的原油流量成比例。采用间歇取样的方法取样时,取样的频率和每次抽取的样品量,都足以证明样品是具有代表性的。

(3)保存样品的条件应与抽取样品时的条件相同,才不会损失样品中的轻组分、固体和气体物质,也不会污染样品。

样品的储存和输送都应遵守自动取样标准中的有关规定。

(4)将样品分成多个小样品时,应确保多个小样品中的每一个样品,都与原始样品有相同的组成。分样品使用的方法和将样品运送到实验室使用,都应遵守标准中关于样品处理和运送的有关规定。

二、取样的一般规则

决定在管道内混合还是不混合,不均匀液流状态的水力学定律表明:只有提供足够高的能量损耗,才能使水滴和重的固体颗粒在原油中保持良好的悬浮状态。这种能量的损耗不是靠转变管道内的速度能提供,就是靠取样位置上游附近的混合器提供。

在分布试验时发现,取样截面内满足取样要求的标准界限与管道截面内水的平均浓度有关。研究水在管道横截面内的分布指出,含水量高达1g/100g的原油,取样截面内水的平均浓度应在0.05g/100g的范围内;含水量大于1g/100g时,取样截面内水的平均浓度将是±5%。这里给出的是质量单位,也可用体积单位。

水平管道内油流含水的不同浓度,在管道横截面内将随水力条件(流量、原油密度、粘度、分散相的组成、界面张力改进剂等)变化,可用3种情况叙述变化的类型。

1.第一种情况(图10-1中的类型1)

出现这种情况时,按上面指出的满足取样要求的标准界限,在管道整个横截面上,各点的水浓度都是相同的。在管道直径的任何点上设置取样头,取样头的进口处都可取得有代表性的样品。

尽管如此，应该注意，不要将取样头太靠近管壁，以减少管壁对取样的影响。

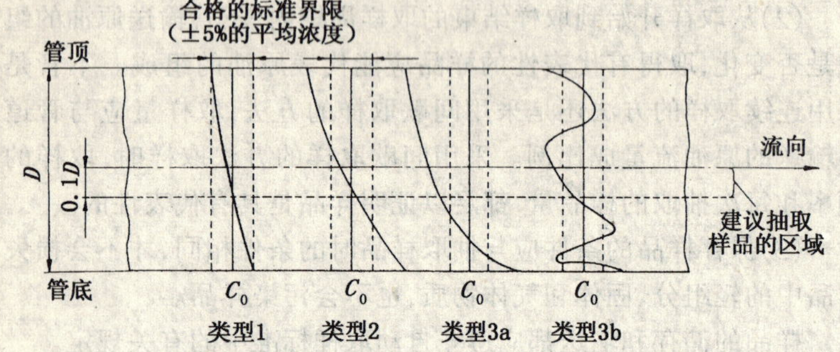

图 10－1　表示水在水平管道内浓度分布的图形

注：1)标记“C_0”的垂直线表示每种情况下的平均浓度；

2)水的浓度沿横坐标增加，横坐标平行管道中心线。

每种类型的分布，横坐标再从零开始

2. 第二种情况（图 10－1 中的类型 2）

出现这种情况时，管道横截面上的水浓度，从一点到另一点是变化的，但有均匀的变化梯度。因此，至少存在水浓度等于整个横截面内水平均浓度的点。根据理论分析，在离开水平管道管底部垂直直径 0.4～0.5 之间的区域内，可找到这种点。

3. 第三种情况（图 10－1 中类型 3a 和 3b）

出现这种情况时，管道横截面上水的浓度分布不是线性的，显示出分离现象存在，还可能有不稳定分布的存在。由于管道横截面的不同点上都有自己的浓度分布区，在预先确定的取样点上取样是不合格的，必须安装混合设备。

第二节　自动取样系统及其安装要求

一、固定式自动取样系统

满足取样要求的自动取样系统，必定是由取样点上游的流动状态调整器，从流动液流中真正抽取一定样品量的设备，为确定流量比例的流量测量设备，控制抽取样品总体积量的设备，收集和储存每次抽取样品量的样品接收器，以及随取样系统而定的接收容器与混合系统等组成。根据被取样原油的独有性能，在系统中还可能需要有保温和加热的部件。

自动取样系统按流量比例取样，通常认为是取得有代表性样品的较好做法。但是，管道输送流量的变化低于平均流量的10%时，用时间比例控制每次的取样量，亦可取得有代表性的样品。

目前常用的自动取样系统有两种类型，如图10-2所示。一种是将抽取样品的设备直接安装在原油输送管道上；另一种是将抽取样品的设备安装在取样的环路上。

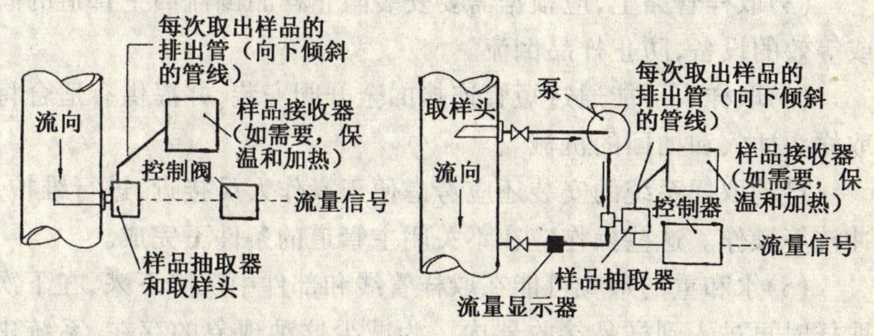

A. 直接安装在管道上的取样系统　　B. 固定环路的取样系统

图10-2　典型的自动取样系统

采用样品环路的自动取样系统，在输送原油的主管道上设置取样头，引出部分流体进入取样环路，沿环路流动。通过环路流动的平均流速应近似于主管道内预期的最大平均流速，但不得低于2.5m/s。

操纵样品环路上样品抽取器的控制器，接收主管道上流量计送来的流量比例信号，将该信号变成操纵抽取器抽取样品的信号。在样品环路内也必须安装流量指示器，显示流体在环路内的流动。如果环路内循环流动的流体停止流动，或者流动的流量很小，样品抽取器仍继续抽取样品，就会使样品没有代表性，满足不了取样的要求。

采用将样品抽取器直接安装在输油管道上的自动取样系统，总的来说安装和操作都比较简单。但是，调节、操作和维护的灵活性比较差。如果采用时间比例控制每次取样的操作，应向控制器输入时间比例信号。

二、固定式自动取样系统安装的要求

(1)取样设备和样品接收器应尽可能相互靠拢，以减少存在静止流体的体积。为满足这种要求，相互连接的管道应尽可能短，弯头的数量应降到最少。样品接收器都应设置在系统的最低点处。

(2)自动取样系统应安装相应的阀门和连接管道，使设备能用被取样的油品或某些合适的溶剂自动冲洗，或者手工冲洗。

(3)取样管路上，应根据需要安装阻止样品倒流回主管道的阀或等效的设备，防止样品倒流。

(4)取样头可能通过短管连接的全开阀安装，并提供有适合将取样头插入和抽回的机械。

自动取样系统的安装还应考虑便于操作人员接近，进行维护、冲洗等操作。这些操作应在不关闭主管道的条件下完成。

(5)水和重的颗粒可能在取样管线和部件中沉降下来，在下次取样时再进入到样品接收器内。为减少这种现象的存在，系统中不应有凹处或扩大直径的管段。取样管和部件应向样品接收器方向倾斜设置。同时，系统内还不得有蒸汽或水可能聚积的地方。

(6)被取样的原油如果有高的倾点和高的粘度，为防止原油在取样系统、辅助管线或部件中凝结，影响取样，系统应安装伴热的部件。

三、便携式自动取样系统

便携式自动取样系统典型的应用是在油船装、卸的汇管上，偶然也在岸上使用。取得有代表性样品的标准，同样适用于便携式自动取样系统。图 10－3 是这种取样系统的示意图。

便携式自动取样系统的具体特征和安装的要求如下：

(1)样品取样头、抽取器和流量传感器组合成的短管组件，插入安装到装、卸船汇管和每个装、卸油臂或软管之间。如果每个取

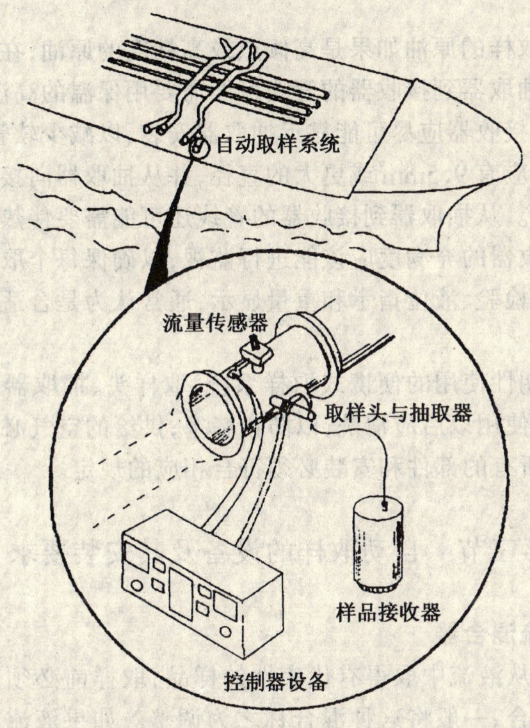

图 10－3　便携式取样系统示意图

样器一次取样量是相同的，可使用共同的接收器。

(2)每个抽取器需要一个控制器，控制器必须能记录取样的总次数和总体积量。

(3)装、卸船汇管管子的布置常常使流体的流动剖面变形，取样器在装、卸船汇管的管道和流动状态下使用时，流量传感器必须满足准确度的要求，与储罐进口或出口安装的流量计相同。

(4)这种安装，流动状态的调整是靠流体的流动速度和取样头前的管道部件来实现。因此，软管、装油臂和管线任何时候都有可能需要限制，以保持足够高的流速。

(5)控制器等设备可在船的甲板上安装，甲板上通常是属于分级的危险区，如果控制器等设备是用电的，它必须符合分级危险区的规定。

(6)被取样的原油如果是高倾点或高粘度的原油,在气温低的季节里,从抽取器到接收器的管线可能需要用保温的高温、高压软管或管子。接收器应尽可能靠近抽取器安装,以减少软管的长度。软管或管子应有9.5mm或更大的直径,并从抽取器向接收器连续地朝下倾斜。从抽取器到接收器的管线还可能需要伴热。

(7)接收器的充满度应该能进行监视,以确保每个取样器正常运行。目测检验、液位指示和重量显示,通常认为是合适的监视方法。

(8)周期性使用的便携式取样系统,取样头、抽取器和流量传感器。每次使用以后应清洗,以防止堵塞;供给的空气必须满足设备的要求;所有的部件和安装必须符合相应的规定。

第三节　自动取样的设备及其安装要求

一、液流混合器

如果要从液流中取得有代表性的样品,取样前必须使液流进行充分地混合,一般将这种混合称之为调整。如果液流中的所有组分在取样点是均匀分布,说明液流基本上是充分混合的,如果取样点的液流达不到充分混合,要取得有代表性的样品也是不可能的。因此,在确定自动取样系统时,不仅要考虑取样用的设备,还要考虑如何使取样点的液流达到充分地混合。

达到液流中所有组分均匀地分布在液流中的充分混合,可以利用管道的配件,如减压阀、计量岐管、长的缩径管、弯头、三通、阀门、膨胀环等,以及有关的设备,如离心泵等。这些配件主要是用以改变液流的流速实现混合,离心泵之类的设备是利用泵叶片的搅拌来实现混合。

在管道内安装垂直的膨胀环式的混合管道(图10-4),又是一种使液流混合的方法。随着液流通过环中的每一个弯头,紊流程度增加,液流的混合也增加。

图 10－4　膨胀环式的混合管道

如果上面叙述的方法不能满足充分混合的要求，可在管道内加动力混合器或静态混合器。动力混合器主要有螺旋叶片式的混合器和喷射式混合器两种类型。静态混合器是在管道内安装具有一定结构的设备，利用流动液流的动能，让设备使液流达到充分地混合。图 10－5 是安装有静态混合器的自动取样系统。

采用上述混合器中的哪一种混合器，应根据原油的性质，通过管输送的流量和使用的条件等来确定。

二、取样头和样品抽取器

取样头是一根伸入到液流中的小直径管子，抽取器是连接到取样头上的机械装置，随着液流通过取样头流动，抽取器在操纵器的控制下采出一定量的样品。

1. 取样头

取样头的结构应与管道内油流的运行条件，被取样原油的性质相配合。图 10－6 中给出 3 种结构的取样头，可供使用时选择。

取样头的安装应符合以下要求：

(1)取样头应插入到管内的取样区。管内的取样区如图 10－7 所示。

(2)取样头的开口必须朝向流动方向的上游。在取样头壳体的外表面上应标记流动方向，以表明取样头安装正确。

(3)取样头必须安装在油流充分混合的管段内。靠管道元件

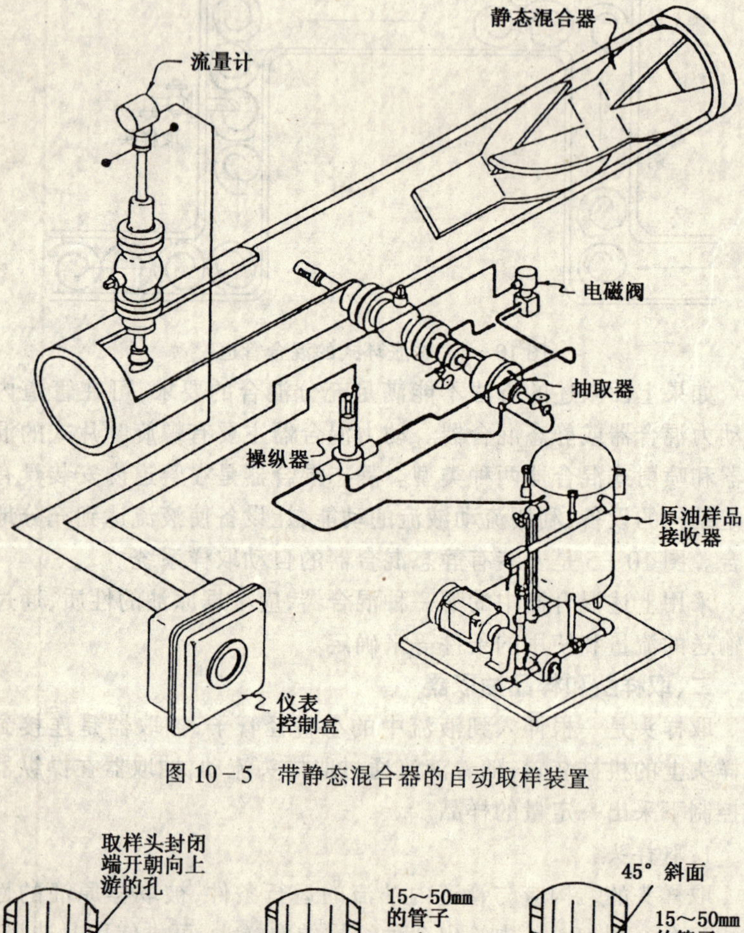

图 10－5　带静态混合器的自动取样装置

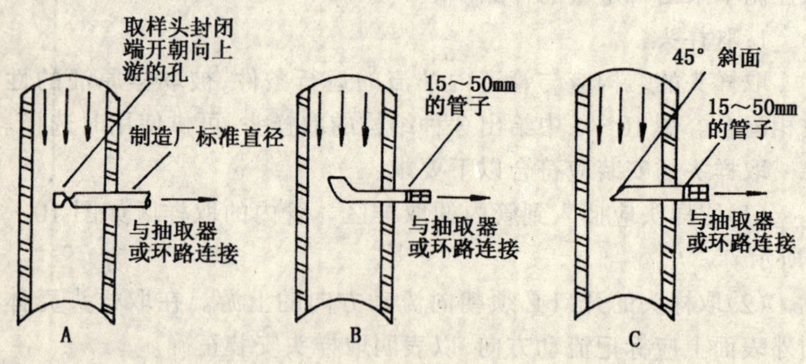

图 10－6　取样头的结构

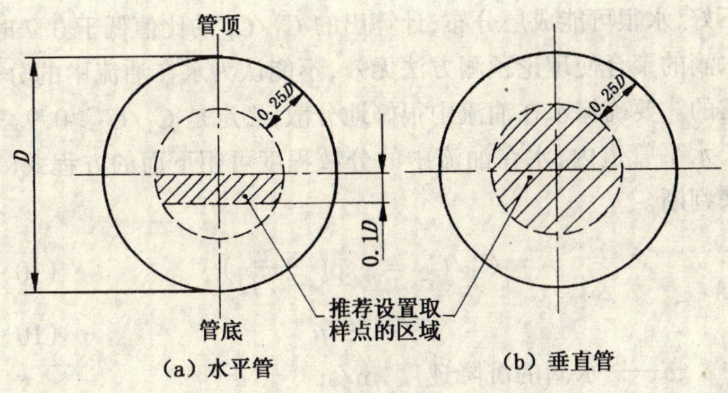

图 10-7　取样头取样的位置

实现充分混合时，取样头设置在管道元件下游距离 3～10 倍管道直径的位置处；用静态混合器实现充分混合时，取样头设置在静态混合器下游距离 0.5～4 倍管道直径的位置处；用动力混合器实现充分混合时，取样头设置在动力混合器下游距离 3～10 倍管道直径的位置处。

(4)如果采用图 10-4 所示的膨胀环式的管道元件实现充分混合，为得到 3 个 90°弯头提供的混合能量，取样头应设置在第 3 个弯头下游、离第 3 个弯头至少 3 倍管直径，在第 4 个弯头上游，离第 14 个弯头至少 0.5 倍管道直径的管段内。

(5)取样头和抽取器如果组合在一起，最好安装在水平面内

(6)根据 API 的试验研究，在一个 90°弯头的下游设置取样头的做法不推荐使用，因为一个 90°的弯头不可能使油流量进行充分地混合。

安装取样头的位置，水是不是充分地分散在油流中，能不能取得有代表性样品，可用理论的计算方法来判断。下面介绍这种理论计算方法

该理论计算方法判断水在油中的分散程度，是用水平管顶部的水浓度 C_1 和底部的水浓度 C_2 的比值来衡量。C_1/C_2 的比值为 0.9～1.0，说明水平管顶部和底部的水浓度基本相等，水很好地分散在油流中；C_1/C_2 的比值为 0.4 或更小，说明水在油流中分

散不好，水很可能成层分布；计算出的 C_1/C_2 的比值低于0.7时，会因水滴的聚合使理论预测方法无效，不能认为水在油流中的分散是可靠的。要确保水在油流中很好地分散，必定是 $C_1/C_2 \geqslant 0.9$。

水平管道内，水在油流中的分散程度可用下面的方程式(10－1)来判断。

$$C_1/C_2 = \exp\left(\frac{-w}{\in /D}\right) \tag{10-1}$$

$$\in = \xi R u^* \tag{10-2}$$

式中 w——水滴的沉降速度，m/s；

$\in /D$——紊流特征系数，其中 $\in$ 是漩涡扩散率(m^2/s)，D 是管道直径(m)；

ξ——无量纲常数，可取 $\xi=0.36$；

R——管道的半径，m；

u^*——管道的摩擦速度，它与范宁(Fanning)摩阻系数 f，油流在管道内的平均流速 v 有关。

$$u^* = V(f/2)^{1/2} \tag{10-3}$$

光滑管道内的范宁摩阻系数 f 可用下式求得：

$$f = \frac{0.079}{Re^{0.25}} \tag{10-4}$$

式中 Re——雷诺数，无量纲。

将方程式(10－3)和式(10－4)代入方程式(10－2)中，并取 $\xi=0.36$，则得到：

$$\in /D = 6.313 \times 10^{-3} \nu^{0.125} \cdot v^{0.875} \cdot D^{-0.125} \tag{10-5}$$

式中 v——主管道取样管段内的油流平均速度，m/s；

ν——流动条件下的原油粘度，mm^2/s。

方程式(10－1)中还有一个重要的参数是水滴的沉降速度，利用斯托克斯(Stokes)定律可表示为：

$$w = \frac{g}{1\delta}\left(\frac{\rho_w - \rho_o}{\rho_o}\right)\frac{d^2}{\nu} \tag{10-6}$$

式中 g——重力加速度，$g=9.81m/s^2$，m/s^2；

ρ_w——水的密度,kg/m^3;

ρ_o——原油的密度,kg/m^3;

d——水滴的平均直径,m。

$$d = 0.3625(\frac{\sigma}{\rho_o})^{0.6}E^{-0.4} \quad (10-7)$$

式中 σ——油水之间的表面张力,可取 $\sigma = 0.025$N/m;

E——流动中能量的损耗率。

将方程式(10－7)代入方程式(10－6)中,并取 $\sigma = 0.025$ N/m,则得到

$$w = 855(\frac{\rho_w - \rho_o}{\nu\rho_o^{2.2}})E^{-0.8} \quad (10-8)$$

应该指出,活性物质和污染物可能明显地影响表面张力。如果已知表面张力值 σ,并且不等于 0.025N/m 时,方程式(10－8)给出的水滴沉降速度应进行修正,即在方程式的右边乘以 $(\frac{\sigma}{0.025})^{1.2}$,得到修正后的方程式如下:

$$w = 855\left(\frac{\rho_w - \rho_o}{\nu\rho_o^{2.2}}\right)E^{-0.8}\left(\frac{\sigma}{0.025}\right)^{1.2} \quad (10-9)$$

上述方程式中的能量损耗率 E 与管道内的压降(Δp)有关,可用下式表示:

$$E = \frac{\Delta pQ}{\rho_o\bar{q}} \quad (10-10)$$

式中 Q——体积流量,m^3/s;

$\bar{q}$——经受能量损耗作用的原油体积,m^3。

这样,方程式(10－10)可以写成下面的形式:

$$E_o = \frac{\Delta pv}{\Delta x\rho_o} \quad (10-11)$$

式中 v——能量损耗管段内的油流速度,m/s;

Δx——能量损耗管段的特征长度。也就是说,在该特征长度上,原油中的水相被破碎成小的水球,m。

在大多数情况下,Δx 是未知的。只要有可能,应使用实验数

据来证实被使用的值。对专门设计的高效静态混合器，Δx 值是小的，可从设计者那里得到。

对常用的一些部件（阀门、泵等）通常是已知压力降，很容易用方程式（10－11）进行计算。不知道压力降时，可使用下面的方程式进行计算：

$$\Delta p = \frac{K\rho v^2}{2} \tag{10-12}$$

式中 K——管道部件的阻力系数。表 10－1 给出建议的 K 值。

表 10－1 建议的阻力系数 K

缩径管	$K=0.5(1-\gamma^2)$	$0\leqslant K\leqslant 0.5$
扩径管	$K=(1-\gamma^2)^2/\gamma^4$	$0\leqslant K\leqslant 0.5$
孔板	$K=2.8(1-\gamma^2)\left[(\frac{1}{\gamma})^4-1\right]$	
圆弧虾米弯头	$K=1.2(1-\cos\theta)$ $\theta=$转弯角	$\theta\leqslant K\leqslant 1.2$
旋启式止回阀	$K=2$	
角 阀	$K=2$	
球心阀	$K=6$	
闸 阀	$K=0.15$	

注：γ 是小直径与大直径之比，K 值是以小直径管内的流速为基础。

将方程式（10－12）代入方程式（10－11）中，可得到下式：

$$E = \frac{Kv^3}{2\Delta x} \tag{10-13}$$

用于分布数据的分析，该方程式可写成下面的形式：

$$E = \tau v^3 \tag{10-14}$$

τ 称为系统常数，并定义为

$$\tau = K/2\Delta x \tag{10-15}$$

在无阻碍的长直管道上，压力梯度可用下式计算：

$$\frac{\Delta p}{\Delta x} = \frac{2f\rho v^2}{D} \tag{10-16}$$

式中的摩阻系数 f 前面的方程式(10－4)已给出。将方程式(10－16)代入方程式(10－11)中,给出直管道的能量损耗率 E_o 为

$$E_o = 2fv^3/D \tag{10-17}$$

将 f 代入该方程式得到

$$E_o = 0.005\nu^{0.25}D^{-1.25}v^{2.75} \tag{10-18}$$

式中的动力粘度 ν 的单位是 mm^2/s。

因此,方程式(10－13)的 E 也可表示为

$$E = \beta E_o \tag{10-19}$$

式中 β——混合元件的特征参数,可用下式进行计算:

$$\beta = KD/4f\Delta x \tag{10-20}$$

弯头的 β 值在表 10－2 中给出。弯头之间的间距可能影响分散的程度。要保持表 10－2 中给出 β 值,每个弯头之间的距离不应超出 30 倍管道直径。

表 10－2 弯头的 β 值

r/D	1	1.5	2	3	4	5	10
$n=1$	1.27	1.25	1.23	1.22	1.18	1.15	1.07
$n=2$	1.55	1.50	1.48	1.45	1.38	1.30	1.13
$n=3$	1.90	1.80	1.75	1.70	1.56	1.44	1.18
$n=4$	2.20	2.10	2.00	1.93	1.72	1.56	1.23
$n=5$	2.60	2.40	2.30	2.20	1.90	1.70	1.28

注:直径为 D 的管道内,半径为 r 的弯头数。

管径变化的 β 值可用下面的公式计算:

缩径管:

$$\beta = 2.5(1-\gamma^2) \tag{10-21}$$

扩径管:

$$\beta = 5\frac{(1-\gamma^2)^2}{\gamma^4} \tag{10-22}$$

式中 γ——小直径与大直径之比。

一些设备和部件的 E 可用下式计算：

离心泵：

$$E = 0.125\frac{\Delta pQ}{\rho_o D^3} \tag{10-23}$$

式中 Q——体积流量，m^3/s；

D——泵排出管道的直径，m。

节流阀：

$$E = \frac{\Delta pv}{20\rho D} \tag{10-24}$$

流量喷嘴：

$$E = 0.022\frac{v_j^3}{\phi} \tag{10-25}$$

式中 ϕ——喷嘴的直径，m；

v_j——喷嘴出口处的流速，m/s。

为便于应用，可令 $G = \frac{\in /D}{w}$，并在表 10－3 中给出 G 与 C_1/C_2 或 C_2/C_1 的系数关系，供查找。

有关管道部件混合效果的比较，可查表 10－4，查表时必须注意表的注释。

下面用例题说明计算的方法。

表 10－3 分散系数

G	C_1/C_2	C_2/C_1
10	0.90	1.11
8	0.88	1.14
6	0.85	1.18
4	0.78	1.28
3	0.71	1.41
2	0.61	1.64
1.5	0.51	1.96
1	0.37	2.70

表 10-4 混合部件的比较

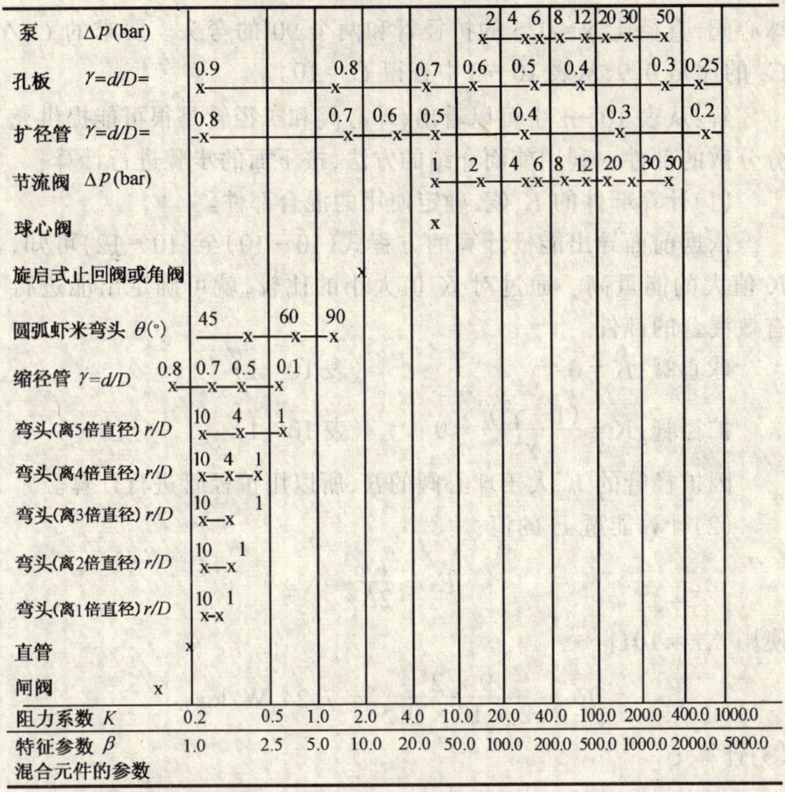

混合元件的参数	数值（沿阻力系数 K 轴由小到大排列）
泵 Δp(bar)	2　4　6　8　12　20　30　50
孔板 $\gamma=d/D=$	0.9　0.8　0.7　0.6　0.5　0.4　0.3　0.25
扩径管 $\gamma=d/D=$	0.8　0.7　0.6　0.5　0.4　0.3　0.2
节流阀 Δp(bar)	1　2　4　6　8　12　20　30　50
球心阀	x
旋启式止回阀或角阀	x
圆弧虾米弯头 θ(°)	45　60　90
缩径管 $\gamma=d/D$	0.8　0.7　0.5　0.1
弯头(离5倍直径) r/D	10　4　1
弯头(离4倍直径) r/D	10　4　1
弯头(离3倍直径) r/D	10　1
弯头(离2倍直径) r/D	10　1
弯头(离1倍直径) r/D	10　1
直管	x
闸阀	x
阻力系数 K	0.2　0.5　1.0　2.0　4.0　10.0　20.0　40.0　100.0　200.0　400.0　1000.0
特征参数 β	1.0　2.5　5.0　10.0　20.0　50.0　100.0　200.0　500.0　1000.0　2000.0　5000.0

注：1）编制该表是假定部件下游有相同的管道直径，如果任两个部件下游的管径不相同，不能使用这个表；

2）确定 K 或 β 不打算使用该表，该表只提供对部件可能的混合效果进行比较；

3）对离心泵和节流阀，超出使用的 β 值确定损耗的能量，已假定 $\beta=E/E$。进行过比较，比较典型的值是：$D=0.4$mm，$\nu=16\text{mm}^2/\text{s}$，$\rho_o=900\text{kg/m}^3$，$v=5.6$m/s；

4）$1\text{bar}=10^5\text{Pa}$。

校核一个已有的取样点，判断在该取样点取样是否满足取样的要求，校核以最坏的运行条件为依据。该取样点是在直径为500mm 的输油管道上，输油的速度 $v=2$m/s，原油的密度 $\rho_o=850\text{kg/m}^3$，输油温度下的粘度 $\nu=8\text{mm}^2/\text{s}$，原油中水的密度 $\rho_w=$

1025kg/m^3。在取样点上游 30D 的管道范围内的管道部件有一个球心阀,直径比 $\gamma=0.5$ 的扩径管和两个 90°的弯头。要求的 C_1/C_2 的比是 0.9,从表 10－3 中查得 $G=10$。

解:从表 10－1 中可以看出,球心阀和扩径管是很可能提供充分分散的部件。利用前面介绍的方法,按下面的步骤进行计算:

(1)计算部件的 K 值,确定使用的混合部件。

依据前面导出能量计算的方程式(10－10)至(10－12)可知,K 值大的能量高。通过对 K 值大小的比较,就可确定出能进行有效混合的部件。

球心阀:$K=6$　　　　　　　　(表 10－1)

扩径管:$K=\dfrac{(1-\gamma^2)^2}{\gamma^4}=9$　　　　(表 10－1)

因扩径管的 K 大于球心阀的 K,所以用扩径管进行计算。

(2)计算能量 E 的值:

$$E=\frac{Kv^3}{2\Delta x}$$

使用 $\Delta x=10D$

$$E=\frac{9\times 2^3}{2\times 10\times 0.5}=7.2\quad \mathrm{W/kg}$$

(3)计算 G

$$G=\frac{\in/D}{w}$$

$$\frac{\in}{D}=6.313\times 10^{-3}v^{0.875}D^{-0.125}\nu^{0.125}$$

$$=6.313\times 10^{-3}\times 2^{0.875}\times\frac{1}{0.5^{0.125}}\times 8^{0.125}$$

$$=16.37\times 10^{-3}\quad \mathrm{m/s}$$

$$w=\frac{855(\rho_{\mathrm{w}}-\rho_{\mathrm{o}})}{\nu\rho_{\mathrm{o}}^{2.2}}E^{-0.8}$$

$$=\frac{855\times(1025-850)}{8\times 850^{2.2}}\times\frac{1}{7.2^{0.8}}$$

$$= 1.38 \times 10^{-3} \text{ m/s}$$

$$G = \frac{16.37 \times 10^{-3}}{1.38 \times 10^{-3}} = 11.83$$

从表10－4中可以查得 $C_1/C_2 > 0.9$,大于要求的值。所以,现有的取样点满足取样的要求。

计算能量 E 的值,除使用上面的方法外,还可以使用下面的公式计算,即

$$E = \beta E_{\circ}$$

扩径管的 β 值可用方程式(10－22)计算,即

$$\beta = 5\,\frac{(1-\gamma^2)^2}{\gamma^4} = 45$$

$$E_{\circ} = 0.005\nu^{0.25} D^{-1.25} v^{2.75}$$

$$E = 45 \times 0.005 \times 8^{0.25} \times \frac{1}{0.5^{1.25}} \times 2^{2.75} = 6.0545 \quad \text{W/kg}$$

$$w = \frac{855 \times (1205 - 850)}{8 \times 850^{2.2}} \times \frac{1}{6.0545^{0.8}} = 1.59 \times 10^{-3} \text{ m/s}$$

这样 $$G = \frac{16.37 \times 10^{-3}}{1.59 \times 10^{-3}} = 10.29$$

得出上面同样的结论。

2.样品抽取器

抽取器是通过取样头或取样环路抽取样品的机械设备。抽取器和取样头的组合与安装,取决于采用什么样的取样系统。取样头和抽取器连接在一起,并直接安装在输油管道上,就构成图10－2中的A系统;取样头和抽取器分开使用就构成图10－2中的B系统。

无论组成什么样的取样系统,抽取器必须满足以下的要求:

(1)抽取器在结构上不得和取样头制造成一个整体,是分开的两个部分,但可与取样头组装成一个整体。

(2)抽取器必须按控制器给出信号运行,并准确地抽取出定量的样品。在运行条件和取样的流量范围内,抽取样品量的变化幅

度不应超过±5%。

(3)抽取器抽取的样品量应与确定的取样周期(例如,每24h作为一个取样周期,也可48h作一个取样周期),样品接收器的容量相适应。

(4)抽取器如果出现故障,包括自身的故障或系统的故障,不能按要求抽取样品时,应有明显的显示或报警。

(5)抽取器每小时抽取样品的次数应与取样的频率相适应。为保证抽取器在较高的频率下能长期地正常工作,抽取器至少应在每小时抽取样品900次的频率进行测试,确定它的使用寿命。

三、控制设备

自动取样系统的控制设备主要是控制样品抽取器按流量比例,或者按固定的流量(时间比例)抽取样品。同时,还应对取样的次数和收集的样品体积进行连续地监视。如果按流量比例的方式取样,取样期间,控制设备还能检验收集的样品量与输油管道内流量之间的比例关系。

控制设备可安装在远离取样场地的中心控制室,也可就地安装在取样的现场。如果安装在取样的现场,控制设备必须满足使用现场危险区安全分级的要求。

流量比例取样时,安装在管道上的流量测量设备将与控制设备连接,流量测量设备每测量到规定的体积流量给控制设备一个信号。控制设备接收到信号后操纵抽取器,从油流中取一次样。

四、流量测量设备

流量比例取样需要有流量信号给控制器,以便操纵抽取器从油流中抽取样品。为在管道预期的流量范围内产生合理准确的流量信号,流量信号变送器应有足够的可调范围(调低)。流量信号的准确度,不得将样品的代表性降低到超过样品分析技术允许的误差范围。在运行的流量范围内,实际流量的准确度应达到优于±10%。当水浓度的数字在允许的流量下较高时,流量计在小流量下产生合理、准确的信号是特别重要的。

使用贸易交接计量流量计来的流量信号操纵抽取器时,如果

输送原油的流量用几台流量计计量,可采用下面两种方法处理:

(1)将自动取样系统安装在汇管上,用电的方法将各台流量计的信号组合起来,输送给控制设备操纵抽取器抽取样品。

(2)在每台流量计的支管上安装自动取样系统。采用这种方式取样时,每套自动取样系统所取的样品量应看作是总样量的一部分,同流量体积量的比与总体积之比相同。

用罐进行贸易交接计量,如果在储罐的进口或出口管道上,安装按流量比例取样的自动取样系统,在进口或出口的管道上应安装流量计量设备,可供选择的流量计量设备简述如下。

1.插入式涡轮流量计

在大的管道上可使用这种流量计。该流量计的流量信号是脉冲串,可简化控制器的电路结构。可调范围被限制,准确度受被测原油粘度变化的严重影响。插入式涡轮流量计可能被油中携带的纤维物质或其他碎片卡住,如有可能应考虑安装第二流量计。

2.超声波流量计

该流量计的流量信号是脉冲串和电流,可简化控制器的电路结构。超声波流量计不受粘度的影响,典型的超声波流量计最小的流量是 $0.09m^3/s$。

3.孔板流量计、文丘里流量计和皮托管流量计

为减少永久性的压力损失,将使用文丘里流量计和皮托管流量计。用压差传感器测量通过流量测量元件的压力降,并提供与测量值的平方根成正比的输出。信号传感器大约有 4:1 的流量范围,为扩大流量使用的范围,可使用两个传感器,一个用于高压差范围,一个用于低压差范围。但是,两个传感器的控制结构是复杂的,而且还可能产生各种问题。

4.容积式流量计或涡轮流量计

流量较小时可使用这两种流量计。因为这两种流量计不是用于贸易交接计量,不需要那么高的准确度,安装可以简化,不需要提供检定的装置。

5. 其他流量计

如罐的液位测量设备，其准确度可以满足前面指出的要求，使用罐液位测量信号作控制信号也是可能的。

五、样品接收器

样品接收器（容器）应以液体的形式储存样品，并能保持样品的组成。样品接收器有固定式的和便携式的两种，图 10－8 是固定安装的样品接收器。任何一种接收器的容积可做成固定的或可变的结构。对固定式和便携式接收器的要求，下面分别介绍。

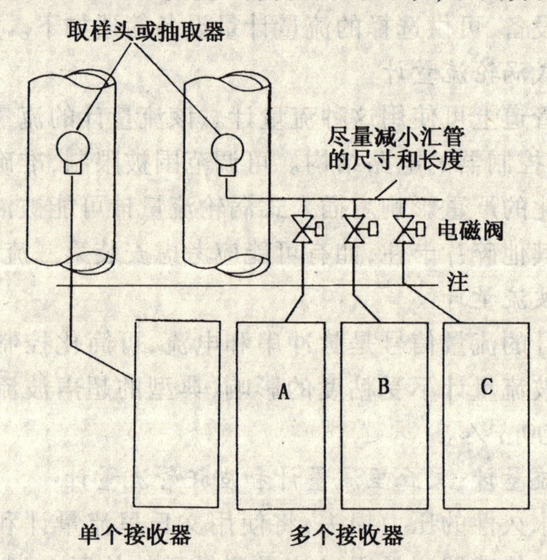

图 10－8　固定安装的样品接收器

注：使用 6.4mm 或 9.5mm 的管子，应尽可能短，并连续向样品接收器倾斜。使用 9.5mm 的管子，取样管长度又不能减少或用于原油取样，需要时应伴热和保温

1. 固定式接收器

固定式接收器结构的一般特点如下：

（1）接收器的结构必须便于制备均匀混合的样品；底部必须连续地向排出口倾斜，内部不得有凹处或死点，便于全部液体排出；内表面应有利于减少腐蚀，不得形成表皮和粘结。

（2）接收器应有监视充满的部件。

(3)如果被取样的原油具有高的倾点或高粘度，接收器可能需要加伴热或保温。

(4)为确保在规定的取样周期内，能连续地取得该周期内的一组样品，以及取样管道置换的灵活性，应考虑使用多个样品接收器的方式接收样品。

(5)接收器的检查盖或封头应有足够的尺寸，以便于检查和清洗；同时还应提供安全可靠的密封，以防渗漏。

(6)接收器安装的系统必须具有将接收器、混合泵及有关的管线完全排出的能力；整个循环系统不得有任何不流动的死角或死管段；使用时能躲避周围有害条件的影响。

2.便携式接收器

便携式接收器除满足上面固定式接收器的要求外，还必须具有重量轻，有与抽取器、混合器容易连接和拆卸的快速释放接头(图 10－9)。同时还能满足运输处理的要求。

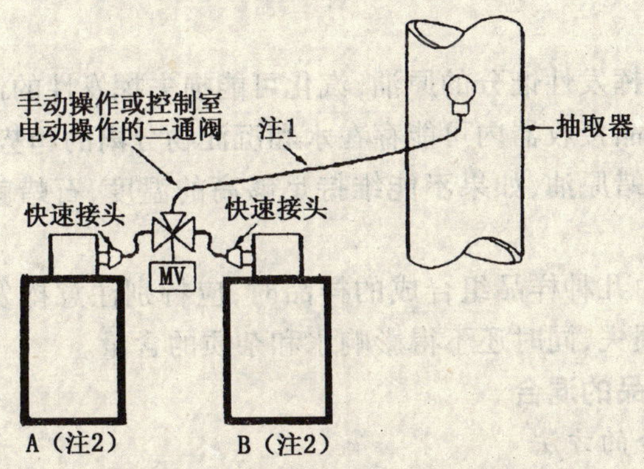

图 10－9　便携式样品接收器的安装

1.使用 6.4mm 或 9.5mm 的管子，应尽可能短，并连续向样品接收器倾斜。使用 9.5mm 的管子，取样管长度又不能减少或用于原油，需要时应伴热和保温；2.样品从接收器顶部流进接头；3.在热的夏季应提供防热层，避免样品接收器温度过度的变化；4.在冷的季节，应考虑将接收器放入加热盒内，或者将接收器和取样管线伴热和保温

3.接收器的容积

接收器容积的大小应与它可能使用的要求和操作相匹配，并根据需要的样品总体积量、每次抽取的样品量来确定。样品接受器典型的容积是：

贸易交接租赁用接收器	10～60L
管线用接收器	20～60L
便携式接收器	1～20L
船装、卸用接收器	20～75L

第四节　样品的混合和处理

一、样品的处理

样品的处理包括样品的转移和运送。为确保处理样品时不会使样品的性质发生变化，破坏样品的完整性，应特别注意以下几点：

(1)含挥发性馏分的原油，汽化可能损失挥发性的馏分。

(2)样品接收器内可能存在水和沉淀物分离的趋势。

(3)含蜡原油，如果不能维持足够高的温度，石蜡就可能出现沉淀。

制造由几种样品组合成的样品时，应特别注意挥发性原油中轻馏分的损失，同时还不得影响水和杂质的含量。

二、样品的混合

1.混合的方法

混合样品可采用手工搅拌的方法和机械搅拌的方法。一般来说，用机械的方法是完全可以做到的。无论用什么方法使样品中的水和沉淀物均匀地分散开，产生的水滴将在 50μm 以下，但不得小于 1μm。水滴在 1μm 以下将产生稳定的乳化液，不可能用离心法测出水的含量。下面介绍机械混合的方法。

1)高剪切机械式混合器混合

将混合器插入样品容器内，混合器的旋转元件要下放到容器底部 30mm 的范围内。混合器带有反向旋转的叶片，通常是在 3000r/min 的旋转速度下旋转。旋转的叶片使水和沉淀物破粹成小的颗粒，并分散在样品中，达到均匀分散的程度。

为减少轻馏分和其他成分的损失，混合器可通过密封的盖进行运转。一般来说，混合器运转 5min 就可达到使水和沉淀物在样品中均匀分散。但是，样品容器的大小和样品的性质，将影响使水和沉淀物在样品中均匀分散的时间。

2)靠外部混合器循环混合

这种方法适用于永久性安装的样品接收器或便携式样品接收器。如后者使用，要有快速断开的连接器。该方法利用一台小泵，让样品通过安装在小直径管道上的静态混合器循环，靠静态混合器使水和沉淀物在样品中均匀地分散开。

循环的流量至少要满足每分钟循环一次，典型的混合时间是 15min。不过，该时间将依据水的含量、原油的类型和系统的结构而改变。

3)摇动混合的方法进行混合

用手工的方法或机械的方法摇动样品储存容器，消除样品分层的现象，达到使样品混合的目的。

2.混合方法的选择

混合要求达到的质量与进行样品转移的方式、分析测试的目的及样品的性质有关。一般来说，选择什么样的混合方法可根据以下几方面来确定：

(1)需要分析测量水与杂质。密度值的所有原油样品，要求采用机械的混合方法。用原有的样品接收器或中间容器运送和储存样品时，也要求用机械的混合方法混合。

(2)如果原油样品是从抽取设备转移到分析测试设备(例如，管状取样器)，不需要混合。但是，用抽取设备储存或运送样品时，则需要混合。

(3)如果具体的方法不禁止摇动混合，除测量蒸气压和浊点的样品外，其他所有样品都将进行摇动混合。

3. 混合效果的检验

混合效果的检验主要是确定最小混合时间，下面介绍确定最小混合时间的方法。

(1)样品混合以后达到均匀并能保持稳定。

若掺和润滑添和剂这种完全可混合的成分，混合过程连续地进行，直至从大量的样品中连续地抽出样品，都能给出一致的测量结果为止。该混合过程进行的时间，就可确定为最小的混合时间。样品是均匀的，并且能保持稳定。从大量的样品中转移样品时，就不要再进行混合。

(2)样品混合达到均匀以后，只能在一个短的时间内保持稳定，超过该时间样品就不是均匀的。

水和杂质作为混合样品的一部分就属于这种样品，应用下面的方法确定最小的混合时间。

抽出样品确保充满到容器容积的3/4，然后按给出的混合时间使样品变均匀，记录下该时间。在稳定的、短的期间内，按规定的时间间隔抽出分样，用标准的测量方法立即测量每个样品的含水量。当测量结果得到相同的记录值时，作为该间隔内的水含量。

在1%和2%之间增加准确测量的水量，按上面给出的相同时间使样品混合均匀，按上面的方法取样品并进行测量。如果确定的水含量是相同的，被认作该间隔内的水含量。再在1%和2%之间增加更准确测量的水量，然后重复上面的做法。如果测量结果连续给出好的一致性。这时，混合时间被认为是足够的。

应该指出，检验混合效果时，不能用离心法确定含水量，因为离心法给出的含水量是不可信的。

第五节　自动取样系统和部件的检验

一、自动取样系统的检验

自动取样系统的检验一般应包括从管道内原油的流动状态开始，到样品的取出、收集和分析这样一个完整的取样过程。这种检验叫做体积平衡检验。检验的方法是将一定量的水注入到已知基本含水量的原油内,随着注入水的原油通过被检验的取样器,抽取和收集样品,再对样品进行分析测量,最后将分析测量的结果同已知的基本含水量和注入水量比较,确定出自动取样系统的合格性。

检验可采用在管道上只安装被检验的取样器,这种做法称之为单个取样器检验;在管道上安装两个取样器,一个用来取没有注入水的样品,一个用来取注入水以后的样品,取注入水以后样品的取样器是被检验的取样器,这种做法称之为两个取样器检验。单个取样器检验要对原油中的基本水含量做出假定,并确保在整个检验过程中,原油中的基本水含量保持不变,否则会得到一个不确定的检验结果。用两个取样器进行检验,不要做这种假定,得到的检验结果是可靠的。因此,只要有可能,应采用两个取样器的检验方法。

1.准备工作

检验自动取样系统前应做好以下准备工作:

(1)首先,应检验前面有关条款说明的样品接收器和混合器。

(2)确定测量油和水体积量的方法与准确度。应安装测量注入水量的流量计,并确定出准确度;油的体积量可用油罐或流量计进行测量,但要按有关规定进行检定或确认。

(3)在取样系统中预期产生流动状态调整元件的上游,设置注水点。了解、阻止所有注入水通过取样点在管内可能产生的聚积。

(4)根据原油的类型和通过管道的流量确定管道正常运行的状态。选择确定最常用的恶劣状态检验取样系统。

(5)采用单个取样器进行检验时,必须用试验鉴定出水含量不变的油源。如有可能,应在检验前准备好隔离开鉴定好的油源,以确保产生明确的试验结果。

2.单个取样器的检验

单个取样器检验的步骤如下:

(1)在足够大的流量下彻底清洗取样系统。

(2)建立和固定检验的流量。

(3)收集第一个基本样品。

(4)利用罐计量仪表或流量计读数记录开始时的原油体积量，样品接收器同时开始收集样品抽取器抽取的样品。

(5)记录水流量计开始的读数，并开始注入水，调节好注入的水量；注入水建议最少应注1h。

(6)停止注水，记录注入流量计的读数。

(7)连续地抽取样品进样品接收器，直至计算出注入的水已全部通过取样器，停止收集检验用的样品。同时，记录用罐计量仪表或流量计的读数，测量出原油的体积量。

(8)收集第二个基本样品。

(9)分析基本样和检验样。

(10)使用下面的公式计算检验样品中的水量偏差。同注入的水量比较时，应从检验样品中减去基本样品中修正到检验条件下的水量。

$$DEV = (w_{检} - w_{基}) - w_{注} \tag{10-26}$$

式中 DEV——偏差(体积分数)；

$w_{检}$——检验样品中的水量，体积分数；

$w_{基}$——基本样品中修正到检验条件下的水量(体积分数)。

$$w_{基} = w_{平} \times \frac{TOV - V}{TOV} \tag{10-27}$$

式中 $W_{平}$——基本样测得的平均水含量(体积分数)；

TOV——测得的通过取样器的总体积量(检验的油量加注入的水量)，m^3；

V——注入的水量，m^3；

$w_{注}$——检验期间注入水的体积百分含量。

$$w_{注} = \frac{V}{TOV} \times 100 \tag{10-28}$$

(11)重复(3)～(10)的步骤，直至两次连续检验的结果满足要求。

3.两个取样器的检验

用两个取样器进行检验时，应分两步进行。第一步是对两个取样器在基本的水含量下，进行取样做相互比较，确定出基本的含水量和两个取样器的性能；第二步是在两个取样器之间注入水，确定被检验取样器是否能检测出基本的含水量加上注入的水量。

单个取样器和两个取样器注水检验允许的偏差见表 10－5。

表 10－5　单个和两个取样器注水检验允许的偏差

总含水量（$w_{基}+w_{注}$）%	允许的偏差	
	用罐计量，%	用流量计计量，%
0.5	0.13	0.09
1.0	0.15	0.11
1.5	0.16	0.12
2.0	0.17	0.13
2.5	0.18	0.14
3.0	0.19	0.15
3.5	0.20	0.16
4.0	0.21	0.17
4.5	0.22	0.18
5.0	0.23	0.19

注：1）表中涉及的罐或流量计是指检验中确定原油体积量使用的方法；

2）偏差是用卡尔·费休法确定含水量给出的；

3）表中给出值之间的水含量用内插法求值是允许的。例如，总水量为 2.25%，使用罐计量的允许偏差是 0.175%，用流量计计量是 0.135%；

4）该表中部分的数据是 19 个装置，36 次检验运行的基本数据统计分析确定的。水含量在 0.5%～2.0% 范围内，这些基本数据是有效的。由于 2.0% 的检验不足，表中给出的 2.0% 以上的数据是使用 0.5%～2.0% 水含量范围内的数据，在直线的基础上外推得到的。

二、部件性能的检验

1.确定流动状态的管道剖面检验

该检验是在管道直径的几个点上同时取样，然后分析样品，确定出水浓度的分层或不均匀的程度，判断出流动状态下水的混合是否满足取样的要求。图 10－10 给出多点布置的取样头，是管道剖面多个取样点布置方式的例子，是在安装取样头的同一管道横截面内进行检验测试。

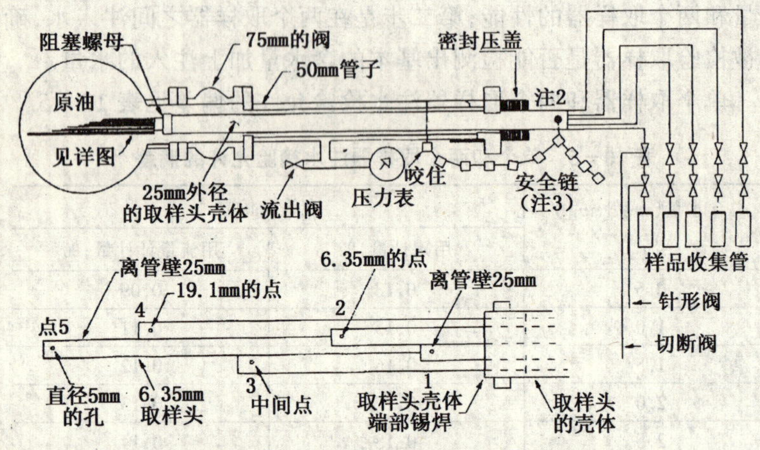

图 10－10　管道剖面多个取样点的检验

1—小于 300mm 的管子，删去 6.35mm 和 19.1mm 的点；

2—在取样头的外壳上打出标记，以识别取样头开口的方向；

3—当取样头完全插入时，在安全链上应承担备用部分，确保链条拉紧；

4—取样头是可收回的，在那个位置指示出取样头

进行该检验有以下的要求：

(1)被检验的管道直径在 300mm 和 300mm 以上，至少应在管道直径的 5 个取样点安装取样头取样。管道直径小于 300mm，在 3 个取样点安装取样头取样就能满足要求。

(2)在水平管道上取样头必须垂直布置，在垂直管道必须水平布置。抽取样品的时间间隔不得大于 2min。

(3)检验应在管道运行的最坏条件：最低流量、最低流动粘度和密度，或其他有关条件下进行。

(4)采用自动取样系统检验时叙述的注水方法进行注水。在计算注入水到达前 2min 开始取样，并连续进行，直至取得 10 个以上的剖面检验的样品。

2. 取样头和(或)抽取器的检验

在取样头和(或)抽取器运行条件的整个范围内，一次抽取的

样品量在±5%的变化范围内应该是可重复的。影响一次取样量的操作参数有油品的粘度。管线压力、取样的频率、抽取器的回压。

3. 专用流量计的检验

如果使用贸易交接计量的流量计来操纵样品抽取器，为取样进行流量计的校准没有必要。如果是前面描述的、控制样品抽取器抽取样品速度的专用流量计，应将它们同罐的计量和贸易交接计量用的流量计比较，进行校准。

用于决定样品抽取器抽取样品速度的流量计，其准确度应在罐或贸易交接计量流量计测量体积±10%的范围内。

第六节　自动取样系统的操作

一、一般要求

为使自动取样系统能取得有代表性的样品，能正常运行，首先应考虑以下要求：

(1)自动取样系统应遵照有关标准的设计原则进行设计，并按标准的要求和规定选择、安装、操作自动取样系统及有关的仪表与设备。

(2)取样的样品中应不包含任何不是被取样的物质。

(3)取样系统投用或重新投用，或者怀疑被污染，在进行取样以前，自动取样器和连接的管道，都应全面进行清洗。

(4)如果不同级别的样品储存在各自的容器内，并分别进行保存，将大大地简化样品容器清洗的措施。

(5)取样期间，应防止取得的样品免受大气条件的影响。

二、操作准则

1. 每次抽取固定样品量的周期性取样器

(1)样品的体积应在5～20L之间。但是，样品的体积量最终还将取决于具体应用的需要。

(2)在几天的时间内连续进行取样操作，要连续转移样品的地方，将取样分成多个期间，每个期间取5～20L样品，这是可能做到的。另一种方法是使用一个大的样品接收器，连续地进行取样，然后将接收器内收集的样品分成多个子样。这种方法要有可观测的、正确的样品混合方法。

每次抽取固定样品量的取样系统，在表10－6的例题中，使用的下列操作参数只是作为实际考虑时的举例说明：

要求的样品体积5～20L；

每次抽取的样品体积1～1.5mL；

最大的取样频率30次/min。

表10－6　每次抽取固定样品量取样器的典型运行参数

应用地点	转移周期	抽取样品的总次数	一次抽取的样品量，mL	样品的体积量 L	取样的平均间隔，s	取样的平均比例(用管道长度表示)，m/次	管道内的流速(直线) m/s
连续输送管道(CP)	30d	10000	1	10	260	260	1
CP和船装、卸	7d	10000	1	10	60	60	1
CP和船装卸	24h	10000	1	10	8.6	25	3

注：1)对长距离管道，泵送的管道流速可能降低；

2)小于3h的短的转移周期，不可能达到5L的样品量，应考虑选用一次抽样量4mL的抽取器，这将提供20L的样品量；

3)在最大的取样频率的实际范围和接收器大小的范围内，每个取样周期的取样次应该是最大值。

进一步的考虑是往下调节流量，在连续运行的管道内，应用的典型调节比例是10:1，在船的装、卸中应用的典型调节比例是30:1。

2.每次抽取样品量可变的周期性取样器

每次抽取样品量可变的取样器与每次抽取固定样品量的取样器，尽管在操作准则上有所不同，但收集的样品总量基本上是相同的。每次抽取样品量可变的取样器按固定的时间比例收集样品，但每次抽取的样品体积同管道内的流速成比例。

三、操作检查

自动取样系统在运行期间，应定期进行下述检查。

1.控制设备和仪表是否正常。

(1)流量计量仪表。

(2)样品抽取器。

(3)主管道上的低流速报警器。

(4)样品接收器。

2.取样器

(1)抽取器抽取的样品是否进入接收器。

(2)取样管道中有没有渗漏的地方。

(3)伴热系统是否在正常工作。

(4)环路式的自动取样系统,环路是否被完全充满。

四、取样操作的记录

每次取样操作都应填写好有关的记录表格,表格应包括下列内容:

(1)取样的位置和取样的日期。

(2)船装、卸或管道输送的识别标志。

(3)原油的类型和一组样的体积量。

(4)取样期间记录的流量。

(5)抽取样品的次数和样品量。

(6)计算的样品体积量。

(7)累积的样品体积量(如果已知)。

(8)取样期间自动取样系统的故障。

(9)表示取样流量和主管道流量之间存在的比例。

五、取样系统的维护

(1)将自动取样系统隔离开,检查抽取器是否过渡磨损或损坏。

(2)流量计可能被原油中的杂质磨损或损坏,需要进行维修。

(3)从样品抽取器到样品接收器或样品容器之间的取样管线,应用溶剂进行清洗,然后使用被取样的原油吹扫干净或冲洗干净。

(4)应做好流量计、取样器和辅助设备出现故障的记录。

六、检查样品的合格性

为确定取样操作(例如,船舶卸油、管道分批交接)取得样品的合格性,必须满足下面的要求:

(1)取样器的性能因素应在0.9～1.1的范围内。性能因素=累积的样品量÷计算的样品量。

(2)取样期间记录的取样比的比值和主管道的流量,应进行核对和确认。

(3)取样操作中决不能存在有足以影响性能因素超过前面(1)中界限的障碍物。

第十一章　原油密度和含水率在线测量

第一节　原油密度值在线连续测量

原油密度值的测量有两种方法：一种是不连续的、取样品手工测量的方法；另一种方法是样品连续不断地通过密度测量仪表时，测量仪表连续地测得原油的密度值，故称之为原油密度值在线连续测量。

一、在线连续测量原油密度值的方法

在线连续测量原油密度值有多种方法；即连续称量法、浮力测量法、振动元件频率固定法、振动元件自然谐振法、常压差法、离心法、声学法、原子核法和电容法等。目前被广泛应用于原油密度值在线连续测量的是振动元件自然谐振法。用这种方法制造的密度测量仪表称之为振动管密度计。

二、振动管密度计的测量原理

图 11－1 给出一根两端固定的振动管。振动管在真空条件下振动时，管振动的频率可用下面的数学公式表示：

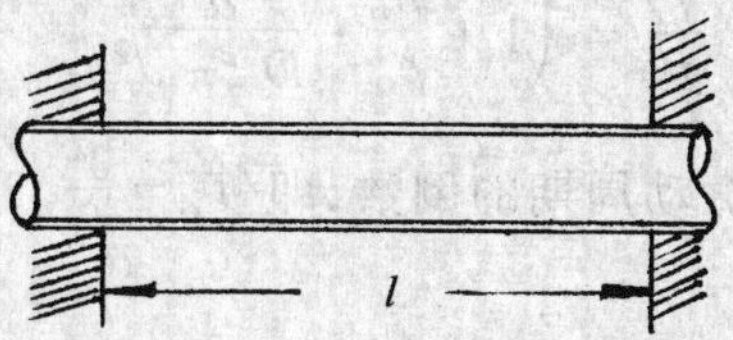

图 11－1　两端固定的振动管

$$f_o = A\left(\frac{EJ}{ml^3}\right)^{1/2} \tag{11-1}$$

式中　f_o——振动管自由振动的频率；

A——与振动模式有关的常数；

J——振动管的惯性矩；

m——振动管的质量；

l——振动管固定的长度。

当振动管中充满液体时，长度为 l 的振动管中液体的质量为 Δm，这时的振动频率为 f_x，可用下式表示：

$$f_x = A\left[\frac{EJ}{(m+\Delta m)l^3}\right]^{\frac{1}{2}} \qquad (11-2)$$

将公式(11－1)和公式(11－2)相除则得到

$$\frac{f_o^2}{f_x^2} = 1 + \frac{\Delta m}{m} \qquad (11-3)$$

公式(11－3)中的 Δm 和 m 可分别表示为

$$\Delta m = \frac{\pi d^2}{4} l \rho_x \qquad (11-4)$$

$$m = \frac{\pi}{4}(D^2 - d^2) l \rho_o \qquad (11-5)$$

式中 D, d——振动管的外直径和内直径；

ρ_x, ρ_o——振动管内液体的密度值和制造振动管材料的密度值。

将公式(11－4) 和公式(11－5)代入公式(11－3)中，经整理后得到

$$\frac{f_x}{f_o} = \left(1 + \frac{\rho_x}{\rho_o} \cdot \frac{d^2}{D^2 - d^2}\right)^{\frac{1}{2}} \qquad (11-6)$$

因为振动频率是振动周期的倒数，即 $T_o = \frac{1}{f_o}$，$T_x = \frac{1}{f_x}$，所以公式(11－6)可表示为

$$\frac{T_x}{T_o} = \left(1 + \frac{\rho_x}{\rho_o} \cdot \frac{d^2}{D^2 - d^2}\right)^{\frac{1}{2}} \qquad (11-7)$$

对公式(11－7)进行整理移项后得到

$$\rho_x = \left(\frac{T_x{}^2}{T_o^2} - 1\right)\rho_o\left(\frac{D^2}{d_2} - 1\right) \qquad (11-8)$$

令 $\rho_o\left(\frac{D^2}{d^2}-1\right)=\rho$，则得到

$$\rho_x = \rho\left(\frac{T_x^2}{T_o^2} - 1\right) \tag{11-9}$$

公式(11－9)表明，振动管内为真空得到的振动周期为 T_o，当振动管内有密度值为 ρ_x 的被测介质时，得到的振动周期为 T_x。ρ 和 T 之间是二次曲线的关系，如果用下面的公式描述这种二次曲线的关系：

$$\rho = K_0 + K_1 T + K_2 T^2 \tag{11-10}$$

通过大量的试验证明，公式(11－10)完全能描述 ρ 和 T 之间的二次曲线关系。因此，振动管密度计就按这种原理制造。使用时，用准确知道密度值的液体注入振动管内，测得振动管的振动周期 T，就可确定出公式(11－10)中的系数 K(通常称之为仪表常数)。公式(11－10)中的系数 K 确定出来后，只要测得振动管的振动周期 T，就可确定出振动管内液体的密度值。

三、振动管密度计的结构

振动管密度计有双振动管密度计和单振动管密度计。

1.双振动管密度计

双振动管密度计由液体密度变送器进行信号调整、传送、处理和密度值显示的仪表组成。

1)密度变送器

密度变送器又称之为密度检测器，在图 11－2 中给出。密度变送器由振动管、传感线圈(检测线圈)、驱动线圈、维持放大器和其他附属部件(不锈钢软管、固定支架、吸声体及电子接线柱等)组成。

2)密度值数字显示仪

双振动管密度计测量液体的密度值，主要是测量振动管的振荡周期，然后用公式(11－10)计算求得被测液体的密度值。在原油贸易交接计量中，采用测频率与运算相结合的密度值数字显示仪，完成数据处理和密度值显示的功能。

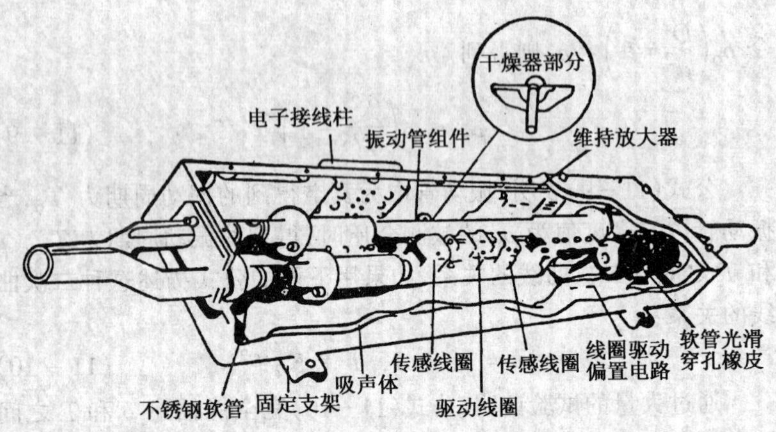

图 11－2　双振动管液体密度变送器示意图

2. 单振动管密度计

单振动管密度计从结构上与双振动管密度计相比，密度变送器（检测器）除少一根振动管外，其他部件基本上是完全相同的，如图 11－3 所示。

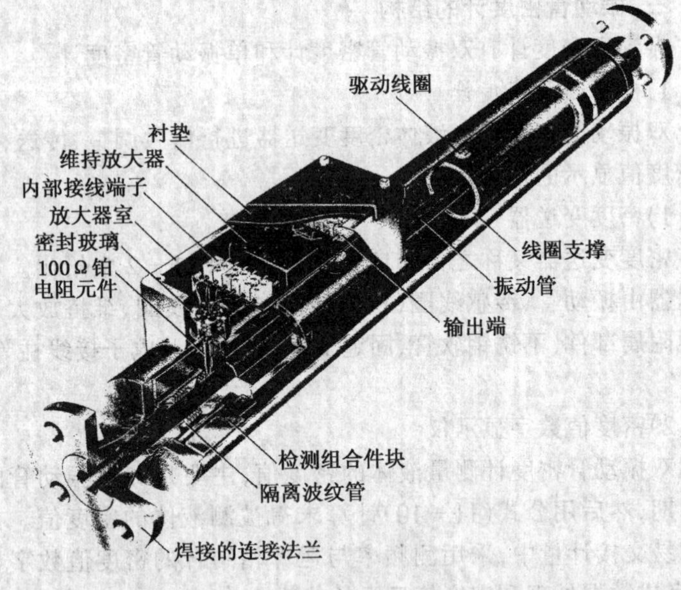

图 11－3　单振管液体密度计剖面图

由于计算机技术的发展和计算机的普遍应用，处理和显示出振动管密度计测得密度值，可以做到结构简单，运算快捷准确，安装方便，有利于管理和操作，有利于与流量计等其他仪表和控制系统配合等许多优点。单振动管密度计具有更适合在线连续测量原油密度值的下述优点：

(1)我国目前生产的绝大部分原油，都是含蜡含胶质多、凝点高的原油，使用双振动管密度计测量原油的密度值，可能出现振动管的内壁附着胶质和蜡不同，造成两根管内的流量不相等，影响测量的准确度。

单振动管密度计只有一根振动管，出现这种恶性循环的机率少。另外，清除振动管内的蜡和胶质的操作也比双振动管方便、简单。

(2)单振动管密度计的制造比双振动管密度计的制造简单，容易达到所要求的准确度。

目前我国生产的、单振动管密度计的技术指标在表 11－1 中给出。

表 11－1　单振动管密度计的技术指标

技术指标＼型号		SML 型	SMI－1 型	8840 型	ZMC540 型	FZMC－8830 型
测量的介质		无腐蚀液体	无腐蚀液体	无腐蚀液体	无腐蚀液体	无腐蚀液体
密度值的范围 kg/m^3		700～1000	700～1000	600～1200	700～1100	600～1100
工作条件	压力 MPa	0～6.0	0～6.0	0～5.0	0～1.6	0～6.0
	温度 ℃	20～70	10～80	－30～＋80	10～80	－30～＋110
温度系数		$\leqslant$0.005 g/(cm^3·℃)	$<3\times10^{-4}$ g/(cm^3·℃)(max)	典型值：±0.1kg/(m^3·℃) 最大值：±0.3kg/(m^3·℃)(无补偿)	无补偿：±0.2kg/(m^3·℃) 有补偿：±0.03kg/(m^3·℃)	绝对值 <0.003%

续表

技术指标 \ 型号		SML 型	SMI－1 型	8840 型	ZMC540 型	FZMC－8830 型
压力系数		≤1×10^{-4} g/(cm^3·MPa)	<3×10^{-5} g/(cm^3·MPa)(max)	无补偿 ±2kg/(m^3·MPa)	无补偿：±0.2kg/(m^3·MPa) 有补偿：±0.3kg/(m^3·MPa)	绝对值≤0.3%
通过密度计的流量，m^3/h					0.1～30	
测量准确度 kg/m^3		≤1	≤1	±0.5	±0.5	0.5
输出信号		0～9V 周期脉冲(方波)	>4.5V 峰－峰值(矩形波)	0～15V 脉冲信号	峰－峰值 18V 脉冲信号	0～5V 周期脉冲
电源		工作电压+24V.+5V	DC24V	15～18V 30mA 直流电	±12VDC 最大电流 60mA	±24V 直流安全电源
环境条件	温度，℃		0～50		－10～＋60	
	相对湿度 %		20～85		<90	

四、密度计的选择、安装和使用

1. 密度计的选择

从前面介绍的内容来看，原油贸易交接计量用的、在线连续测量密度值的密度计主要是振动管密度计。

选用单振动管密度计时，应根据测量密度值要求的准确度，原油密度值的变化范围，输油管道的工作温度和工作压力，使用的环境条件等确定密度计的型号。

2. 密度计的安装

测量原油密度值使用的密度计，测量密度值时，样品油通过密度计后再进入输油管道内。为保证密度计能准确地测得原油的密度值，密度计的安装必须做好以下工作：

(1)确定好密度计取样口的位置。

密度计取样口的位置应靠近流量计，以便于管理。

(2)与密度变送器连接的管道，在被测原油通过时不应产生气体。为满足这种要求，管道安装应做到：

①连接管道不应有突出的高点、凹陷、大于90°的弯头；

②连接管道的进、出口连接不应产生涡流或漩涡；

③确保原油内不会产生气泡。

(3)密度变送器可以任意角度安装，但最好是垂直安装。

(4)通过密度变送器的流量应在制造厂给出的流量范围内，最好控制在制造厂给出的、最大流量的60%～80%范围内。

(5)取样与密度变送器连接的管道，应有保温的措施，防止温度降低和温度降低后出现的不良影响。

(6)密度变送器使用一段时间后，要清洗振动管内的脏物或管内壁附着的蜡、胶质等物质。

为保证准确地测量密度值，不仅对密度变送器连接管道的安装有上述的要求，对传送密度测量信号的电路安装也有下述的要求：

①传送密度测量信号的电路必须采用屏蔽电缆，并且应进行有效的接地。

②传送密度测量信号的电缆应尽可能不与电力电缆敷设在一起。

③传送信号的电缆安装，不仅要符合使用场所危险区分级的要求，还应满足国家、地方和行业有关安全标准和规范的规定。

3.密度计的使用

密度计投入使用前，确认密度计及安装都满足要求后，可投油进行试运行，试运行的时间应不少于72h。

五、密度计的检定

为满足密度计定期强制检定的需要，我国于1984年批准发布JJG 370—84《工作振动管液体密度计试行检定规程》。

国际上原油贸易交接结算的量是体积量，原油的密度值只是评价原油质量好坏的指标。国际标准化组织(ISO)1987年起草了《石油和液体石油产品　密度值的连续测量》。

密度计的检定有两种情况:一种情况是新购置密度计的检定:另一种情况是已在线使用的密度计的检定。

对新购置的密度计,在安装以前应在实验室内进行仪表常数(K_0、K_1和K_2)测量的检定。

现场在线对使用的密度计进行检定,其方法是让通过工作密度计的原油进入一个恒温槽内,然后用二等标准浮子密度计测量恒温槽内原油的密度值,再用测得的密度值与振动管密度计测得的密度值进行比对,确定振动管密度计测量的准确度。这种检定方法使用的介质与密度计测量的介质是同一种介质,但测量的条件有所不同:密度计测量原油密度值时原油是处于流动的状态下,二等标准浮子密度计测量原油的密度值时,原油是处于静止的状态下;密度计测量原油密度值是在承受压力的条件下,二等标准浮子密度计测量的原油是在大气压的条件下,压力高低的影响应进行修正。目前这种检定方法只能反映密度计在某一密度值下的测量情况。为检定密度计的计量性能,在线使用的密度计使用一定的时间后,也应进行一次全面的检定。

第二节　原油含水率在线测量

一、概述

油田生产的原油经脱水和稳定处理后成为商品原油。有关的技术标准规定,商品原油的含水率分别不应超过0.5%,1.0%,1.5%。由于商品原油贸易交接计量的油量是扣除水后的纯油量。因此,在计量过程中必须准确地测量出商品原油的含水率,利用测得的含水率求出原油中的含水量,从原油的量中减去水量得到纯油量。

因为商品原油的含水率低,在线连续准确地将这么低的含水率直接测量出来是十分困难的。正是由于这种原因,目前世界各国测量原油的含水率，基本上都是采用自动取样的方法，从原油输送管道内取得有代表性的样品，然后用实验的方法（例如，蒸馏法）测得原油的含水率。

低含水率的测量仪表目前有多种类型。

二、原油低含水率测量仪表

1.电容法原油低含水率分析仪

1)测量原理

用电容法测量原油的含水率是利用水有较高的介电常数（一般为80左右），原油有较低的介电常数（一般为2.0左右）。原油中含水以后，介电常数就会增大，测出介电常数增大的值，就可确定出原油的含水率。介电常数与含水率的关系可用下式表示：

$$C_m = C_n K_i + C_s \tag{11-11}$$

式中 C_m——测量得到的电容值；

C_n——测量电容传感器本身的实际电容值；

C_s——测量电容传感器相应的固有电容值；

K_i——测量电容传感器内充满介质的介电常数。

譬如，$C_n = 50\text{pF}$，$C_s = 20\text{pF}$，对不含水的原油，$K_i = 2.2$；对含水率为5%的原油，$K_i = 2.6$。将这些数代入公式（11－11）中，可求得不含水原油的 $C_m = 130\text{pF}$，含水率为5%的原油 $C_m = 150\text{pF}$。

从上面的说明可以看出，由于原油中含水引起介电常数的变化，导致电容传感器电容量的变化，通过测量电容传感器电容量的变化值，就可确定出原油的含水率。

2)电容法原油低含水率分析仪的结构

电容法原油含水率分析仪由电容传感器和检测仪表组成。电容传感器是用来将原油含水率的变化转换成输出的电容量，并输送到电子检测仪表进行检测，并显示出含水率的值。

2.微波法原油低含水率分析仪

1)测量原理

石油虽然是成分复发的混合物，但基本上是由非极性分子组成。因此，在外电场的作用下，分子中的电子发生弹性位移而引起极化，一般来说极化较弱。另一方面，由于电子的位移是弹性的，当外电场撤消时，电子又“复原”而不引起显著的能量消耗。油中的水分子是极性分子，每个水分子都可看作是一个电偶极子，在外电场作用下，电偶极子从混乱的排列“转向”成有规则的排列而引起极化，水分子的极性很强，因此极化也很强。当外电场撤消时，电偶极子又从有规则的排列“转向”到混乱的排列，由于这种“转向”必须克服分子间的内摩擦力，将引起显著的能量消耗。我们用 ε' 表示物质电介质储能本领，用 ε'' 表示电介质耗能本领。由此可知，石油的 ε' 和 ε'' 都应比水小。事实上，当外加交变电场的频率为 10^9Hz（即在微波频段）时，水的 ε' 为 64，ε'' 为 29，而油的 ε' 只有 2.16，ε'' 只有 0.004。因此，当石油中含有水分时，石油这种混合物的复数介电常数将明显增大。

当微波通过电介质时，因极化储能作用，要降低微波的传播速度而引起附加的相位变化，变化的大小与介质的 ε' 有关。同时，因极化的耗能作用而损耗微波的能量，即引起幅度的衰减，衰减的大小与介质的 ε'' 有关。因此，石油中含水越多，微波通过后幅度的衰减和相位的变化均十分显著。测量微波通过石油样品后的幅度衰减量和相位移变化量，就可确定石油中的含水量的大小。

微波测量原油含水率的方法是一种比较的方法。微波源发射出的微波分成强度相等的两束微波，然后再用适当的方法将两束微波叠加起来。如果被测石油中的含水量为零时，则两束微波的幅度衰减和相位变化都相同，令其发生“干涉”而相互抵消（只要人为地令其中某束微波相位都变成 π），最后合成的波强为零。如果被测石油中的含水量不为零时，两束微波的幅度和相位变化均不相同，“干涉”结果不能相互抵消，合成波的强度也不为零。含水量越大，两束微波的强度和相位也相差越大，不能抵消的程度也越大，合成微波的强度也越大。因此，根据合成波的强度即可确定出被测石油中的含水率。实验还证明，石油中的含水率较低时，微波相位的变化是主要的，衰减的变化可以忽略。

2)仪表的构成

微波法原油低含水率分析仪利用上述原理实现原油含水率的测量，一般采用“微波电桥”的方法，以便比较两束微波的相位，其原理见图 11－4。

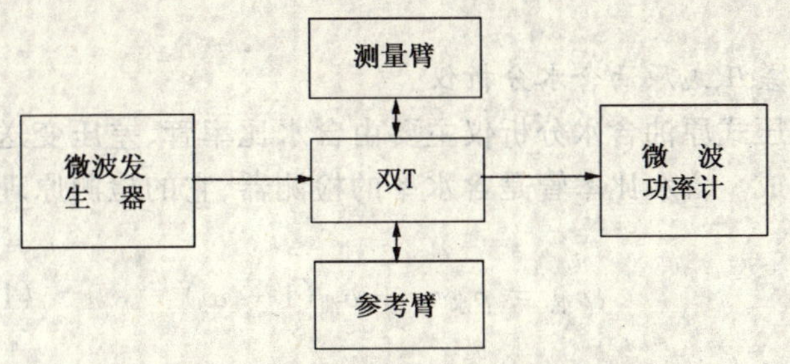

图 11－4 微波法原油含水分析仪原理图

由微波源发出的微波进入“双 T”后，自动分为幅度相同的两束。一束进入盛有无水的原油波导里(称之为参考臂)，另一束则进入被测原油含水率的波导里(称之为测量臂)，进入参考臂和测量臂的微波，到达终端后被反射回来进入“双 T”。如果这两束微波的幅度和相位相同，微波电桥处于平衡状态而无微波输出；如果两束微波的幅度和相位不同，电桥失去平衡有微波输出，从而达到比较的目的。因此，微波法原油低含水率分析仪主要由微波源、微波电桥、微波接收器 3 部分组成。

3. 短波吸收法原油含水分析仪

短波吸收法原油含水分析仪是利用水吸收能量比原油吸收能量多的工作原理，同民用微波炉的原理类似。短波吸收法原油含水分析仪是用短波发送器将能量送到被测量介质，测得被测介质吸收的能量，确定出被测介质的含水率。

短波吸收法原油含水分析仪一般由传感器和二次仪表组成。传感器包括发射天线和探测器。据资料介绍，这种仪表具有以下的特点：

(1)探测器的探头上即使覆盖上一层烃类物质，也能测出含水率。

(2)它是一种真正能测量0～100%含水率的仪表,可以测油中0～1%或99%～100%的含水率。

(3)油中含水率在0～80%的范围内,温度的影响可以忽略。

(4)油中含水率在0～40%的范围内,油中的含盐量影响可以忽略。

4.差压式原油含水分析仪

差压式原油含水分析仪主要由含水比率管、差压变送器和隔离器组成。含水比率管是含水率的检测器,它的检测原理可用下式表示:

$$\rho_{混} = \rho_{水} w + \rho_{油}(1 - w) \tag{11-12}$$

$$w = \frac{\rho_{混} - \rho_{油}}{\rho_{水} - \rho_{油}} \tag{11-13}$$

式中 $\rho_{混}$——含水原油的密度;

$\rho_{水}$——原油中所含水的密度;

$\rho_{油}$——原油的密度;

w——原油的含水率(质量分数)。

从公式11-13可以看出,在特定的条件下,$\rho_{油}$、$\rho_{水}$是常数,$\rho_{混}$和w成线性关系变化。因此,只要测量出$\rho_{混}$就可求得w。

差压变送器和隔离器是将原油含水率比率管测得的$\rho_{混}$,变成相应的模拟电信号。

三、测量仪表的选择、安装和使用

1.选择

在概述中已经指出,原油低含水率分析仪,目前主要是用于监视原油的含水率是否超过规定的标准值。选择时应从作监视仪表来考虑,考虑的因素有:

(1)原油含水率不得超过的标准值。在标准值这一点仪表应能准确地反映出来,只要超过标准值,仪表就能发出报警信号。

(2)因为是用作监视仪表,对准确度的要求只是在标准值一点。所以选择时,仪表的价格应该是主要的,在满足监视要求的前提下,应选择最便宜的。

(3)仪表使用的可靠性和使用的寿命。作为监视仪表,在满足上述两条要求外,还应与被监视介质的物理性质相适应,适合在使用的环境条件下运行,使仪表能长期可靠地工作,无故障工作时间能尽可能地长。

(4)仪表的安全性能。因为这种仪表是用于有危险油气存在的场所,仪表的安全性能必须满足危险区分级的要求,符合国家、地方和行业标准与规范的规定。

2.安装

进行安装设计和施工安装时,必须考虑以下的内容:

(1)原油低含水率分析仪是属于取样的测量仪表,安装仪表的取样管路,取样点必须保证通过分析仪的样品是具有代表性的样品。

(2)仪表的设计和施工安装,都应按照仪表说明书中有关仪表安装的要求进行。

(3)仪表安装设计时,还应根据仪表投用、停用、维护和维修、调校等工作的需要,确定出满足这些工作所需要的安装内容,保证这些工作顺利地进行。

3.使用

原油低含水分析仪属于分析型的仪表,在投入使用前必须按制造厂的使用说明书进行调试和校准。进行这项工作时,应要求制造厂派人参加,以便及时解决出现的各种问题。

原油低含水分析仪在现场使用中,难免会出现各种各样的故障。为保证仪表能正常运行,必须做好现场的维护和修理工作。做该项工作时,可将出现的故障,以及产生故障的原因,维护的方法,总结并列表记录,指导现场使用的维护工作。

第十二章 原油计量使用的常规仪表

在原油的贸易交接计量中,使用的测温、测压和测压差用的仪表称之为常规仪表。因为测量系统在运行过程中,温度、压力和压差是判断系统是否正常运行的参数;计量条件下测得的体积量换算成标准参比条件下的体积量,也要使用温度和压力。所以,这几种常规仪表是必不可少的。

第一节 温度测量仪表

温度测量仪表有多种类型,按测量方式可分为接触式和非接触式两大类。它们的特点如表12－1所示。接触式的温度测量仪表,测温时仪表与被测介质接触测量出温度。流量测量系统使用的测温仪表都属于这种类型。

表12－1 温度计的分类与特点

<table>
<tr><th rowspan="2">测量方式</th><th rowspan="2" colspan="2">简单原理</th><th rowspan="2">温度计名称</th><th colspan="2">特点</th><th colspan="5">可行性功能</th></tr>
<tr><th>优点</th><th>缺点</th><th>指示</th><th>记录</th><th>控制与变送</th><th>报警</th><th>远距传送</th></tr>
<tr><td rowspan="4">接触式</td><td rowspan="4">体积或压力变化</td><td>固体热膨胀</td><td>双金属温度计</td><td>示值清楚,机械强度较好</td><td>准确度较低</td><td>√</td><td></td><td></td><td>√</td><td></td></tr>
<tr><td rowspan="2">液体热膨胀</td><td>玻璃液体温度计</td><td>价廉,准确度高</td><td>易破损,观察不便</td><td>√</td><td></td><td></td><td>√</td><td></td></tr>
<tr><td>压力表式(充液体)温度计</td><td rowspan="2">价廉,容易就地集中</td><td rowspan="2">毛细管机械强度差,损坏后不易修复</td><td rowspan="2">√</td><td rowspan="2">√</td><td rowspan="2">√</td><td rowspan="2">√</td><td rowspan="2"></td></tr>
<tr><td>气体热膨胀</td><td>压力式温度计</td></tr>
</table>

续表

测量方式	简单原理		温度计名称	特点		可行性功能				
				优点	缺点	指示	记录	控制与变送	报警	远距传送
接触式	电阻变化	金属热电阻	铂、铜、镍热电阻	测量准确	振动场合易坏					
		半导体热敏电阻	锗、碳、金属氧化物半导体热敏电阻	反应快	安装不便					
	热电势变化	廉金属热电偶	铜—康铜、镍铬—镍硅热电偶			✓	✓	✓	✓	✓
		贵金属热电偶	铂铑—铂、铂铑—铂铑热电偶	测量范围广,测量准确,不易损坏	需要补偿导线,测较低温度时电势小					
		难溶金属热电偶	钨铼热电偶							
非接触式	辐射	亮度法	光学高温计	测量范围广,携带方便	只能自测					
		全辐射法	辐射温度计(热电堆)				✓			
		比色法	比色温度计	反应速度快,可测高温	构造复杂,价高读数麻烦					
		部分辐射法	红外线测温仪光电高温计			✓	✓	✓	✓	

从表 12-1 可以看出,流量测量系统常用的接触式测温仪表有液体热膨胀式温度计、金属热电阻和热电势的温度变送器。

一、液体膨胀式测温仪表

1. 玻璃液体温度计

玻璃液体温度计根据它的分度值和测量范围不同,可分为精密温度计和普通温度计。这两种温度计的分度值和测量范围在表12－2中给出。测量监视流量计量系统是否正常运行的参数温度值时,可选用普通的玻璃液体温度计。测量用于流量换算和流量计检定时的温度值,应选精密温度计。

表 12－2　玻璃液体温度计的分度值和测量范围 单位:℃

名　　称	精密温度计		普通温度计	
分度值	0.1,0.2	0.5,1	0.5,1	2,5
测量范围	－60～＋300	＋300～＋500	－100～＋300	－30～＋600

图12－1给出工业用的各种玻璃棒温度计,可根据安装的方式选用。

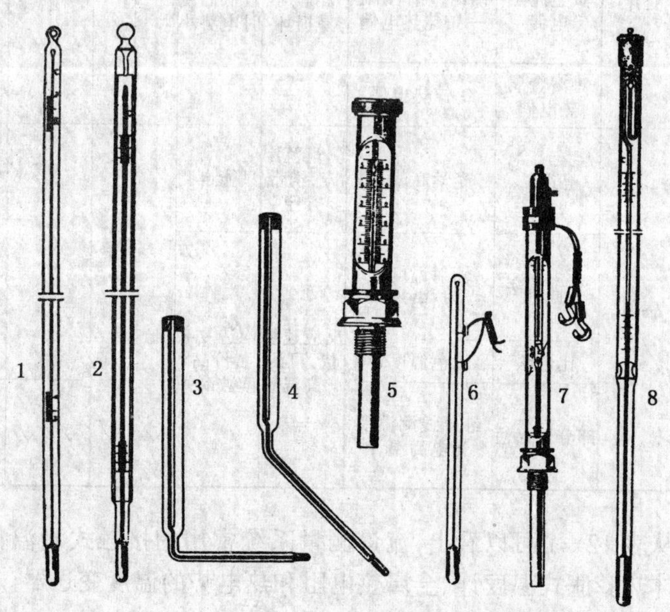

图12－1　各种玻璃液体温度计

1—棒式;2—内标式;3—90°;4—135°;5—金属套管式;
6—固定电接点式;7—可调电接点式;8—贝克曼(温差式)

2. 压力表式(充液体)温度计

充液式压力表温度计是利用工作液体在温度变化时发生体积膨胀,体积膨胀与温度变化的关系可用下式表示:

$$V_t = V_0(1 + \beta t) \qquad (12-1)$$

式中 V_0——温度为0℃时封闭系统的体积;

V_t——温度为t℃时封闭系统的体积;

β——工作液体的体积膨胀系数。常用的工作液体有二甲苯、甲醇和甘油。

液体压力表式温度计的测量下限不得低于工作液体的凝点,但测量温度的上限可以高于常压下工作液体的沸点。因为温度升高时封闭系统内的压力也升高,工作液体的沸点也升高。

充液式压力表式温度计,由于液体的膨胀系数比金属的膨胀系数大,可压缩性极小。所以,环境温度的变化将使仪表产生很大的附加误差。为消除这种误差,一般采用两种方法:一是采用较粗的钢或铜毛细管,在管内插入一根直径略小于毛细管内径的、钢的芯子,利用二者膨胀差所产生的容积变化来抵偿环境温度变化的影响;另一种比较好,但比较复杂的方法是采用图12-2所示的机构。使用相反的多圈式弹簧管,二者经过差动杆杠与传动机构去带动指针。这样,因环境温度变化所产生的附加误差,被另一相等而相反的作用完全抵消。

二、热电阻和热电偶温度测量仪表

1. 热电阻温度测量仪表

热电阻温度测量仪表,是利用电阻与温度呈一定函数关系的金属导体,或半导体材料制成的感温元件来测量温度。当温度变化时,感温元件的电阻值随之而变化,将变化的电阻值作为信号输入显示仪表,转换成被测介质的温度显示出来。

热电阻感温元件是由热电阻丝、骨架及引线组成。

2. 热电偶温度测量仪表

热电偶测温仪表是基于热电偶的热电效应。根据珀尔帖及汤姆逊效应,两种不同性质的金属所构成的热电偶闭合回路(图12-

3)，其总热电势 $E_{A,B}(t,t_0)$ 与两接点的温度 t 和 t_0 有下面的关系：

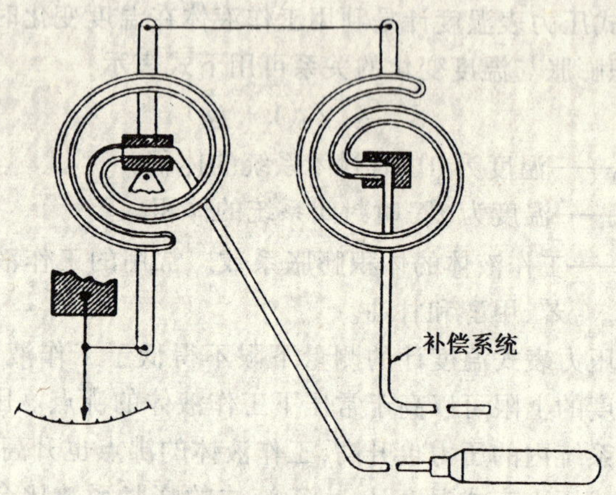

图 12-2　充液式压力表温度计补偿结构示意图

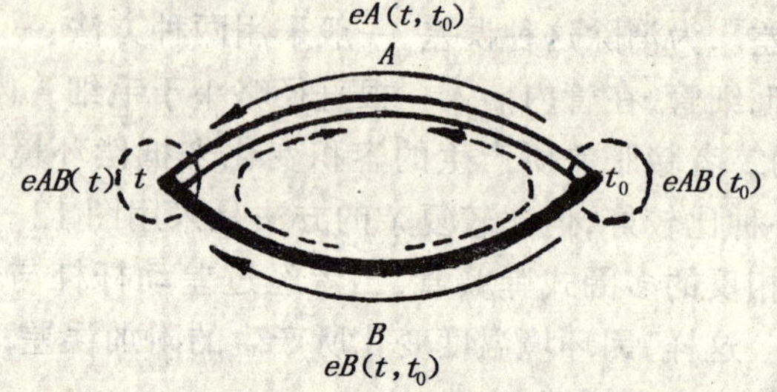

图 12-3　热电偶闭合回路

$$E_{A,B}(t,t_0) = eAB(t) + eBA(t_0)$$

$$E_{A,B}(t,t_0) = eAB(t) - eAB(t_0)$$

这表明，热电偶的总热电势是两接点接触电势的代数和。若材料选定后，热电势是两接点温度 t 和 t_0 的函数。如果使一端(冷端或称自由端)温度 t_0 保持恒定，则热电偶的总热电势仅为另一端(热端或称工作端)温度 t 的单值函数，它与热电偶的长短，粗细无关。通过测量热电偶的热电势的大小，就可确定工作端的温度 t。将测得的热电势输入显示仪表，转换成温度显示出来。

三、温度测量仪表的选用

1. 测量仪表的类型

选用确定测温仪表的类型必须满足测量、被测介质的物理化学性质及使用环境条件等方面的要求。

2. 仪表的测量范围

选用的温度测量仪表指示的温度最高值应该是仪表满量程的90%。多个测量元件共用一台显示仪表时，温度的指示值为满量程的20%～90%。压力表式的温度计，指示值应为满量程的1/3～3/4。

除特殊订货外，选用仪表的量程范围应与定型产品规定的标准系列相符。

3. 仪表的测量准确度等级

选用仪表时，应根据测量允许的最大测量误差来确定准确度等级。一般来说，仪表的准确等级越高，测量越准确，测得的数据更可靠。选用仪表时并不能认为选用越准确的仪表越好。因为仪表的准确度越高，价格贵，要求的使用条件也高，保管和使用要求也严格。

四、温度测量仪表的安装

温度测量仪表的安装应符合下列要求

(1)接触式温度计和感温元件，其安装应能保证正确地测量出原油的温度值。

接触式温度计和感温元件是通过与被测原油进行热交换而测量出温度。因此，温度计和感温元件放置的方式与位置都应有利于热交换的进行。在管道内，温度计和感温元件的感温部分应处于管道中流速最大处，且与被测介质的流向成45°～90°角。介质流速较大时，感温元件必须倾斜安装，最好安装在管道拐弯处，以免受到过大的冲蚀。

热电偶保护套的末端应超过流速中心约5～10mm；热电阻保护管的末端应超过流速中心线，铂热电阻超过50～70mm，铜热电阻超过20～30mm；压力表式温度计的温包中心线应与管道中心线重合；液体式温度计应使测温包(如水银球)的中心置于管道中心线上。

安装压力表式温度计的温包时，应将温包自上而下垂直安装，毛细管不应受拉力，避免发生机械损伤。

热电偶、热电阻接线盒的出线孔应向下，以防因密封不良使水汽、灰尘与脏物等落入接线盒内影响测量。

玻璃液体温度计只能垂直或倾斜安装，同时要求方便观测温度。不得倒装或倾斜倒装。

(2)接触式温度计和感温元件的安装应安全可靠。

为避免感温元件的损坏，应保证感温元件有足够的机械强度。通常将被测介质的工作压力分为低压($p_g \leqslant 1.6$MPa)、中压(1.6MPa$< p_g \leqslant 6.4$MPa)与高压($p_g > 6.4$MPa)3种，感温元件在不同的压力范围内工作时，有不同的安装要求。

在薄壁管道上安装感温元件，连接头处需要加装加强板。当被测介质的工作压力超过10MPa时，必须另外加装保护管。

(3)感温元件的安装位置应选择在便于仪表操作人员观测、维护和校验的地方。并且便于拆装。

(4)加装保护管时，为减少测温滞后，在保护管之间可加装传热良好的填充物。当温度低于150℃时可充入变压器油；温度高于150℃时可充填铜屑或石英砂。

(5)接触式温度计、感温元件插入管道内的深度，可利用表12－3中的方法选择确定。

表12－3　感温元件插入管的深度

插入深度	是否有保温措施	接头长度 H,mm	插入深度估算公式
直插	有	120	$L=0.5D+H$
	无	60	
斜插	有	150	$L=0.7D+H$
	无	90	
法兰插入		150	
肘管插入	有	150	
	无	90	

五、温度测量仪表的使用

温度测量仪表在使用中必须做到:

(1)测量参予油量计算的温度值用的测温仪表,必须按规定送到有合法检定权的部门进行周期检定。测温仪表通过检定并获得检定合格证书后方可使用。

(2)测温仪表测量时,必须认真执行有关的规定,同时要分析每次测取的数据,保证测量的准确。

第二节　压力和压差测量仪表

一、常用的压力(压差)测量仪表

测量压力或压差的仪表很多,按转换原理的不同,大致可分为下述 4 大类。

1. *液柱式压力计*

液柱式压力计是根据流体静力学原理,将被测压力转换成液柱高度进行测量。按结构形式的不同,有 U 型管压力计、单管压力计和斜管压力计等。

2. *弹性式压力计*

弹性式压力计是将被测压力转换成弹性元件变形的位移进行测量,例如弹簧管压力计、波纹管压力计及薄膜式压力计等,都是利用这种转换进行压力测量。

3. *电气式压力计*

电气式压力计是通过机械和电气元件将被测压力转换成电量(如电压、电流、频率等)进行压力测量的仪表,例如电容式、电阻式、电感式、应变片式和霍尔片式等压力计。

4. *活塞式压力计*

活塞式压力计是根据水压机液体传送压力的原理,将被测压力转换成活塞上所加平衡砝码的质量进行压力测量的仪表。这种压力计的测量准确度很高,允许误差可小到 0.05%～0.02%。但结构较复杂,价格较贵,一般作为标准型压力测量仪表,用来检验其他类型的压力计。

在这几种压力计中,原油贸易交接计量和计量检定使用的主要是弹性式压力计和电气式压力计。

二、压力和压差测量仪表的选用

根据测量压力与压差的要求选用压力和压差测量仪表。

1.仪表类型的选用

测量的参数是否需要有就地显示和远传,是否需要自动记录或报警;被测介质的物理化学性能对仪表类型的要求;使用的环境条件对仪表类型的要求等。

2.仪表测量范围的确定

仪表的测量范围是指仪表在要求的准确度下,对量值可进行测量的上、下限量值之间的范围。

为延长测压仪表的使用寿命,避免弹性元件因受力过大而损坏,压力计的上限值应高于仪表运行过程中可能出现的最大压力值。最大压力值不应超过测量上限值的2/3;测量脉动压力时,最大压力不应超过测量上限值的1/2;测量高压压力时,最大工作压力不应超过测量上限值的3/5。

为保证测量值的准确度,所测的压力值不能太接近于仪表的下限值,即仪表的量程不能选得太大,被测压力的最小值以不低于仪表满量程的1/3为宜。

选用的测量范围必须与规程或标准的规定相符。

3.仪表准确度等级的确定

仪表的准确度是根据测量允许的最大测量误差来确定。一般来说,所选用的仪表准确度等级越高,测量的结果越准确可靠。但不能认为选用的仪表准确度越高越好,因为越精密的仪表,一般价格高、使用的环境条件要求也高,操作和维护的工作也要求高。

三、压力和差压测量仪表的安装

1.测压点的选择

所选的测压点应能反映被测压力的真实大小。为此,必须注意以下几点:

(1)测压点应选在被测介质直线流动的管段部分,不要选在管道拐弯、分叉、死角或其他易形成漩涡的地方。

(2)测压的取压点应与流体的流动方向垂直。取压点应在管道的下部,使导压管内不积存气体。

2.引压管的敷设

(1)引压管直径的大小要合适,内径一般为6~10mm,长度应尽可能短,最长不要超过50m,以减少压力指示的迟缓。如超过50m,应选用能远距离传送的压力计。

(2)引压管水平安装时应保证有1:10~1:20的倾斜度,以利于排出管内积存的液体或气体。

(3)被测的介质是易凝液体(例如原油)时,引压管应加体热保温管或电热带,防止引压管冻结,不能测量压力和差压。

3.安装的要求

(1)取压管与管道或设备连接处的内壁应保持齐平,没有凸出物和毛刺。取压口到测压仪表之间应装切断阀,为检修和更换测量仪表时切断与管道和设备的联系。切断阀应靠近取压口安装。

(2)测量仪表应安装在易观察和检修的地方,应力求避免振动和高温高热的影响。

(3)测量仪表连接处使用的密封材料,应与被测介质的性能、工作温度和压力条件相适应,确保在运行中不致丧失密封的性能。

(4)差压计的安装必须注意高压和低压端的连接。

第十三章　原油贸易计量站

采用动态计量方法测量贸易交接的原油量时,必须建设安装计量器具的贸易计量站。计量站安装的计量器具,是供应者用来测量销售给用户原油量的量器。

下面对贸易计量站的有关内容分别进行说明。

第一节　站的设置和站内计量系统

一、站的设置

站的设置将包括两方面的内容:一是计量站应设置在什么位置,二是计量站内有关计量设备、建筑物如何布置。

1.计量站设置的位置

计量站是处在原油输送管道和接收站(库)中间的设施。卖主的原油通过输送管道进入计量站,经计量后又通过管道输送给用户。一般来说,计量站的位置应满足以下的要求:

(1)为方便管理,节省投资,节约土地,计量站和用户接收原油的站(库),应尽可能地建设在同一个区域内。但二者是相互独立的,并分别由卖、买各方进行管理。

(2)原油的贸易交接计量是属于法制管理的范畴,所使用的计量器具要接受国家计量行政部门检查。

(3)只要有可能,计量站应设置在输送管道顺流的方向上。也就是说,输送原油的管道使原油顺着流动的方向进入计量站,原油通过计量后又顺着流动方向输送进接收站(库)的管道,不要出现逆向流动。

(4)确定计量站的位置时,应根据贸易交接原油量的发展规划,确定出建站的面积。做到既满足目前的需要,又符合将来发展的要求，同时还不浪费国家的土地。

2.站内的布置

站内的布置主要应考虑以下几方面的内容：

(1)计量站的进、出管道与流量计组成计量系统，应避免直通连接，最好是采用90°弯的连接，以防止冷、热应力直接作用到流量计上，防止损坏计量系统。

(2)计量系统和检定系统应尽可能靠近布置，并且在工艺上应通畅，原油来去的流向合理，避免返复地逆向流动，防止温度和压力变化过大，影响流量计检定的准确度。

(3)计量和检定配套的仪表室或微机控制操作室，应设置在与计量和检定联系方便，外部干扰少，有利于操作和控制的合适位置上。

(4)计量站内公用工程设备、装置和设施的布置，应与接收站(库)的公用工程统一考虑。

二、计量站的计量系统及有关要求

1.计量方法

计量方法是确定站内计量系统之前必须确定的。目前我国建设的原油贸易计量站，根据我国原油贸易交接的要求，一般有两种计量方法测量原油的量：一种方法是流量计配在线连续测量原油密度值的密度计，测原油的质量；另一种方法是利用流量计测量运行条件下的体积量，以及间断地测得有关的温度和压力值，对测得的体积量进行修正，得到标准条件下的原油体积量。

从保证计量准确，满足各种计量要求，简化计量操作来看，采用流量计配在线连续测量原油密度的密度计。测得原油质量的方法是较好的方法。

从目前来看，采用自动连续取样的方法取得有代表性的样品，用实验室分析化验的方法测得原油中的含水率，是一种测量准确度满足要求、技术可靠的测量方法，是计量站首选的测量原油中含水率的方法。

2.计量系统的确定

1)确定计量系统依据的内容

贸易计量站应依据下列内容确定计量系统:

(1)原油计量站使用的计量方法。采用的计量方法不同则计量系统也就不同,任何一个计量系统必须与所使用的计量方法相适应,以保计量任务的完成。

(2)计量仪表的检定方法。因为原油交接计量使用的计量仪表,都是列为国家强制检定的仪表,在确定计量系统的同时,必须考虑计量仪表的检定和检定系统。为保证计量的准确,只要有可能应采用在线实液检定。流量计在线实液检定有两种做法:一种是用活动式的标准体积管,这种检定方法适用于流量小于$250m^3/h$的流量计检定;另一种是用固定式标准体积管。

(3)计量站进油管道的情况。主要包括来油管道的数量和输油量及工作制度。

(4)测量油量的数量,测量的计量参数和测取参数的方法。

2)计量系统应满足的要求

(1)计量系统应确保能按选用的计量方法,准确地完成测量任务,测得的数据准确可靠。

(2)计量系统和检定系统不仅能保证准确可靠地完成测量和检定任务,还能满足试运投产,启动和停运,运行和生产管理中所要求的各种操作。

(3)计量系统和检定系统必须符合有关标准和规范的规定,必须满足安全法规的要求。

第二节 站的工艺流程

原油计量站的工艺流程通常由3部分组成:原油计量系统流程、计量仪表及标准体积管的检定流程和污油回收系统流程。图13-1是原油贸易交接计量站的示意流程图。在该流程图内包括上述的3部分。

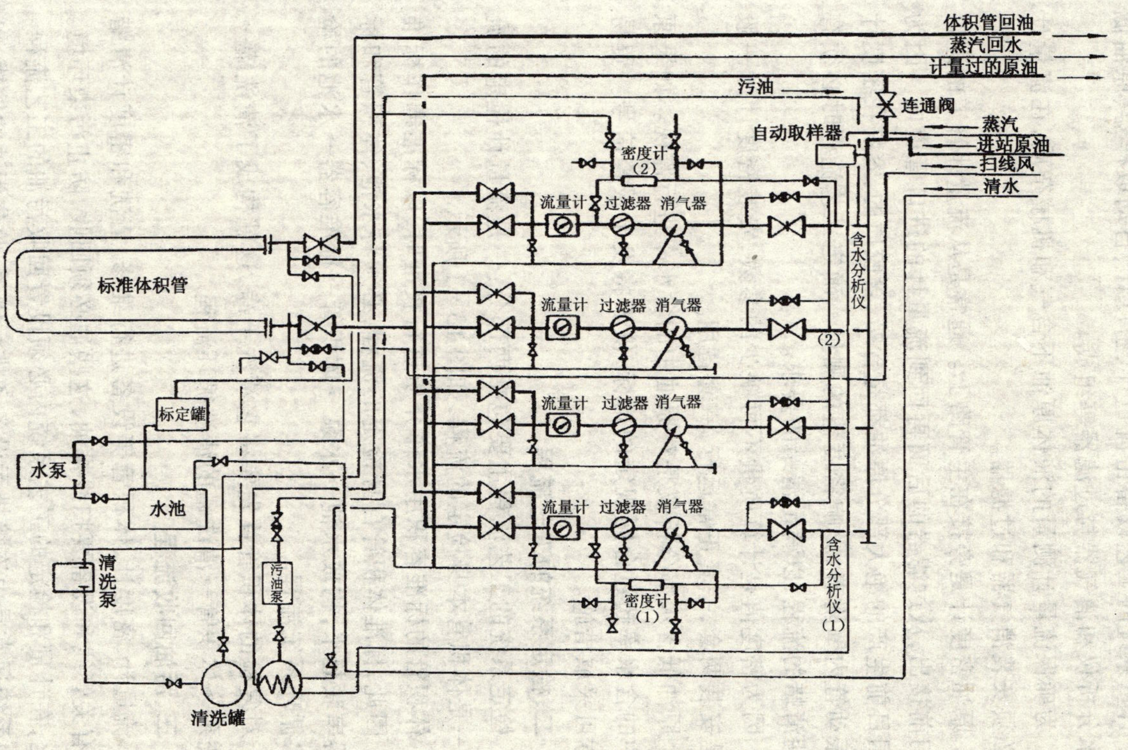

图 13－1　原油贸易交接计量站示意流程图

一、计量系统的工艺流程

计量系统的工艺设备由流量计、密度计、自动取样器、原油低含水分析仪和消气器与过滤器等组成。

为确保流量计测量的液体原油不含气和机械杂质，在流量计前必须安装消气器和过滤器。

原油密度计是旁接在主管路上。通常是从流量计管道的进口阀门前接出，从过滤器的后面再回到流量计的进口管道内。因为我国目前生产的绝大部分原油都是含蜡、含胶质的，容易在密度计的振动管内壁附着，影响密度值的测量。确定工艺流程时必须有定期清蜡的流程，以满足清蜡的要求。

因为密度值是计算质量不可缺少的参数，安装密度计时一般都是安装两套，一套正常运行，一套备用。

原油低含水率分析仪是对原油中的含水率进行监视。如果原油中的含水率超过合同规定的指标，仪表将发出报警信号。贸易双方可采取措施。

二、检定系统的工艺流程

检定系统的工艺流程主要包括两部分：一是流量计检定的流程；一是体积管本身检定的流程，如图 13－1 所示。

体积管的标准容积用水作介质进行校准时，以标准罐作标准器。因此，标准体积管自身检定的流程，必须将水池、体积管和标准器串联起来，构成水池→水泵→体积管→标准容器→水池的检定水循环系统流程。

对复检的体积管首先要将它清洗干净，这就构成了清洗罐→清洗泵→体积管→清洗罐的清洗循环流程。

三、污油回收流程

流量计、密度计、体积管等设备进行维修、清洗和密度计清蜡时，有关管线和设备要扫线排油，这些油必须回收，防止污染环境。因此，在计量和检定的工艺系统内必须设置回收污油的工艺流程。排油系统通常是由连接排污设备和排污管道，收集污油的储罐，以及将污油罐内的污油泵入管道内的污油泵等组成。

图 13－1 上的连通阀是计量站投产前使用。因为管道投产时，管道内有各种脏物，为防止这些脏物进入流量计，首先应打开连通阀，让油流通过连通阀将脏物带走，确认油流没有脏物后，关闭连通阀将油流改进流量计，使计量站投入使用。

通过上面对计量站工艺流程的说明可以看出，任何一个计量站，在确定工艺流程时，只要按下面的原则去做，就能满足要求。这些原则是：

(1)工艺流程必须满足原油油量的测量、计量仪表的检定、计量仪表维护和检修的要求。

(2)工艺流程必须满足启动投产、停运和再启动，正常运行和有关操作的要求。

(3)处理好与接收站(库)之间工艺系统的联系，管道的连接，尽可能利用接收站的设备、有关的系统，利用输送原油的压力完成有关的操作，节省投资，节约能源。

(4)应满足有关标准和规范的规定，确保安全，防止污染环境。

第三节　仪表和设备的选用

一、一般原则

(1)商品原油贸易交接计量站所选用的电气仪表应符合防爆等级的要求。按 SYJ 25《油气田爆炸危险场所分区》的规定，商品原油贸易交接计量站属Ⅱ区场所。

(2)仪表和设备的工作压力应不低于工艺管道的最高工作压力；仪表和设备的工作温度应不低于流过原油的最高温度。

(3)选用仪表的正常工作值应在仪表满量程的 2/3 左右；

(4)应按 SY/T 5398《原油天然气和稳定轻烃交接计量站计量器具配备规范》选择和配备计量仪表、有关的设备。

二、油量计量仪表的选择

1.流量计的选择

测量商品原油的流量常用的流量计有容积式流量计和速度式

流量计。适用不同油品用的流量计见表 13-1。原油贸易交接计量用的流量计,其准确等级不应低于 0.2 级。

选用流量计的台数可用下式计算:

$$n = \frac{Q_{vp}}{0.75q_{vm}} + S \qquad (13-1)$$

式中 n ——一组流量计的台数(计算结果为小数时,按四舍五入取整数),台;

Q_{vp} ——一组流量计每小时要测量的最大流量,m^3/h;

q_{vm} ——一台流量计最大的额定流量,m^3/h;

0.75——系数,与 q_{vm} 相乘得最佳使用流量;

S ——连续计量条件下流量计的备用台数。要求正常运行的流量计台数不多于 4 台时,取 $S=1$;要求正常运行的流量计台数大于 4 台时,取 $S=2$。非连续计量的流量计组是否要设备用流量计,应根据使用情况确定。

一组流量计是指要求独立计量原油量的流量计组。例如,一条原油输送管道将原油输送进计量站,从计量站出去则是卖给两个用户,这时必须分成两个独立的流量计组,分别计量出各个用户收到的油量;也可能是几个油田生产的原油,分别用几条输油管道输送到计量站,一同销售出去,这时也需要几组独立的流量计计量不同输油管道的来油量。所以,原油贸易交接计量站设多少组流量计应根据具体情况、具体要求决定。

流量计的口径不宜大于 400mm,一组流量计正常运行的台数不宜少于 2 台。当计算的正常台数为 1 台时,实际选用流量计时应选用比计算确定的直径小一个规格,使一组流量计正常运行的台数不少于 2 台。

2.原油密度值测量仪表的选用

测量原油的密度值有两种方法:一种是在线连续测量;另一种是实验室的方法测量。

1)在线测量原油密度值的仪表

表 13-1　适用于不同油品计量用的流量计

油品粘度 mPa·s	流量计种类	公称直径，mm																		
		4	6	10	15	(20)	25	40	50	80	100	150	200	250	300	400	500	600	800	1000
液化石油气 0.7~0.5	涡轮流量计	△	△	△	△		△	△	△	△	△	△	△	△	△	△	△	△		
	腰轮流量计				✓	✓	✓	✓	✓	✓	✓	✓	✓	✓	✓					
	椭圆齿轮流量计																			
	刮板流量计																			
	旋转活塞流量计																			
	井口刮板流量计																			
汽油、灯油 0.5~2	涡轮流量计	△	△	△	△		△	△	△	△	△	△	△	△	△	△	△	△		
	腰轮流量计				△	△	△	✓	✓	✓	✓	✓	✓	✓	✓					
	椭圆齿轮流量计			△	△	△	△	✓	✓	✓	✓	✓	✓	✓	✓					
	刮板流量计						△	✓	✓	✓	✓	✓	✓	✓	✓					
	旋转活塞流量计																			
	井口刮板流量计																			

续表

油品粘度 mPa·s	流量计种类	公称直径，mm																		
		4	6	10	15	(20)	25	40	50	80	100	150	200	250	300	400	500	600	800	1000
轻油 2~5	涡轮流量计						✓	✓	✓	✓	✓	△	△	△	△	△	△	△		
	腰轮流量计				△	△	△	△	△	△	△	✓	✓	✓	✓					
	椭圆齿轮流量计			△	△	△	△	△	△	△	△	△	✓	✓	✓	✓				
	刮板流量计						△	△	△	△	△	✓	✓	✓	✓					
	旋转活塞流量计																			
	井口刮板流量计																			
重油 原油 5~20	涡轮流量计														✓	△	△	△		
	腰轮流量计				△	△	△	△	△	△	△	△	△	△	△	✓	✓			
	椭圆齿轮流量计			△	△	△	△	△	△	△	△	△	△	△	△					
	刮板流量计						△	△	△	△	△	△	△	△	✓					
	旋转活塞流量计				△	△	△	△	△	△	△									
	井口刮板流量计						△		△	△										
高粘度 油品 750	涡轮流量计														✓	✓	△	△		
	腰轮流量计				△	△	△	△	△	△	△	△	△	△	△	△	△			
	椭圆齿轮流量计			△	△	△	△	△	△	△	△	△	△	△	△					
	刮板流量计						△	△	△	△	△	△	△	△	△					
	旋转活塞流量计				△	△	△	△	△	△	△									
	井口刮板流量计						△		△	△										

注：△—推荐使用产品；✓—适合使用产品。

在线连续测量原油的密度值,目前使用的测量仪表主要是单振动管密度计。商品原油贸易交接计量要求的测量准确度是 ±1kg/m³。

在线连续测量原油密度的密度计,每组独立计量的系统,至少应安装两套,一套在用,一套备用,确保连续不断地测量。

2)实验室用的密度值测量仪表

原油贸易交接计量站不采用在线连续测量原油密度的方法,而采用取原油样品测原油密度值时,计量站必须按等效采用国际标准 ISO 3675 的国家标准 GB/T 1884《原油和液体石油产品密度实验室测定法(密度计法)》配备密度测量仪表和相应的设备。

3.原油含水率测量仪表的选用

测量参与贸易交接原油量计算的含水率,目前主要是用自动取样器,从管道内取得有代表性的样品,在实验室用分析化验的方法测量。因此,计量站应选用管道自动取样设备,配备实验室分析化验测原油含水率的仪表和设备。

管道自动取样按标准 GB 4755《石油和液体石油产品取样法(手工法)》的规定,确定管线取样设备,配备取样的部件,进行管线取样。

实验室分析化验测原油中含水率的仪表和设备,应根据确定的分析化验方法来决定。从目前的情况来看,参与原油结算计算纯油量用的含水率,一般都是采用蒸馏法测量。如果采用这种方法,实验室配备的仪表和设备可依据标准 GB 8929《原油水含量测定法(蒸馏法)》来确定。

4.温度和压力测量仪表的选择

原油贸易交接计量站使用的温度和压力测量仪表,有两种用途:一是监视站内的生产状态是否正常;二是用来测取参与计量用的参数。

监视用的温度和压力测量仪表,只要求能及时地将生产状态的情况反映出来。因此,监视用的压力测量仪表可选用准确度不低于 1.5 级的表。在流量计前和过滤器前、后都应安装;监视用的温度测量仪表可选用分度值不大于0.5℃的温度计，流量计的入口端都应安装。

测取参与计量用的温度和压力参数的测量仪表，用于压力参数测量的压力表或压力变送器，准确度不应低于0.5级；温度计则应选用分度值不大于0.2℃的水银温度计，或者准确度不低于0.5级的温度变送器。选用时参考SY/T 5398《原油天然气和稳定轻烃交接计量站计量器具配备规范》。

三、计量仪表检定装置(仪表)的选择

1.流量计的检定装置

检定原油贸易交接计量用的流量计，只要可能应选用固定标准体积管，实在无法选用固定式标准体积管时应采用活动式标准体积管。

选用标准体积管可参照介绍标准体积管时的说明进行。标准体积管的随机不确定度应优于±0.02%。

2.体积管的检定系统和设备

1)体积管的检定系统

检定体积管目前广泛使用的方法是水驱法。有关水驱法检定体积管的内容在标准体积管检定一节中已做了详细说明。

2)检定用的设备

检定标准体积管用的设备主要有标准量器、换向器或电磁阀、水泵、水清洗泵和清洗罐等。

检定用的温度和压力测量仪表可按下面的说明选用：测量温度一般使用分度值为0.1℃的玻璃棒温度计。如选用温度变送器，其测量不确定度在±0.5%的范围内。测量压力使用0.2级或0.4级的标准压力表。如选用压力变送器，其测量不确定度应在±0.2%的范围内。

四、运算、显示和控制仪表的选择

随着科学技术的发展，计算机的广泛应用，在原油贸易交接计量站，选用计算机管理系统作为运算、显示和控制仪表是完全必要的，也是符合目前技术发展的要求。

原油贸易交接计量站计算机应完成的系统功能用图 13－2 的框图表示。对这些系统功能既要考虑它们的分时性,又要考虑它们的优先权。因此,编写完成各个系统功能的程序时,既要相互独立又要分轻重缓急。

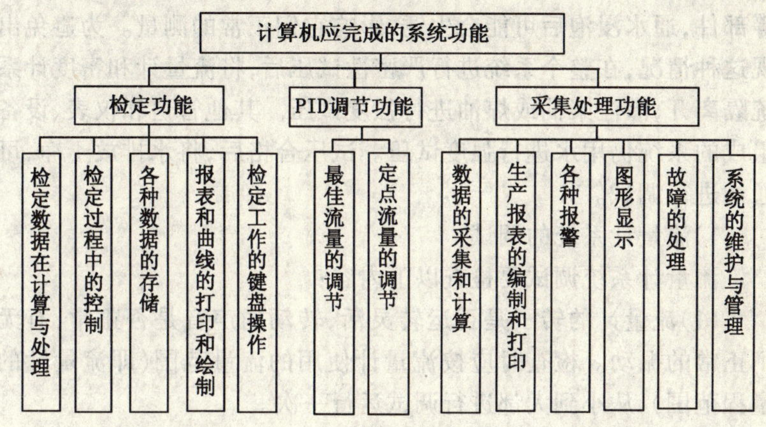

图 13－2　计量站计算机应完成的系统功能框图

计算机系统可选用工业计算机做主机,配相应的 FIO 站内输入与输出装置,CIE 接口,形成计量站的计算机控制与管理系统。

第四节　站的运行管理

一、 试运投产

这里所指的试运投产是指整个计量站的试运投产,不是局部的或某个仪表的试运使用,而是仪表和其他设备组合的试运投产。试运投产包括仪表的调试和正式投用两部分。

1. 原油计量配套仪表的调试

原油计量配套仪表安装完成后,要进行调试才能正式使用。调试的目的是:各个单体是否达到设计要求,是否能正常运行;各系统之间是否正确无误地反映出相互的关系,动作是否灵活;整个系统是否能正确地测量出原油量计量所需要的参数。

计量站安装施工完后，按工艺设计的要求进行严密性试压和强度试压，检查所有的阀门、连接点和焊口有无渗漏。严密性试压一般是用空气作为试压的介质，强度试压一般是用水作为试压的介质。因流量计的计量室、转子和轴、隔板，以及密度计的振动管等部件，通水浸泡后可能会生锈，影响它们正常的测量。为避免出现这种情况，在整个系统进行严密性试压后，将流量计和密度计系统隔离开，灌注柴油或煤油进行强度试压。其他管道和仪表、设备组成的系统仍用水进行强度试压。试压合格后，将水排放干净，可通油进行调试。

1)流量计系统的调试

流量计系统调试要检查以下内容：

(1)流量计的转子是否运转灵活，转动的声音是否正常，有无不正常的振动。检查时应按流量计使用的流量范围(即流量计的量程范围)，从小到大都进行调试运行一次。

(2)检查流量计的表头运转是否灵活，运转的声音是否正常，瞬时指示和脉冲发讯器是否正确工作。应用示波器检查脉冲发讯器发出的脉冲情况，看是否满足规定的要求。

(3)检查流量计表头的指示与显示仪表显示的流量是否一致，显示仪表抗干扰的性能，信号电缆是否有外部信号的影响。

(4)调试时要检定消气器的浮球连杆机构是否正常动作，即该放气时应放气，该关闭时应关闭。

(5)过滤器要检查它前、后的压差情况，看是否符合要求。

(6)对成组的流量计应检查管道系统分配给每台流量计的流量是否均匀。如果不均匀采用调节流量计出口阀的开启度来调节，并为今后的操作提供指导。

2)标准体积管的调试

标准体积管的调试可按它的几个组成部分进行，即：

(1)液压系统的调试。

调试时主要检查与体积管操作有关的三位四通电磁阀、活塞或换向阀的操纵系统等。

(2)电气系统的调试。

调试时主要检查检测开关能否正确动作，准确发出信号。该信号能否使电子脉冲记数器准确地启、停，正确地记数。检查信号电缆抗干扰的能力，看是否满足规定的要求。

如果采用脉冲插入技术，应按脉冲插入的要求，检查脉冲插入设备，看是否满足规定的要求。

(3)水检定系统的调试。

该系统的调试实际上是用水对体积管进行试校准。在校准前应检查球置换器的过盈量、圆度、表面有无损伤等情况。如果是小容积体积，则应检查活塞密封性能的好坏。此外，还应检查水校准系统的水循环管路、泵是否正常运行，标准量器是否满足要求。检查合格后，可进行试校准。

试校准的过程也是对整个标准体积管系统的调试。

3)密度计的调试

密度计的调试主要解决以下问题：

(1)通过调试检查密度计，通过搬运、安装等过程后，是否还保持它原来检定的技术性能。

(2)通过调试确定密度计的变送器和它的显示仪表，能否正确地测量出原油的密度值。

(3)通过调试检查密度计显示仪表和信号电缆抗干扰的性能。

4)自动取样器的调试

自动取样器要取得有代表性的样品，以便测量出扣除原油中含水量的参数——原油的含水率。因此，它也是原油计量中十分重要的仪表。

5)其他仪表的调试

其他仪表是指温度、压力和压差等测量仪表。这些仪表的调试是用标准表进行校准，再检查它们在使用时能否正确地进行测量，并准确地显示出测量值，与其他仪表之间有无干扰。这些仪表通过调试应达到能准确地进行测量，真实地指示出测量值。

6)整个系统的调试

各部分都调试合格后，即可进行整个系统的调试。整个系统的调试要解决以下的问题：

(1)各部分是否能很好地进行配合。

(2)各部分所测量的参数送到有关的运算和显示仪表，或者是计算机系统，信号的输送是否能正常进行，所得的结果与各部分所测得的结果是否一致；如果存在误差和错误，应找出原因，并予以纠正。

(3)检查各部分之间是否存在干扰或不相互吻合，如有应采取措施予以消除。

(4)所使用的电源对测量结果是否有影响，如有影响应找出消除影响的根本办法，及时消除电源的影响。

(5)在实际运行中遇到的其他一些问题。

上述问题得到解决后，即可正式进行试投用。应该指出，这里所指的试投用是指流量计没有经国家计量行政部门，或国家授权的计量检定机构，对流量计、标准体积管进行检定，并发给检定证书和社会公用证书之前使用。在这个期间内，流量计测量的量是不能作为贸易交接结算的量。为缩短这一期间，卖方应提前向国家计量行政部提出建标申请，一旦体积管建成后就开始调试，调试合格就可检定。体积管检定合格后，可用体积管检流量计，流量计检定合格后，就投入正式使用。

2. 计算机系统的模拟测试与对比测试

计量站使用的计算机系统，在正式投入使用之前还应进行模拟测试与对比测试。

1)模拟测试

模拟测试是对各种检测参数以模拟信号的形式送到计算机系统，检查计算机进行程序运算、处理和控制，考核计算机的程序是否正确，给出的结果是否有错误，能否准确地发出各种控制和检测的信号。

2)对比测试

计算机系统通过模拟测试证明完全符合要求后，将计量站各种与计算机采集、运算处理、显示和控制有关的参数测量仪表测得的参数输送到计算机，让计算机进行正常地工作，并将计算机给出的结果与仪表测得的结果对比，检查计算机与测量仪表之间存在的差别和错误。如存在差别和错误，应找出原因，采取措施予以消除。

3.正式投入使用

计量站的所有仪表和计算机系统，通过调试等工作，证明计量仪表，计算机系统以及其他仪表可正式投入使用，有关计量的仪表又经国家计量行政部门或授权的计量检定机构检定，确定出仪表的不确定度，并发给检定合格证书后，计量站则投入正式使用。

二、 计量站正常的计量管理

计量站正常的计量管理主要包括计量运行管理、油量计算、统计控制管理和计量故障处理等内容，下面分别说明。

1.计量运行管理

计量运行管理是指计量仪表在正常运行状态下的管理。这种管理是计量站最重要的、最基本的管理。要搞好这种管理，从事管理的人员必须做到：

(1)对计量站使用的计量仪表的结构、计量性能、影响计量性能和破坏结构的因素、维护良好的计量性能和防止损坏结构的要求应十分清楚，在日常的管理工作中严格按要求执行。

(2)对计量站的工艺流程和倒换流程的操作应十分熟悉，以防止出现误操作，造成不必要的计量故障。

(3)与计量管理有关的国家、地方、行业和本企业的标准，规程规范和规定，必须严格执行。

(4)严格按卖、买双方签订的合同和有关的规定，完成各种计量数据的测量工作，出具贸易交接结算油量的票据。

(5)在计量运行管理中如遇到计量故障，首先应考虑计量故障是否与贸易结算有关，并立即采取措施解决。

2.统计控制管理

统计控制管理是一种确保流量计准确测量原油量的管理方

法,20 世纪 60 年代国外一些石油公司就开始采用。国际标准化组织 1976 年着手制订有关统计控制管理的标准,1994 年以 ISO 4124《液态烃—动态测量—容积计量的统计控制系统(Liquid Hydrocarbon—Dynamic Measurement—Statistical Control of Velumetric Metering Systems)》的各称正式发表。我国等同采用国际标准 ISO 4124,标准的代号和名称是 GB/T 17287《液态烃动态测量容积计量的统计控制系统》。

标准叙述统计控制管理的方法,主要是说明如何用统计控制的方法,处理标准体积管检定流量计的数据,准确地确定出流量计的 K 系数或流量计的流量计系数,并绘制出 K 系数或流量计系数与流量的关系曲线。

国际标准 ISO 4124 采用 K 系数的含义在标准中是这样规定的:在一次检定运行过程中,流量计产生的脉冲数(N),与置换器置换出标准体积管两个检测开关之间的标准容积(V)之比,即 $K = N/V$ 。API 石油测量标准手册第十三章第二节是用流量计系数。

然后将这些数据和曲线保存起来,有计算机系统的可储存在计算机系统内。每次将后一次的曲线同前一次的曲线进行比较,比较两次曲线的变化,判断流量计工作的状态和计量性能的好坏。

用这种科学的方法对计量站进行管理,称之为统计控制管理。

第五节 油 量 计 算

为统一油量计算的方法,保证计算确定的油量准确,避免贸易双方发生不必要的争议,国际标准化组织(ISO)、美国石油学会(API)和我国都制订有油量计算的标准。国际标准是 ISO 4267—2《石油和液体石油产品——油量计算　第二部分:动态测量》;美国石油学会的标准是 API 石油测量标准手册的第十二章第二节。该节包括五部分:一般介绍、测量票据、检定报告、水驱法检定标准体积管时标准容积的计算、标准流量计法检定标准体积管时标准容积的计算。在该标准的应用范围内明确地指出:本标准严格地规定了计算修正系数的公式、尾数舍入的规则,计算步骤和计算中应用的分辨力。由于该标准是一个严格的标准,决不允许与该标准的规定有偏差;我国制订的国家标准是GB 9109.5《原油动态计量的油量计算》。

一、油量计算的一般规定和要求

1.标准参比条件

众所周知,原油贸易交接结算油量时,都要将油量(体积量)修正到标准参比条件下。我国的标准参比条件是压力 p_s=101.325kPa,温度 T_s=20℃;国际标准化组织给出标准参比条件是压力 p_s=101.325 kPa,温度 T_s=15℃(59℉);美国API标准给出的标准参比条件是压力 p_s=14.696psia(101.325kPa),温度 T_s=60℉(15.56℃)。

国际标准和美国API标准都指出,液态烃在标准温度下的蒸气压如果大于大气压力,标准压力将是标准温度下的平衡蒸气压。

2.准确度的分级

在石油计量中,由国家计量行政部门或持有授权证书的实验室进行检定的标准器是属于最高级,从这一级往下任何高一级标准器的不确定度,都会作为偏差(通常是作为系统误差)在下一级的准确度中反映出来。所以,低准确度等级的不确定度与高准确度等级的不确定度相比,不可能小也不可能相等,只能是大。这样,自然而然固有地存在着准确度的分级。根据这种分级,国际标准和美国API标准都给出相同的取数规定如表13-2。

表13-2 不同准确度等级的取数规定

准确度等级	修正系数和中间计算	体积量中有效小数位	温度和压力的最低分辨力
校准标准器	6位小数	5	0.05℃,50kPa
检定流量计	4位小数	5	0.25℃,50kPa
K系数	4位小数	5	0.25℃,50kPa
计量票据	4位小数	5	0.25℃,50kPa

3.计算尾数的舍、入规则

为使所有计算都能获得相同的结果,计算用的计算工具必须是等于或大于10位数字的计算机,计算中尾数的舍、入依据下面的规定进行。

将一个数舍、入到要求的小数时,应该是一步舍入到这个数字,而不是二步或更多步连续地舍入。舍入时应按通用的四舍五入方法进行。

二、计算油量的公式

根据我国商品原油目前采用两种计量方法:流量计配在线连续测量原油密度值的密度计,直接得到质量流量,扣去用样品在实验室测得的水量,得到贸易结算的纯油量的方法;用流量计测得原油在测量条件下的体积流量,然后将该体积流量修正到标准参比条件下,再乘标准参比条件下的原油密度值得到质量的量,扣除用样品在实验室测得的水量,得到贸易结算的纯油量的方法。

1.流量计配密度计的方法

$$m = \left(\sum \rho_i \cdot V_i \cdot MF\right) \cdot F_a C_w \quad (13-2)$$

因为公式(13-2)中的 MF 是一个常数,可从 $\sum \rho_i V_i MF$ 中提出来成为 $(\sum \rho_i V_i)MF$。$\sum \rho_i V_i$ 是某一指定的时间间隔 T_i 内的质量累积量 m_t。这样,公式(13-2)可改写成:

$$m = m_t \cdot MF \cdot F_a \cdot C_w \quad (13-3)$$

式中 m——原油在时间间隔 T_i 内累积的、在空气中的净质量,t;

m_t——在时间间隔 T_i 内累积测量的原油质量,t;

ρ_i——密度计在线连续测量的原油密度,t/m^3;

MF——流量计的流量计系数,无量纲;

V_i——单位时间内流量计测量的体积量,m^3;

F_a——空气浮力修正系数,无量纲;

C_w——原油的含水率修正系数,无量纲。

如果商品原油贸易交接用体积量进行结算,只要用标准参比条件下的原油密度值代入公式(13-4),即可得到标准参比条件下的体积量：

$$V_s = m/(\rho_s \cdot F_a) \tag{13-4}$$

式中 V_s——原油在标准参比条件下的体积量，m^3；

m——用公式(13－3)求得的质量，t；

ρ_s——标准参比条件下原油在真空中的密度，t/m^3。

2.流量计测量体积量的方法

$$m = (V \cdot MF \cdot C_{lt} \cdot C_{lp})\rho_{20} \cdot F_a \cdot C_w \tag{13-5}$$

式中 V——流量计在时间间隔 T_i 内累积测量的体积量，m^3；

C_{lt}——原油体积量修正到标准参比条件下的温度修正系数，1/℃；

C_{lp}——原油体积量修正到标准参比条件下的压力修正系数，1/kPa。

修正系数 C_{lt}可从 GB 1885 表ⅡA《石油体积系数表》中查得。该表是用 K 表示修正系数。K 和 C_{lt}是完全相同的。该系数也可用公式(13－6)计算，即

$$C_{lt} = l - \beta_l(t_p - 20) \tag{13-6}$$

公式中的 β_l 可从 GB 1885 表ⅡB《石油体积温度系数表》查得。该表是用 f 表示温度系数。也就是说，f 和 β_l 是完全相同的。

修正系数 C_{lp}我国目前还没有相应的标准给出它的值，通常都是使用国际标准(ISO)给出的值。在 GB 9109.5 中的附录 B 给出这些值，可供查取。C_{lp}同样可使用公式(13－7)和公式(13－8)计算，公式(13－8)是用表压力表示标准压力时，$p_s=0$ 得到的。这两个公式是

$$C_{lp} = \frac{1}{[1-(p-p_s)F]} \tag{13-7}$$

$$C_{lp} = \frac{1}{(1-FP)} \tag{13-8}$$

上式中的 F 是原油的压缩系数，可用经验公式(13－9)和公式(13－10)进行计算，这两个公式是

$$F = e^{x} \times 10^{-6} \tag{13-9}$$

$$x = -1.62080 + 0.00021592t + \frac{0.89096}{\rho_{15}^{2}} + \frac{0.0042092t}{\rho_{15}^{2}} \tag{13-10}$$

应该指出,国际标准使用的标准温度是15℃,查系数 C_{lp},用公式计算都要15℃下的原油密度 ρ_{15}。使用时,必须将 ρ_{20} 换算成 ρ_{15}。

如果商品原油贸易交接用体积量进行结算,公式(13-5)就可变成下面的形式:

$$V_{s} = V \cdot MF \cdot C_{lt} \cdot C_{lp} \cdot C_{w} \tag{13-11}$$

从上面给出的公式可以看出,如果我国要改变原油贸易交接结算的量值,即由质量的量值变成体积的量值,实现与国际上的习惯做法一致。采用公式(13-4)的方法确定标准参比条件下的体积量,比用公式(13-11)确定标准参比条件下的体积量,可能会有以下的优点:

(1)可避免使用温度修正系数 C_{lt} 和压力修正系数 C_{lp}。

因为 C_{lt} 和 C_{lp} 是原油所处的温度和压力条件,原油密度值 ρ_{s} 的函数,而不同产地的原油又都有不同的密度值,这使确定 C_{lt} 和 C_{lp} 值变得复杂而困难。目前世界被广泛使用的 C_{lt} 和 C_{lp} 系数,是由美国石油学会组织专门的委员会,用世界上包括原油在内的上百种油品,在实验室用实验的方法测得不同温度、不同压力和不同密度值下的 C_{lt} 和 C_{lp},然后用数学回归方法,归纳出计算 C_{lt} 和 C_{lp} 的经验公式。再用经验公式计算出相应的 C_{lt} 和 C_{lp} 值,并绘制成数据表,供原油计量时使用。

(2)可简化计算,避免计算带来的误差。

因为从数据表查 C_{lt} 和 C_{lp},必须有原油所处的温度、压力和原油的密度值。对任何一种原油,标准参比条件下的密度值基本上是不变的,可以认为是常数。温度和压力是测量条件下测得的值,考虑到测量条件下温度和压力的变化,在每一个指定的时间间隔内,要多次测量温度和压力,然后求测量值的平均值作为该指定时间间隔内原油所处的温度和压力。再利用这些值从 C_{lt}和 C_{lp}的数据表中查得对应的 C_{lt}和 C_{lp}的值。

根据我国标准的规定,每 2h 要测一次温度和压力,每 8h 作为一个时间间隔。这样,在每个时间间隔内要测量 4 次。按我国标准的规定,求 4 个测量值的算术平均值作为修正原油体积量的温度值和压力值。

美国 API 标准规定,在油量计算时使用的温度和压力,应该是用加权平均的方法求平均温度和平均压力,即

$$T_{WA}=\frac{\sum T_iV_i}{\sum V_i} \tag{13-12}$$

$$p_{WA}=\frac{\sum p_iV_i}{\sum V_i} \tag{13-13}$$

式中 T_{WA},p_{WA}——加权平均温度和加权平均压力;

T_i,p_i——任一指定的时间间隔内测得的温度和压力值。如果按我国标准规定是每 2h 测得的温度和压力;

V_i——测量温度和压力时间间隔内测得的体积量,如果按我国标准的规定是每 2h 内测得的体积量。

从上面的叙述可以看出,为查得 C_{lt}和 C_{lp}就要这样计算。查得 C_{lt}和 C_{lp}代入公式(13-11)还要进行计算。如果用公式(13-4)显然简单很多。

三、计算油量公式中参数的确定

1.流量计系数 MF 的确定

$$MF=\frac{\text{标准体积管的标准容积}\times C_{stp}\times C_{spp}\times C_{ltp}\times C_{lpp}}{\text{流量计测得的体积}\times C_{ltm}\times C_{lpm}} \tag{13-14}$$

式中 C_{stp},C_{spp}——体积管管壁材料受温度和压力影响的修正系数,可从表 9-1 至表 9-7 中查得;

C_{ltp},C_{lpp}——体积管内原油受温度和压力影响的修正系数;

C_{ltm},C_{lpm}——流量计测量原油体积量受温度和压力影响的修正系数。

为使上面给出的系数能分别开来,体积管的系数用角注加 p 表示;流量计的系数用角注加 m 表示。

从我国目前的情况来看,流量计的检定是由国家计量行政部门和授权的检定机构定期、定点地进行检定。检定的周期最短是 3 个月,一般是 6 个月,从确保商品原油贸易交接计量准确来看,这个时间太长。根据资料介绍,美国一些油公司认为,流量计正常运行时,主要应考虑流量计运转磨损造成流量计系数发生变化。因此,以流量计测量体积量的多少确定流量计的检定周期。许多油公司证实,通过流量计的体积量达到 20000m^3 以后,流量计应该检定一次。有的油公司更加严格,例如某公司规定:流量计每个月通过的体积量为 600m^3 或小于 600m^3,流量计一季度应检定一次;每个月通过的体积量为 600~900m^3,流量计每两个月应检定一次;每个月通过的体积量超过 900m^3,流量计每个月应检定一次。另一家公司规定:每个月通过流量计的体积量在 600m^3 以上,流量计每个月检定一次;每个月通过的体积量小于 600m^3,流量计 3 个月检定一次。

从美国油公司为保证准确测量、加强对流量的检定来看,我国目前的做法差距很大。建议采取下列措施:

(1)对检定规程规定的检定周期,仍保持不变。再根据通过流量计的流量,确定出本部门规定的检定周期。例如,按上面给出的值,每通过流量计测量 20000m^3 以后检定一次流量计。

(2)为保证这种检定能得到贸易双方的认可,在签订原油贸易交接合同时作为合同内容之一,写入合同中。

(3)为保证这种检定不会出现不必要的争议,在签订合同时应对验证检定事项做出明确的、较详细的规定。

2.空气浮力修正系数 F_a 的确定

对密度值进行空气浮力的修正,在第一章有关密度的介绍中已做了详细的说明。空气浮力修正系数 F_a 可从第一章中的表

1-1查得。

3.原油含水率修正系数 C_w 的确定

$$C_w = 1 - w \quad (13-15)$$

式中 w——原油含水率的质量分数,用有代表性的样品,在实验室用实验方法确定。

四、 油量计算的实例

油量计算的实例包括以下3个内容:

(1)体积管检定流量计流量计系数 MF 的计算。

(2)流量计配密度计测量方法的油量计算。

(3)流量计测体积量方法的油量计算。

一座商品原油贸易交接计量站,安装有15台 D_N300 的腰轮流量计,流量计的流量范围是200~1200m^3/h,常用的流量是600~800m^3/h,流量计检定时发出的脉冲是0.5L/脉冲;一台内直径为35.8cm、管壁厚度为9.5mm的单向标准体积管,体积管的标准容积是5475.36L,制造体积管的材料是中碳钢;被测介质——原油在20℃的密度值是 $\rho_{20}=0.8453g/cm^3$。

因为是计算举例,只能是一台流量计和一个流量点的计算。

1.流量计系数 MF 的计算

假定用标准体积管对流量计700m^3/h的流量点进行检定。确定检定后该流量点的流量计系数 MF。检定运行5次,5次测得的数据在表13-3中给出。

表13-3 检定流量计测得的数据

运行次数	流量计				体积管			
	脉冲数 N	进口温度 ℃	进口压力 kPa	出口压力 kPa	进口温度 ℃	出口温度 ℃	进口压力 kPa	出口压力 kPa
1	10952	43.9	311.07	298.91	43.5	43.5	260.41	246.22
2	10950	43.9	314.11	300.94	43.5	43.5	263.45	249.26
3	10952	43.9	314.11	300.94	43.5	43.5	265.47	250.27
4	10948	43.9	311.07	298.91	43.5	43.5	260.41	246.22
5	10950	43.9	314.11	300.94	43.5	43.5	265.47	250.27

根据公式(13－14)计算流量计的流量系数 MF。

有关的计算步骤如下：

(1)根据测得的数据确定体积管的修正系数 C_{stp}，C_{spp}，C_{ltp}，C_{lpp}。

①确定 C_{stp}。

C_{stp}可用公式(9－2)计算，即

$$\begin{aligned} C_{stp} &= 1 + \beta_m(t - 20) \\ &= 1 + 3.35 \times 10^{-5}(43.5 - 20) = 1.000787 \end{aligned}$$

表 9－1 至表 9－4 给出的系数 C_{st}，是以标准温度为 15℃ 的值，可参考使用。

②确定 C_{spp}。

C_{spp}可用公式(9－8)计算，即

$$\begin{aligned} C_{spp} &= 1 + \frac{pD}{Ew} \\ &= 1 + \frac{253.315 \times 358}{2.63 \times 10^8 \times 9.5} = 1.000036 \end{aligned}$$

③确定 C_{ltp}。

C_{ltp}的值可从 GB 1885 中的《普通原油的 20℃ 体积修正系数表》查得。查表时相应的值如处于表中给出的、两个值的中间任意位置，可采用插值法求相应的值。本例中 20℃ 的密度为 0.8453 g/cm³，为简化，取 $\rho_{20}=0.844\text{g/cm}^3$ 的系数，即 $C_{ltp}=0.9797$。

④确定 C_{lpp}。

C_{lpp}利用前面给出的公式(13－8)、(13－9)和(13－10)进行计算。计算时先用公式(13－10)计算出 x，将 x 代入公式(13－9)中求得 F，再将 F 代入公式(13－8)计算出 C_{lpp}。用公式(13－10)计算 x 时，要将 ρ_{20}变换成 ρ_{15}。这种变换可查 GB 1885 中的表ⅣA。查表确定 ρ_{15}时，同样会遇到相应的值处于表中给出值的中间任意位置。如遇这种情况，采用上面介绍的、同样的方法处理。本例得到 $\rho_{15}=0.8456\text{kg/cm}^3$。

$$x = -1.62080 + 0.00021592 \times 43.5 + \frac{0.89096}{0.8456^2}$$

$$+ \frac{0.0042092 \times 43.5}{0.8456^2} = -0.10931$$

$$F = e^x \times 10^{-6} = \frac{1}{e^{0.10931}} \times 10^{-6} = 8.96453 \times 10^{-7}$$

$$C_{lpp} = \frac{1}{1 - 8.96453 \times 253.315 \times 10^{-7}} = 1.000227$$

(2)根据测得的数据确定流量计的修正系数 C_{ltm},C_{lpm}。

①确定 C_{ltm}。

C_{ltm}同样可从 GB 1885 的石油计量表(标准密度→体积修正系数)查得。确定系数的方法同前面所述,这里 $C_{ltm}=0.9786$。

②确定 C_{lpm}。

确定 C_{lpm}的方法与上面介绍的方法完全相同,确定的 $C_{lpm}=1.000274$。

(3)计算流量计系数 MF。

用上面确定的修正系数代入流量计系数 MF 的计算公式,计算流量计系数:

$$MF = \frac{5475.36 \times 1.000787 \times 1.000036 \times 0.9797 \times 1.000227}{5476 \times 0.9786 \times 1.000274}$$

$$= 1.0018$$

按上面介绍的方法,5 次检定运行计算确定的参数和流量计系数 MF,汇总列入表 13-4 内。

表 13-4 流量计系数计算数据汇总表

运行次数	流量计		体积管				流量计系数
	C_{ltm}	C_{lpm}	C_{stp}	C_{spp}	C_{ltp}	C_{lpp}	MF
1	0.9876	1.000274	1.000787	1.000036	0.9797	1.000227	1.00178
2	0.9876	1.000276	1.000787	1.000037	0.9797	1.000230	1.00179
3	0.9876	1.000276	1.000787	1.000037	0.9797	1.000231	1.00179
4	0.9876	1.000274	1.000787	1.000036	0.9797	1.000227	1.00178
5	0.9876	1.000276	1.000787	1.000037	0.9797	1.000231	1.00179

(4)估算流量计系数 MF 的随机不确定度。

根据流量计检定的要求：每个流量点检定得到的流量计系数 MF 的随机不确定度，应在 ±0.1% 的范围内。必须估算所得流量计系数的随机不确定度，估计是否在要求的范围内。如果在要求的范围内，则可使用；如果不在要求的范围内，应找出原因，予以改正，再进行重检。

估算随机不确定度按下面的步骤进行：

①计算标准偏差：

$$s(y) = \sqrt{\frac{1}{n-1}\sum_{i=1}^{n}(MF_i - \overline{MF})^2}$$

$$\overline{MF} = \left(\sum_{i=1}^{n} MF_i\right)\frac{1}{n}$$

$$= \frac{1}{5}(1.00178 + 1.00179 + 1.00179 + 1.00178 + 1.00179)$$

$$= 1.00179$$

$$s(y) = \left\{\frac{1}{4}\left[(1.00179 - 1.00178)^2 + (1.00179 - 1.00179)^2 + (1.00179 - 1.00179)^2 + (1.00179 - 1.00178)^2 + (1.00179 - 1.00179)^2\right]\right\}^{\frac{1}{2}} = \pm 0.0000071$$

②计算随机不确定度：

$$a(y) = (t_{95,n-1}) \cdot s(y)$$

$$= 2.571 \times 0.0000071 = \pm 0.0000183$$

用百分数表示为：

$$\pm 0.0000183 \div 1.0018 \div 100 = \pm 0.00000018\%$$

因流量计系数 MF 满足检定要求，在 $700m^3/h$ 流量点的流量计系数 $MF = 1.0018$。

2.流量计配密度计测量方法的油量计算

已知流量计配在线连续测量的密度计，从早上 8 点至下午 4 点的 8h 内，累积测得的质量是 5412t，原油的含水率是 0.15%，原油在标准条件下的密度值是 0.8453t/m³。计算贸易双方实际交接结算的纯油量是多少？

利用公式(13－3)进行计算。公式中的流量计系数 MF，取 $MF=1.0011$；F_a 可从第一章的表 1－1 中查得，$F_a=0.99870$；C_w 用公式(13－15)计算。将这些数代入公式(13－3)中则得到：

$$m = 5412 \times 1.0018 \times 0.99870 \times (1 - 0.0015) = 5406.57\text{t}$$

如果希望采用标准参比条件下的体积量进行贸易结算，只要将上面有关的量和参数代入公式(13－4)，即得到标准条件的体积量 V_s。

$$V_s = 5406.56/(0.8453 \times 0.99870) = 6404.36\ \text{m}^3$$

3.流量计测体积量方法的油量计算

已知流量计从早上 8 点至下午 4 点的 8h 内进行流量测量。按标准的要求：每 2h 测量一次压力、温度，并记录一次流量。测量的有关数据在表 13－5 中给出。被测原油在标准参比温度(20℃)下的平衡蒸汽压力低于大气压，在标准参比条件下的原油密度值 $\rho_{20}=0.8453\text{t/m}^3$，取样测得的原油平均含水率为 0.153%(质量百分数)。求贸易交接结算的纯油量。

表 13－5　计算数据表

时间、测量次数	测量温度，℃	测量压力，kPa	记录流量，m³
10:00　1 次	41	550	1800
12:00　2 次	42	545	1750
14:00　3 次	41	560	1850
16:00　4 次	43	585	2000
算术平均值	41.75	560	7400
加权平均值	41.78	560.78	

使用公式(13－5)计算贸易交接结算原油的纯质量的量，即

$$m = (V \cdot MF \cdot C_{lt} \cdot C_{lp}) \cdot \rho_{20} \cdot F_a \cdot C_w$$

该式中已知的量有 $V=7400\text{m}^3$，$MF=1.0018$，$\rho_{20}=0.8453\text{t/m}^3$，下面确定未知的参数。

1)确定 C_{lt}

C_{lt}可从 GB 1885 石油计量表(标准密度→体积修正系数)查得,用插值法求值得 $C_{lt}=0.98123$。

2)确定 C_{lp}

(1)计算 x:

$$x=-1.62080+0.00021592\times 41.75+\frac{0.89096}{0.8456^2}+\frac{0.0042092\times 41.75}{0.8456^2}=-0.120072$$

(2)计算 F:

$$F=e^x\times 10^{-6}=\frac{1}{e^{0.120072}}\times 10^{-6}=8.86856\times 10^{-7}$$

(3)计算 C_{lp}:

$$C_{lp}=\frac{1}{1-8.86856\times 560\times 10^{-7}}=1.00050$$

3)确定 F_a

F_a 可从第一章的表 1-1 查得,$F_a=0.99870$。

4)确定 C_w

$$C_w=(1-0.153\%)=0.9985$$

将确定的系数代入公式(13-5)得到:

$$m=7400\times 1.0018\times 0.98123\times 1.00050\times 0.8453\times 0.99870\times 0.9985=6134.72\ t$$

如果商品原油贸易交接是用体积量进行结算,可将上面得到的 m 和ρ_{20}、F_a 代入公式(13-4)即求得体积量 V_s:

$$V_s=6134.72/(0.8453\times 0.9987)=7266.89\ m^3$$

同时也可将上面确定的参数代入公式(13-11)中计算求得。因为前面给出的平均含水率是质量百分数,必须将质量百分数变成体积百分数。质量百分数是原油的质量去除水的质量,用公式表示为

$$w_m=\frac{V_{水}\rho_{水}}{V_{油}\rho_{油}} \qquad (13-16)$$

将质量百分数变成体积百分数则是

$$w_V = w_m \rho_{油} / \rho_{水} \tag{13-17}$$

式中的 $\rho_{水}$ 和 $\rho_{油}$ 都是标准条件下的水密度值和原油密度值。如果将水在标准条件下的密度值认为是 $\rho_{水} = 1.0 g/cm^3$,则公式(13－17)变成下列形式:

$$w_V = w_m \rho_{油} \tag{13-18}$$

利用公式(13－18)将给出质量百分数的含水率变成体积百分数的含水率,即

$$w_V = 0.153\% \times 0.8453 = 0.129\%$$

再求 C_w

$$C_w = (1 - 0.00129) = 0.99871$$

将确定的参数代入公式(13－11)中,求得标准条件下的原油体积量 V_s

$$V_s = 7400 \times 1.0018 \times 0.98123 \times 1.00050 \times 0.99871$$
$$= 7268.42 \text{ m}^3$$

通过前面的油量计算可以看出,采用流量计测体积量的油量计算,以下两点是值得注意和改进的:

(1)测得温度和压力求平均值,算术平均值和加权平均值是有差别的。当温度和压力的变化较大时,加权平均值可能更加反映出实际情况,用加权法求平均温度和平均压力会更合理。

(2)如果商品原油贸易交接采用体积量结算,测得的体积量应直接修正成标准参比条件下的体积量,避免运算中小数舍、入带来的误差。

附录 我国的法定计量单位和流量计量中的单位换算

一、我国的法定计量单位

我国的法定计量单位由以下6部分组成：国际单位制的基本单位（附表1），国际单位制的辅助单位（附表2），国际单位制中具有专门名称的导出单位（附表3），国家选定的非国际单位制单位（附表4），由以上单位构成的组合形式的单位，由词头和以上单位所构成的十进倍数和分数单位（词头见附表5）。

附表1 SI基本单位及定义

序号	量的名称	单位名称	单位符号	定义
1	长度	米	m	米是光在真空中1/299792458秒的时间间隔内所经过的距离〔第17届CGPM(1983)〕
2	质量	千克（公斤）	kg	千克是质量单位，等于国际千克原子的质量〔第1届CGPM(1889)和第三届CGPM(1901)〕
3	时间	秒	s	秒是铯－133原子基态的两个超精细能级之间跃迁所对应的辐射的9192631770个周期的持续时间〔第13届CGPM(1967)，决议1〕
4	电流	安〔培〕	A	安培是一恒定电流，若保持在处于真空中相距1m的两无限长，而圆截面可忽略的平行直导线内，则在此两导线之间产生的力在每米长度上等于2×10^{-7}N〔CIPM(1946)，决议2。第9届CGPM(1948)批准〕
5	热力学温度	开〔尔文〕	K	热力学温度开尔文是水三相点热力学温度的1/273.16〔第13届CGPM(1967)，决议4〕
6	物质的量	摩〔尔〕	mol	摩尔是一系统的物质的量，该系统中所包含的基本单元数与0.012kg碳－12的原子数目相等。在使用摩尔时，基本单元应予指明，可以是原子、分子、离子、电子及其他粒子，或是这些粒子的特定组合〔第14届CGPM(1971)，决议3〕
7	发光强度	坎〔德拉〕	cd	坎德拉是一光源在给定方向上的发光强度，该光源发出频率为540×10^{12}Hz的单色辐射，且在此方向上的辐射强度为(1/683)W/sr〔第16届CGPM(1979)，决议3〕

附表 2 SI 辅助单位及定义

序号	量的名称	单位名称	单位符号	定义
1	〔平面〕角	弧度	rad	弧度是一个圆内两条半径间的平面角,这两条半径在圆周上截取的弧长与半径相等
2	立体角	球面度	sr	球面度是一个立体角,其顶点位于球心,而它在球面上所截取的面积等于以球半径为边长的正方形面积

附表 3 SI 中具有专门名称的导出单位

量	SI 单位			
	名称	符号	用其他 SI 单位表示的表示式	用 SI 基本单位表示的表示式
频率	赫〔兹〕	Hz		s^{-1}
力	牛〔顿〕	N		$m \cdot kg \cdot s^{-2}$
压强,(压力),应力	帕〔斯卡〕	Pa	N/m^2	$m^{-1} \cdot kg \cdot s^{-2}$
能,功,热量	焦〔耳〕	J	$N \cdot m$	$m^2 \cdot kg \cdot s^{-2}$
功率,辐〔射〕通量	瓦〔特〕	W	J/s	$m^2 \cdot kg \cdot s^{-3}$
电量,电荷	库〔仑〕	C		$s \cdot A$
电位,电压,电动势,电势	伏〔特〕	V	W/A	$m^2 \cdot kg \cdot s^{-3} \cdot A^{-1}$
电容	法〔拉〕	F	C/V	$m^{-2} \cdot kg^{-1} \cdot s^4 \cdot A^2$
电阻	欧〔姆〕	Ω	V/A	$m^2 \cdot kg \cdot s^{-3} \cdot A^{-2}$
电导	西〔门子〕	S	A/V	$m^{-2} \cdot kg^{-1} \cdot s^3 \cdot A^2$
磁通〔量〕	韦〔伯〕	Wb	$V \cdot s$	$m^2 \cdot kg \cdot s^{-2} \cdot A^{-1}$
磁感应〔强度〕,磁通密度	特〔斯拉〕	T	Wb/m^2	$kg \cdot s^{-2} \cdot A^{-1}$
电感	享〔利〕	H	Wb/A	$m^2 \cdot kg \cdot s^{-2} \cdot A^{-2}$
摄氏温度	摄氏度	℃		K
光通〔量〕	流〔明〕	lm		$cd \cdot sr$
〔光〕照度	勒〔克斯〕	lx	lm/m^2	$m^{-2} \cdot cd \cdot sr$
〔放射性〕活度,(放射性强度)	贝可〔勒尔〕	Bq		s^{-1}
吸收剂量	戈〔瑞〕	Gy	J/kg	$m^2 \cdot s^{-2}$
剂量当量	希〔沃特〕	Sv	J/kg	$m^2 \cdot s^{-2}$

附表 4　国家选定的非国际单位制单位

量的名称	单位名称	单位符号	换算关系和说明
时　间	分 〔小〕时 天(日)	min h d	1min＝60s 1h＝60min＝3600s 1d＝24h＝86400s
平面角	〔角〕秒 〔角〕分 度	(″) (′) (°)	1″＝(π/648000)rad (π 为圆周率) 1′＝60″＝(π/10800)rad 1°＝60′＝(π/180)rad
旋转速度	转每分	r/min	$1r/min=(1/60)s^{-1}$
长度	海　里	n　mile	1n　mile＝1852m (只用于航程)
速度	节	kn	1kn＝1nmile/h＝(1852/3600)m/s (只用于航行)
质量	吨 原子质量单位	t u	$1t=10^3kg$ $1u\approx1.6605655\times10^{-27}kg$
体积	升	L,(l)	$1L=1dm^3=10^{-3}m^3$
能	电子伏	eV	$1eV\approx1.6021892\times10^{-10}J$
级差	分　贝	dB	
线密度	特〔克斯〕	tex	1tex＝1g/km

附表 5　SI 词头

因　数	词头名称		符号
	原文(法)	中文	
10^{18}	exa	艾〔可萨〕	E
10^{15}	peta	拍〔它〕	P
10^{12}	téra	太〔拉〕	T
10^{9}	giga	吉〔咖〕	G
10^{6}	méga	兆	M
10^{3}	kilo	千	k
10^{2}	hécto	百	h
10^{1}	déca	十	da
10^{-1}	déci	分	d
10^{-2}	cénti	厘	c
10^{-3}	milli	毫	m

续表

因　数	词头名称		符号
	原文(法)	中文	
10^{-6}	micro	微	μ
10^{-9}	nano	纳〔诺〕	n
10^{-12}	pico	皮〔可〕	p
10^{-15}	femto	飞〔母托〕	f
10^{-18}	atto	阿〔托〕	a

注:1.周、月、年(年的符号为 a)为一般常用时间单位。

2.〔〕内的字,是在不致混淆的情况下,可以省略的字。

3.()内的字为前者同义语。

4.角度单位度分秒的符号不处于数字后时,用括弧。

5.升的符号中,小写字母 l 为备用符号。

6.r 为"转"的符号。

7.人民生活和贸易中,质量习惯称为重量。

8.公里为千米的俗称,符号为 km。

9.10^4 称为万,10^8 称为亿,10^{12}称为万亿,这类数词的使用不受词头名称的影响,但不应与词头混淆。

二、流量计量中的单位换算

1.温度换算公式(附表 6)

附表 6　温度换算公式

摄氏度(℃)	华氏度(℉)	兰金①度(°R)	开尔文(K)
℃	$\frac{9}{5}$℃+32	$\frac{9}{5}$℃+491.67	℃+273.15②
$\frac{5}{9}$(℉-32)	℉	℉+459.67	$\frac{5}{9}$(℉+459.67)
$\frac{5}{9}$(°R-491.67)	°R-459.67	°R	$\frac{5}{9}$°R
K-273.15②	$\frac{9}{5}$K-459.67	$\frac{9}{5}$K	K

①原文是 Rankine;

②摄氏温度的标定是以水的冰点为一个参照点作为 0℃,相对于开尔文温度上的 273.15K。开尔文温度的标定是以水的三相点为一个参照点作为 273.16K,相对于摄氏 0.01℃,即水的三相点高于水的冰点 0.01℃。

2. 压力单位换算表(附表 7)

附表 7　压力单位换算表

牛顿/米² (N/m^2) 或帕斯卡 (Pa)	巴 (bar)	公斤/厘米² (kg/cm^2) 或工程大气压 (at)	磅/英寸² (lb/in^2)	大气压 (atm) (标准大气压)①	毫米汞柱 (0℃) (mmHg)	英寸汞柱 (0℃) (in Hg)	毫米水柱 (15℃) (mmH_2O)	英寸水柱 (15℃) (inH_2O)
1	10^{-5}	1.02×10^{-5}	1.45×10^{-4}	9.869×10^{-6}	7.501×10^{-3}	2.953×10^{-4}	0.1021	4.018×10^{-3}
10^5	1	1.020	14.5	0.9869	750.1	29.53	1.021×10^4	401.8
9.807×10^4	0.9807	1	14.22	0.9678	735.6	28.96	1.001×10^4	394.1
6.895×10^3	6.895×10^{-2}	7.031×10^{-2}	1	6.805×10^{-2}	51.71	2.036	7.037×10^2	27.7
1.013×10^5	1.013	1.033	14.7	1	760	29.92	1.034×10^4	407.2
1.333×10^2	1.333×10^{-3}	1.36×10^{-3}	1.934×10^{-2}	1.316×10^{-3}	1	3.937×10^{-2}	13.61	0.5357
3.386×10^3	3.386×10^{-2}	3.453×10^{-2}	0.4912	3.342×10^{-2}	25.4	1	3.456×10^2	13.61
9.798	9.798×10^{-5}	9.991×10^{-5}	1.421×10^{-3}	9.67×10^{-5}	7.349×10^{-2}	2.893×10^{-3}	1	3.937×10^{-2}
2.489×10^2	2.489×10^{-3}	2.538×10^{-3}	3.609×10^{-2}	2.456×10^{-3}	1.867	7.349×10^{-2}	25.4	1

1 达因/厘米²(dyn/cm^2) = 1 巴利(barye) = 1 微巴(μbar) = 10^{-6}巴(bar)

1 毫米水柱(mmH_2O)(4℃) = 1 公斤/米²(kg/m^2)

1 毫米汞柱(mmHg)(0℃) = 1 乇(Torr)

1 磅达/英尺²(pdl/ft^2) = 1.488 牛顿/米²(N/m^2)

① 标准大气压即物理大气压。

3.长度单位换算表(附表8)

附表8　长度单位换算表

米(m)	厘米(cm)	英尺(ft)	英寸(in)	米(m)	厘米(cm)	英尺(ft)	英寸(in)
1	100	3.2808	39.37	0.3048	30.48	1	12
0.01	1	0.0328	0.3937	0.0254	2.54	0.0833	1

注:1微米(μm)=10^{-6}米;1丝=0.1毫米;1密耳(mil)=10^{-3}英寸;1公里(km)=2市里;1市里=150市丈=1500市尺;1码(yd)=3英尺=0.9144米;1米=3市尺;1浬(国际)(n. mile)=1852米。

4.面积单位换算表(附表9)

附表9　面积单位换算表

米^2(m^2)	厘米^2(cm^2)	英尺^2(ft^2)	英寸^2(in^2)	米^2(m^2)	厘米^2(cm^2)	英尺^2(ft^2)	英寸^2(in^2)
1	10^4	10.764	1550	0.0929	929	1	144
10^{-4}	1	1.0764×10^{-3}	0.155	6.4516×10^{-4}	6.4516	6.944×10^{-3}	1

注:1平方公里(km^2)=100公顷(ha^2)=10^4公亩(a)=10^6米^2;1公顷(ha^2)=15市亩;1英亩(acre)=4047米^2=43560英尺^2。

5.体积和容积单位换算表(附表10)

附表10　体积和容积单位换算表

米^3(m^3)	升(l)或分米^3(dm^3)	英加仑(UK gal)	美加仑(US gal)	英尺^3(ft^3)	英寸^3(in^3)
1	10^3	220	264.2	35.315	61024
10^{-3}	1	0.22	0.2642	0.0353	51.02
0.0045	4.546	1	1.201	0.1605	277.4

续表

米^3 (m^3)	升(l)或分米^3 (dm^3)	英加仑 (UK gal)	美加仑 (US gal)	英尺^3 (ft^3)	英寸^3 (in^3)
3.785×10^{-3}	3.785	0.8327	1	0.1337	231
0.0283	28.317	6.2288	7.4805	1	1728
1.64×10^{-5}	0.0164	3.605×10^{-3}	4.329×10^{-3}	5.787×10^{-4}	1

注:1 石油桶(bbl)=35 英加仑=42 美加仑=158.99 升;1 品脱(pint)=8 英加仑=36.368 升;1 美蒲式耳(US bushel)≃9.309 美加仑;1 英蒲式耳(UK bushel)=8 英加仑。

6.质量单位换算表(附表 11)

附表 11 质量单位换算表

吨 (t)	公斤(千克) (kg)	克 (g)	英吨① (tn)	美吨① (shtn)	磅 (lb)
1	10^3	10^6	0.9842	1.1023	2204.6
10^{-3}	1	10^3	9.842×10^{-4}	1.1023×10^{-3}	2.2046
10^{-6}	10^{-3}	1	9.842×10^{-7}	1.1023×10^{-6}	2.2046×10^{-3}
1.0161	1016.1	1.0161×10^6	1	1.12	2240
0.9072	907.2	9.072×10^5	0.8929	1	2000
0.4536×10^{-3}	0.4536	453.6	4.464×10^{-4}	5×10^{-4}	1

1 斯勒格(slug)=32.174 磅;1 盎司(oz)=1/16 磅=28.35 克②;1 克拉(carat)=200 毫克;1 格令(grain)=64.8 毫克;1 市担=100 市斤;1 公斤=2 市斤=20 市两;1 吨=10 公担(q)=20 市担=2000 市斤

① 英吨又名长吨(long ton);美吨又名短吨(short ton)。

② 指常衡。金衡 1 盎司(oz)=1/12 磅=31.104 克。

7. 力单位换算表(附表 12)

附表 12 力单位换算表

牛 顿 (N)	公 斤 (kg)	达 因 (dyn)	磅 (lb)	磅 达 (pdl)
1	0.102	10^5	0.2248	7.233
9.807	1	9.807×10^5	2.2046	70.93
10^{-5}	1.02×10^{-6}	1	2.248×10^{-6}	7.233×10^{-5}
4.448	0.4536	4.448×10^5	1	32.174
0.1383	1.41×10^{-2}	1.383×10^4	3.108×10^{-2}	1
1 斯坦(sthéne)(sn) = 1000 牛顿 = 102 公斤				

注:有些国家用 kp(kilopond)作为力的一种单位,1kp = 1 公斤。

8. 密度单位换算表(附表 13)

附表 13 密度单位换算表

克/厘米^3 (g/cm^3) 或 吨/米^3(t/m^3)	公斤/米^3 (kg/m^3) 或 克/升(g/L)	磅/英寸^3 (lb/in^3)	磅/英尺^3 (lb/ft^3)	磅/英加仑 (lb/UK gal)	磅/美加仑 (lb/US gal)
1	10^3	3.613×10^{-2}	62.43	10.02	8.345
10^{-3}	1	3.613×10^{-5}	6.243×10^{-2}	1.002×10^{-2}	8.345×10^{-3}
27.68	2.768×10^4	1	1728	277.42	231
1.602×10^{-2}	16.02	5.787×10^{-4}	1	0.1605	0.1337
9.98×10^{-2}	99.8	3.605×10^{-3}	6.229	1	0.8327
0.1198	119.8	4.329×10^{-3}	7.48	1.201	1

9. 体积流量单位换算表(附表 14)

附表 14 体积流量单位换算表

单位	m^3/s	dm^3/s	ft^3/d	ft^3/h	ft^3/min	ft^3/s	UK gal/h	US gal/h	UK gal/min	US gal/min	bbl/d	bbl/h
m^3/s	1	10^3	3.05119×10^6	1.2713×10^5	2.1189×10^3	3.5315×10^1	7.9189×10^5	9.5102×10^5	1.3198×10^4	1.5850×10^4	5.4344×10^5	2.2643×10^4
dm^3/s	10^{-3}	1	3.05119×10^3	1.2713×10^2	2.1189	3.5315×10^{-2}	7.9189×10^2	9.5102×10^2	1.3198×10^1	1.5850×10^1	5.4344×10^2	2.2643×10^1
ft^3/d	3.277×10^{-7}	3.277413×10^{-4}	1	4.1667×10^{-2}	6.9444×10^{-4}	1.15741×10^{-5}	3.7429×10^{-1}	3.1167×10^{-1}	6.2383×10^{-3}	5.1940×10^{-3}	1.781×10^{-1}	7.421×10^{-3}
ft^3/h	7.866×10^{-6}	7.865791×10^{-3}	24	1	1.6667×10^{-2}	2.7778×10^{-4}	8.9831	7.48	1.4972×10^{-1}	1.2466×10^{-1}	4.274	1.781×10^{-1}
ft^3/min	4.719×10^{-4}	4.719474×10^{-1}	1.4400×10^3	60	1	1.6667×10^{-4}	5.3897×10^2	4.488×10^2	8.983	7.48	2.565×10^2	1.069×10^1
ft^3/s	2.832×10^{-2}	2.831685×10^1	8.6400×10^4	3600	60	1	3.234×10^4	2.693×10^4	5.3897×10^2	4.488×10^2	1.539×10^4	6.411×10^2

续表

单位	m^3/s	dm^3/s	ft^3/d	ft^3/h	ft^3/min	ft^3/s	UK gal/h	US gal/h	UK gal/min	US gal/min	bbl/d	bbl/h
UK gal/h	1.263×10^{-6}	1.262803×10^{-3}	2.6717	1.1132×10^{-1}	1.8554×10^{-3}	3.0923×10^{-5}	1	8.327×10^{-1}	1.667×10^{-2}	1.3878×10^{-2}	4.758×10^{-1}	1.983×10^{-2}
US gal/h	1.052×10^{-6}	1.051503×10^{-3}	3.20856	1.3369×10^{-1}	2.2282×10^{-3}	3.7136×10^{-5}	1.20094	1	2.00157×10^{-2}	1.667×10^{-2}	5.714×10^{-1}	2.381×10^{-2}
UK gal/min	7.577×10^{-5}	7.576820×10^{-2}	1.6030×10^{2}	6.6793	1.1132×10^{-1}	1.8554×10^{-3}	60	4.9961×10^{1}	1	8.3268×10^{-1}	2.855×10^{1}	1.189
US gal/min	6.309×10^{-5}	6.309020×10^{-2}	1.9253×10^{2}	8.0220	1.337×10^{-1}	2.228×10^{-3}	7.2056×10^{1}	60	1.20094	1	3.428×10^{1}	1.429
bbl/d	1.840×10^{-6}	1.840131×10^{-3}	5.615	2.3396×10^{-1}	3.899×10^{-3}	6.499×10^{-5}	2.1017	1.750	3.503×10^{-2}	2.917×10^{-2}	1	4.1667×10^{-2}
bbl/h	4.416×10^{-5}	4.416314×10^{-2}	1.3476×10^{2}	5.615	9.358 10^{-2}	1.5597×10^{-3}	5.044×10^{1}	42	8.407×10^{-1}	7.000×10^{-1}	24	1

10. 质量流量单位换算表(附表15)

附表15　质量流量单位换算表

公斤/秒 (kg/s)	公斤/时 (kg/h)	磅/秒 (lb/s)	磅/时 (lb/h)	吨/日 (t/d)	吨/年(8000小时) (t/a)
1	3.6×10^{3}	2.205	7.937×10^{3}	86.4	2.88×10^{4}
2.778×10^{-4}	1	6.124×10^{-4}	2.205	2.4×10^{-2}	8
0.4536	1.633×10^{3}	1	3.6×10^{3}	39.19	1.306×10^{4}
1.26×10^{-4}	0.4536	2.778×10^{-4}	1	1.089×10^{-2}	3.629
1.157×10^{-2}	41.67	0.02552	91.86	1	3.333×10^{2}
3.472×10^{-5}	0.125	7.656×10^{-5}	0.2756	3×10^{-3}	1

11. 动力粘度单位换算表(附表16)

附表16　动力粘度单位换算表

公斤·秒/米^2 (kg·s/m^2)	牛顿·秒/米^2 (N·s/m^2) 或帕·秒(Pa·s)	泊(P)或 克/(厘米·秒) [g/(cm·s)]	厘　泊 (cP)	磅·秒/英尺^2 (lb·s/ft^2)
1	9.81	98.1	9.81×10^{3}	0.205
0.102	1	10	10^{3}	20.9×10^{-3}
1.02×10^{-2}	0.1	1	10^{2}	20.9×10^{-4}
1.02×10^{-4}	10^{-3}	10^{-2}	1	2.09×10^{-5}
4.88	47.88	478.8	4.788×10^{4}	1

注:1达因·秒/厘米^2(dyn·s/cm^2)=1泊(P);1牛顿·秒/米^2(N·s/m^2)=1公斤(质)米·秒[kgm/(m·s)]=3600公斤(质)/米·时[kgm/(m·h)]。

12. 运动粘度单位换算表(附表17)

附表17　运动粘度单位换算表

厘米^2/秒 (cm^2/s)或沲[①](St)	米^2/秒 (m^2/s)	米^2/时 (m^2/h)	英尺^2/秒 (ft^2/s)	英尺^2/时 (ft^2/h)
1	10^{-4}	0.36	1.076×10^{-3}	3.875
10^{4}	1	3.6×10^{3}	10.76	3.875×10^{4}

续表

厘米^2/秒 (cm^2/s)或沲[①](St)	米^2/秒 (m^2/s)	米^2/时 (m^2/h)	英尺^2/秒 (ft^2/s)	英尺^2/时 (ft^2/h)
2.778	2.778×10^{-4}	1	2.99×10^{-3}	10.76
929	9.29×10^{-2}	3.346×10^{2}	1	3.6×10^{3}
0.258	2.58×10^{-5}	9.29×10^{-2}	2.78×10^{-4}	1
1 厘沲(cSt)$=10^{-2}$沲(St)				

① 沲是斯托克斯(Stokes)的习惯称呼。

参 考 文 献

[1] 任永俭主编.计量管理实用大全.西安:陕西科学技术出版社,1990

[2] 原油成套计量仪表编写组编.原油成套计量仪表.上海:上海科学技术出版社,1980

[3] 费业泰主编.误差理论与数据处理.北京:机械工业出版社,1978

[4] 苏彦勋等编.流量计量与测试.北京:中国计量出版社,1992

[5] (日)川田裕郎等编著.流量测量手册.北京:计量出版社,1982

[6] 廉育英,柯瑞刚编著.容量与密度计量.北京:机械工业出版社,1990

[7] Richard W Miller. Flow measurement engineering Handbook. 1989

[8] 常用计量名词术语及定义,JJG 1001—82

[9] 流量计量名词术语及定义,JJG 1004—86

[10] 容量、密度计量名词术语及定义,JJG 1009—87(试行)